中国社会科学院财经战略研究院报告
National Academy of Economic Strategy Report Series

中国服务业发展报告2014

ANNUAL REPORT ON CHINA'S SERVICE INDUSTRY (2014)

——以生产性服务业推动产业升级

夏杰长　姚战琪　李勇坚／主编

社会科学文献出版社
SOCIAL SCIENCES ACADEMIC PRESS (CHINA)

出版前言

中国社会科学院财经战略研究院始终提倡"研以致用",坚持"将思想付诸实践"作为立院的根本。按照"国家级学术型智库"的定位,从党和国家的工作大局出发,致力于全局性、战略性、前瞻性、应急性、综合性和长期性经济问题的研究,提供科学、及时、系统和可持续的研究成果,当为中国社会科学院财经战略研究院科研工作的重中之重。

为了全面展示中国社会科学院财经战略研究院的学术影响力和决策影响力,着力推出经得起实践和历史检验的优秀成果,服务于党和国家的科学决策以及经济社会的发展,我们决定出版"中国社会科学院财经战略研究院报告"。

中国社会科学院财经战略研究院报告,由若干类专题报告组成。拟分别按年度出版发行,形成可持续的系列,力求达到中国财经战略研究的最高水平。

我们和经济学界以及广大的读者朋友一起瞩望着中国经济改革与发展的未来图景!

中国社会科学院财经战略研究院

学术委员会

2013 年 6 月

《中国服务业发展报告 2014》
编写组名单

主　编　夏杰长　　姚战琪　　李勇坚

成　员　（按拼音排序）

丁　楠　黄　浩　刘丹鹭　李勇坚　刘　奕

倪红福　王　娜　王晓红　尚铁力　夏杰长

于　炜　姚战琪　曾世红　赵京桥　朱福林

张立群　张颖熙

摘　要

推进产业结构调整和优化升级，打造中国产业升级版，是应对全球经济困局、切实转变经济发展方式、适应经济新常态的关键举措。要实现这一宏伟的目标，必须找准突破口和落实好抓手。以生产性服务业促进制造业升级，依托生产性服务业助推农业现代化，就是我国现阶段和今后一段时期打造中国产业升级版最紧迫也是最务实的选择。

我国经济总量已经跃居世界第二，经济实力已经迈上了一个新台阶，但是产业结构不合理、产业层级较低、在全球价值链分工中处于较低环节等现实问题长期困扰着我们，要走出这一困局，要求中国由制造业大国向制造业强国转变、推动制造业转型升级。从国际经验看，大凡进入工业化中后期加速发展阶段的国家和地区，特别强调生产性服务业对制造业转型升级的特殊作用，它以其强大的支撑和渗透功能成为制造业增长的牵引力和推进器，是制造业起飞的依托和支撑。以生产性服务业助推制造业升级，必须把握好以下三个方面：一是深化分工和合作，走现代制造业和生产性服务业"双轮驱动"的道路，不能为完成服务业某些指标而单枪匹马地发展服务业，重点要围绕工业特别是制造业发展为其配套支撑的生产性服务业；二是加强产业融合，强化生产性服务业对制造业的渗透与支撑，特别要推动制造业从"生产型制造"向"服务型制造"转变；三是推动产业集聚，打造一批生产性服务业集聚区或功能园区，即在地理上集中且有相互关联性的企业、专业化供应商、服务供应商、相关产业的厂商，相关研发机构和相关产业协会等构成的群体，在特定领域里使大量产业联系密切的企业以及相关支撑机构在空间上集聚，并形成强劲、持续竞争优势的现象，通过以服务业集聚策动制造业升级。

农业是国民经济的基础。对于我国这样的人口众多的发展中大国，坚实的现代农业尤为重要。现代农业是一个大农业的概念，要实现农业现代化，不能仅在"种植业"上下功夫，还要特别关注农业产前、产后问题。农业的产前、产后问题基本上属于服务业范畴。发达国家经验和我国这些年农业发展的实践表明，大力发展服务于农业的服务业，建立社会化的农业产业化服务体系，是实现农业现代化、低碳化和可持续发展的有效手段。要建立起强大、高效、高附加值的现代化农业，就必须加快构建和完善现代农业产业化服务体系，通过发展包括农村金融、农业科技、涉农物流、动植物疫病防控、农产品质量安全监管、农村劳动力培训、农机租赁等为农服务产业，促进服务要素全方位嵌入农业产业链，以现代生产性服务业促进农业现代化。

目 录

总 报 告

以生产性服务业推动制造业升级和农业现代化

专 题 报 告

总　报　告

以生产性服务业推动制造业升级和农业现代化

夏杰长　倪红福　刘奕[*]

摘　要：推进产业结构调整和优化升级，打造中国产业升级版，是应对全球经济困局、切实转变经济发展方式、适应经济新常态的关键举措。要实现这一宏伟的目标，必须找准突破口和落实好抓手。我国经济总量已经跃居世界第二，经济实力已经迈上了一个新台阶，但是产业结构不合理、产业层级较低、在全球价值链分工中处于较低环节等现实问题长期困扰着我们，要走出这一困局，不仅要求由制造业大国向制造业强国转变、推动制造业转型升级，还要实现由传统农业向现代农业转变、实现农业现代化。要完成这"两个转变"，生产性服务业可以发挥不可替代的作用。生产性服务业既是制造业升级的重要推手，也是实现农业现代化的关键环节。除北京、上海外，我国其他地区的服务业和生产性服务发展水平相对较低。建议实施生产性服务业适度优先发展战略，特别要鼓励生产性服务业和制造业融合互动发展，拉长制造业的产业链，也为服务业特别是生产性服务业发展提供广阔的空间。加快发展包括农村金融、农业科技、涉农物流、动植物疫病防控、农产品质量安全监管、农村劳动力培训、农机租赁等为农服务产业，促进服务要素与农业产业链的深度融合，依托生产性服务业推动农业现代化。

---

* 夏杰长，中国社会科学院财经战略研究院研究员、博士生导师，副院长，研究方向为服务经济理论与政策；倪红福，中国社会科学院财经战略研究院助理研究员，研究方向为服务经济与服务创新；刘奕，中国社会科学院财经战略研究院副研究员，研究方向为服务经济与服务业地理。

关键词：生产性服务业　投入产出　制造业升级　农业现代化　产业升级

一　以生产性服务业推动产业升级的战略意义

（一）加快发展生产性服务业是提升制造业竞争力的重要手段

中国经济总量已经跃居世界第二，经济实力已经迈上了一个新台阶。从工业化进程看，中国正处在工业化中后期加速发展阶段。从国际经验看，这个阶段基本是走现代制造业和生产性服务业"双轮驱动"和融合发展的道路。这意味着我们既不能沿用传统制造业和重化工业的老路子，也不能脱离工业孤立地发展生产性服务业，而是要在分工与互动中选择现代制造业与生产性服务业的"双轮驱动"的战略，特别要围绕制造业这个"实体经济"大力发展生产性服务业，把高端服务元素坚实地嵌入制造业之中。只有这样，才能提高制造业的知识和服务含量，提高制造业的生产率和制成品的品牌和品质，才能摆脱传统的粗放型制造，真正走向制造的精细化和高端化，不断延伸其产业链，鼓励其向全球价值链高端攀升，从而摆脱长期以来在全球价值链分工中"低端锁定"的尴尬格局，才能真正成为制造业大国和强国。

（二）加快发展生产性服务业是缓解资源环境和劳动就业的压力

以生产性服务业推进我国产业升级，不仅是制造业本身的客观需要，也是我国劳动资源大国和资源环境承载力比较脆弱的客观现实的必然要求。我国是13.7亿人口、8亿左右劳动力的人口大国。我国 GDP 占全球 GDP 已超过10%，却消费了全球约11%的石油、49%的煤炭，排放了占全球26%的二氧化硫、28%的氮氧化物、21%的二氧化碳。服务业就业弹性明显高于制造业，服务业单位投资所创造的劳动就业岗位数约是重化工业的2.5倍；服务业对能源消耗也远低于制造业，每创造 1 万元 GDP，服务业的能耗只是制造业的25%，更加符合节能环保的要求。随着公众环保意识的增强，更加乐意接受低污染低能耗的服务业。从这个意义讲，大力发展生产性服务业，能够有效化解我国劳动就业压力、资源环境制约的矛盾。

（三） 加快发展生产性服务业是助推农业现代化的重要抓手

农业是国民经济的基础。我国要用占全世界 7% 的土地养活占全世界 21% 的人口，必须由传统农业向现代农业转变。实现农业现代化，我们过去较多地在农业自身领域做文章，在生产方式和经营组织上做文章。当然，这是很重要的基础性工作。但国内外的经验表明，要实现农业现代化，必须树立起全产业链的理念，要强调服务要素与农业全产业链的有效耦合，要把服务要素，特别是生产性服务要素全方位地嵌入农业产业链之中。从这个意义讲，生产性服务业也是实现农业现代化的关键环节和重要抓手。

（四） 加快发展生产性服务业是顺应经济新常态的必然要求

在我国经济进入新常态之后，不仅表现为经济增速的放缓，要接受一个较以前更低的潜在增长率，更表现为增长动力的转换、经济结构的再平衡，面临着复杂的系统转型，也意味着产业升级转型成为未来经济发展的新主题。要牢牢把握好这个主题，就必须摸准产业升级的目标和实现路径。对产业升级的理解有许多不同的看法，但我们认为，推动制造业升级和实现农业现代化是当下最为紧迫的，而实现这一目标的路径之一就是尽快发展生产性服务业，提升生产性服务业发展水平。

二 以生产性服务业推动制造业升级

（一） 模型及数据说明

1. 数据说明

本文主要利用中国 1997 年、2002 年和 2007 年的省级投入产出表数据，研究制造业与生产性服务（制造业对服务的中间需求）变化情况以及与经济发展水平的关系。由于西藏没有编制投入产出表和海南部分年份投入产出表缺失，本文选取了 29 个省（包括直辖市）。另外，考虑到数据的可得性和连续性，本文对行业进行了归并和重新划分，共划分为 22 个部门，其中服务行业主要有交通运输、仓储业及邮政业，信息传输、计算机服务和软件业，批发和零售业，住宿和餐饮业，金融业，房地产业，租赁和商务服务业，科学研究与技术服务业和其他服务业。具体行业划分情况见表 1。

表 1　行业划分标准

1	农林牧渔业	12	电力、燃气及水的生产和供应业
2	采矿业	13	建筑业
3	食品	14	交通运输、仓储业及邮政业
4	纺织	15	信息传输、计算机服务和软件业
5	木材	16	批发和零售业
6	造纸	17	住宿和餐饮业
7	石油化工	18	金融业
8	非金属矿物制品业	19	房地产业
9	基础金属	20	租赁和商务服务业
10	机械制造业	21	科学研究与技术
11	其他制造业	22	其他服务业

2. 投入产出方法和相关模型

投入产出核算是国民经济核算中最重要部分之一，形成的投入产出表刻画了不同产业之间技术经济联系，这是它的一个重要优势，是分析产业结构变化和产业之间技术经济联系的重要数据。其中主要的分析工具有：

（1）直接消耗系数：$a_{ij} = \dfrac{x_{ij}}{X_j}$，意思是部门 j 生产一单位产品时，需要消耗的部门 i 的产品量。

（2）完全消耗系数：$M = \left(I_m - A_{mm}\right)^{-1}$，其中 M 矩阵的代表元素，$M_{ij}$ 表示外部部门 j 收入（需求）增加对部门 i 收入（需求）的直接或者间接的影响大小。前面的 a_{ij} 反映了直接消耗关系，比如说部门 j 生产多少产品，相对应的就需要消耗部门 i 多少产品，这是一种直接消耗关系。除了直接消耗关系，还存在间接消耗关系，在最终消费需求中，对部门 j 增加一个单位的消费，它对部门 i 将产生直接的消耗，同时，j 部门对 k 部门消耗需求，进一步 k 部门也会对 i 部门产生需求，这构成了 j 部门对 i 部门的间接消耗的一部分。比如说生产汽车，将会对钢铁产生一种直接消耗需求，同时，生产汽车过程也需要机器设备，这些生产机器设备的制造业会对钢铁产生需求，这是生产汽车对钢铁的间接消耗。

（3）出口对服务业的拉动效应系数

定义 f_i 为商品 i 的出口最终需求，f 是这些元素构成的列向量，定义系数 ϕ，

$$\phi_i = f_i / \mathrm{f'e}$$

ϕ_i 给出了在总出口中商品 i 的出口份额，ϕ 是包含了所有这些系数的列向量。这个向量代表了直接出口份额。考虑到中间环节，我们还定义列向量

$$\Omega = M\Phi$$

Ω 中的元素 ω_i 表示，假设总出口的组成不变，总出口增加 1 单位，对部门 i 产生直接和间接影响的大小。

（4）中间消耗系数：中间消耗系数实际上是在公式

$a_{yj} = \dfrac{y_j}{X_j} = 1 - \sum_{i=1}^{n} a_{ij} = a_{dj} + a_{vj} + a_{mj}$ 的基础下定义的，对部门 j 的中间消耗就是对所有产品的中间消耗系数相加。

（5）增加值系数：$a_{cj} = \dfrac{C_j}{X_j} = 1 - \dfrac{\sum_{i=1}^{n} x_{ij}}{X_j} = 1 - \sum_{i=1}^{n} a_{ij}$，总投入中增加值的占比大小。

（6）中间需求率：$h_i = \dfrac{\sum_{j=1}^{n} x_{ij}}{\sum_{j=1}^{n} x_{ij} + Y_i}$ 意思是某一部门生产的产品有多少是作为中间投入供给其他部门使用的，剩下的作为最终产品用于消费，投资或者进出口。中间需求率与最终需求率加起来等于 1，这实际上是从投入产出表的横向来看的，一个部门生产的产品，一部分是作为中间产品，另一部分是作为最终需求。

（7）影响力系数：$\theta_i = \dfrac{\sum_j b_{ji}}{\dfrac{1}{n} \sum_i \sum_j b_{ij}}$

影响力系数可以看成某一部门的发展对经济的推动或者拉动作用，比如说部门 1 的影响力系数是：假设最终需求对部门 1 增加格外一个单位的需求，它会引起对其他部门的需求，也就是拉动作用。对部门 1 的需求增加一个单位会引起整个国民经济中其他各个部门的需求，这些需求加总，就构成了影响力。如果将每个部门的影响力系数都计算出来，比较 n 个部门的影响力大小，找出它们的一个均值，如果某个部门的影响力系数在所有部门的平均值以上，说明这个行业的影响力较大，如果小于 1，说明这个产业的拉动作用在整个国民经济体系所有产业里是处于偏下的，也就是说它不属于主导产业。

（8）感应力系数：$\delta_i = \dfrac{\sum\limits_j b_{ij}}{\dfrac{1}{n} \sum\limits_j \sum\limits_i b_{ij}}$

感应力系数与影响力系数相反：假设每个部门的需求都增加一个单位，会对部门 i 产生多大的需求。比如说国民经济中各个部门都增加一个单位的需求，会对部门 i 产生多大的需求。如所有行业都增加一个单位的需求，会对电力产生多少的需求。

（9）计量分析模型

为了检验制造业中生产性服务业中间投入与人均 GDP 关系，根据以下模型，利用混合 OLS，面板数据模型进行了实证分析。

$$A_{ijk} = \alpha_{ij} + \beta_{1ij} pcGDP_k + \beta_{2ij} pcGDP_k^2 + \varepsilon_{ijk}$$

（二）中国区域生产性服务业发展水平与结构比较

1. 区域生产性服务业总体发展水平

从投入产出表中，我们可以计算服务业作为中间投入的部分占整个经济总投入的比重，简称服务业中间投入率，可以用来表示经济中生产性服务业的发展程度。

为了便于发现生产性服务业发展与经济发展水平（人均 GDP）的关系，本文将根据各省 2007 年的人均 GDP 水平，分为上高收入、下高收入、上中收入、下中收入组、上低收入和下低收入六组。

表 2   服务业中间投入率与人均 GDP 情况

组别	省市	中间服务业投入比率			人均 GDP		
		1997 年	2002 年	2007 年	1997 年	2002 年	2007 年
上高收入组	上　海	0.1603	0.1913	0.2282	2.3243	3.2470	4.9163
	天　津	0.1828	0.2056	0.2026	1.2912	2.0527	3.7287
	北　京	0.2573	0.2486	0.2259	1.4882	2.1391	3.2866
	浙　江	0.1213	0.1316	0.1169	1.0120	1.5710	2.8173
	江　苏	0.1554	0.1229	0.1012	0.8879	1.4254	2.6946
	平　均	0.1754	0.1800	0.1749	1.4007	2.0871	3.4887
下高收入组	广　东	0.1665	0.1280	0.1058	1.0250	1.3339	2.4070
	福　建	0.1710	0.2189	0.1246	0.8904	1.3583	2.4052
	辽　宁	0.1494	0.1675	0.1192	0.8837	1.3342	2.4011
	山　东	0.1387	0.1534	0.0952	0.7211	1.1547	2.2146
	黑龙江	0.1156	0.1387	0.1287	0.6888	1.0282	1.7683
	平　均	0.1482	0.1613	0.1147	0.8418	1.2419	2.2392
上中收入组	内蒙古	0.1773	0.1416	0.1568	0.4651	0.7217	1.7672
	河　北	0.1371	0.1505	0.1165	0.5896	0.9002	1.5959
	湖　北	0.1302	0.1568	0.1457	0.5580	0.8974	1.5830
	吉　林	0.1268	0.1289	0.0735	0.5386	0.8079	1.4782
	新　疆	0.1563	0.2136	0.1547	0.6387	0.8369	1.3021
	平　均	0.1455	0.1583	0.1294	0.5580	0.8328	1.5453
下中收入组	河　南	0.1007	0.1073	0.1240	0.4324	0.6382	1.2351
	重　庆	0.1374	0.1505	0.1162	0.4129	0.6789	1.2277
	湖　南	0.1481	0.1871	0.1124	0.4437	0.6617	1.2158
	山　西	0.1243	0.1599	0.1197	0.4238	0.6042	1.1182
	四　川	0.1456	0.1803	0.1530	0.3788	0.5972	1.0891
	平　均	0.1312	0.1570	0.1251	0.4183	0.6361	1.1772
上低收入组	青　海	0.1972	0.1841	0.1303	0.4137	0.6272	1.0697
	安　徽	0.1661	0.1629	0.1428	0.3905	0.5834	1.0412
	江　西	0.1501	0.1624	0.1622	0.3832	0.5704	1.0095
	陕　西	0.1697	0.1578	0.1064	0.3610	0.5428	0.9848
	广　西	0.1653	0.1855	0.1147	0.3510	0.5085	0.9378
	平　均	0.1697	0.1705	0.1313	0.3799	0.5664	1.0086
下低收入组	宁　夏	0.1580	0.1631	0.1102	0.3871	0.5633	0.9325
	云　南	0.1415	0.1630	0.1601	0.3850	0.5199	0.8293
	甘　肃	0.1640	0.1545	0.0857	0.3066	0.4650	0.7979
	贵　州	0.1234	0.1659	0.1717	0.2157	0.3075	0.5642
	平　均	0.1467	0.1616	0.1319	0.3236	0.4639	0.7810

注：本表中平均值是各收入组中各省份相应变量值的简单平均值。

表 2 显示了服务业中间投入比率的变化情况。从 1997 到 2002 年，不同收入组的服务业中间投入比率（衡量生产性服务业发展程度）都有所上升，而从 2002 年到 2007 年，服务业中间投入比率却呈现下降趋势。如下高收入组中，服务业中间投入比率从 1997 年的 0.15 上升到 2002 年的 0.16，而后下降到 2007 年的 0.11。各省市中间服务业投入占总投入比重大致在 7.35% ~ 22.82%，2007 年收入水平排前 3 的上海、北京、天津的中间服务投入占总投入的比重也是最高的，分别为：22.82%，20.26%，22.59%，三市基本上达到 OECD 平均水平（程大中，2008），OECD 主要国家的服务业中间投入占总投入的比重介于 14.9% ~ 29.5%，平均为 21.7%。而其他省份的服务业中间投入率基本上都低于 20%，生产性服务业发展水平相对较低。

从各省市服务业中间投入率的变化情况，可以得到以下两点结论：一是我国各省市的服务业中间投入率的变化趋势基本相似，服务业中间投入比率呈现上升后下降趋势；二是总体上来看，不同人均收入水平的省市的服务业中间投入比重差别不是很明显。究其原因，可能是各省市的产业发展和结构的相似性导致了对服务业中间投入需求的相似性，一定程度上导致了不同收入水平省市的服务业中间投入比率变化趋势相同。此外，由于统计制度的变化在各省市具有一致性特点，也可能导致服务业中间投入比率的变化趋势相同。

表 3　中间服务业投入占总中间投入的比重

组别	省市	中间服务业投入占中间总投入的比重		
		1997 年	2002 年	2007 年
上高收入组	上　海	0.2338	0.2826	0.3177
	天　津	0.2592	0.3033	0.2978
	北　京	0.4133	0.3990	0.3519
	浙　江	0.1706	0.1926	0.1676
	江　苏	0.2250	0.1805	0.1482
	平　均	0.2604	0.2716	0.2566
下高收入组	广　东	0.2476	0.1852	0.1546
	福　建	0.2730	0.3456	0.2021
	辽　宁	0.2175	0.2654	0.1864
	山　东	0.2134	0.2374	0.1392
	黑龙江	0.2208	0.2520	0.2329
	平　均	0.2345	0.2571	0.1830

组别	省市	中间服务业投入占中间总投入的比重		
		1997 年	2002 年	2007 年
上中收入组	内蒙古	0.3163	0.2616	0.2904
	河 北	0.2181	0.2419	0.1775
	湖 北	0.1991	0.2600	0.2529
	吉 林	0.2100	0.2090	0.1248
	新 疆	0.2760	0.3716	0.2767
	平 均	0.2439	0.2688	0.2244
下中收入组	河 南	0.1639	0.1780	0.1943
	重 庆	0.2218	0.2350	0.1868
	湖 南	0.2427	0.3100	0.2004
	山 西	0.2058	0.2709	0.2008
	四 川	0.2478	0.3140	0.2619
	平 均	0.2164	0.2616	0.2088
上低收入组	青 海	0.3601	0.3248	0.1921
	安 徽	0.2625	0.2634	0.2334
	江 西	0.2625	0.2831	0.2601
	陕 西	0.2787	0.2675	0.1887
	广 西	0.2884	0.3242	0.2055
	平 均	0.2904	0.2847	0.2160
下低收入组	宁 夏	0.2733	0.2575	0.2164
	云 南	0.2662	0.2970	0.2807
	甘 肃	0.2831	0.2599	0.1490
	贵 州	0.2255	0.2894	0.3018
	平 均	0.2620	0.2760	0.2370

表 3 显示了生产性服务投入占总中间投入的比重情况，从 1997 年到 2007 年，中间服务投入占总中间投入比重呈现先升高后降低，如上高收入组的生产性服务业投入占总中间投入的比重先从 1997 年 0.2604 上升到 2002 年的 0.2716，再下降到 2007 年的 0.2566。相对应的物质性中间投入占总中间投入比重为从 1997 年的 0.7396 下降到 2002 年的 0.7284，再上升到 2007 年 0.7434。OECD 国家生产性服务业占总中间投入的比重约在 30% ~ 60%（根据 OECD 投入产出表数据计算）。这也说明我国各区域的生产性服务业的发展程度明显低于西方发达国家。

　　表 4 显示了生产性服务投入占服务业总产值的比重情况。总体上来看，从 1997 年到 2007 年，生产性服务投入占服务业总产值的比重呈下降趋势。此外，从北京、上海、天津的情况来看，天津和上海的生产性服务投入占服务业总产出的比重明显高于北京。如 2007 年，北京为 39.42%，而天津和上海分别为 82.25% 和 66.98%。与 OECD 国家的平均水平（约 40%）比较，由于我国服务业整体发展水平较低，服务业的最终需求相对较弱，且制造业在经济发展中占主导地位，这些都可能导致了区域生产型服务业中间投入占服务业总产出的比重相对较高。

表 4　中间服务业投入占服务业总产出的比重

组别	省市	中间服务业投入占服务业总产出比重		
		1997 年	2002 年	2007 年
上高收入组	上　海	0.5548509	0.5629713	0.6698049
	天　津	0.6532603	0.6259047	0.8224869
	北　京	0.5174977	0.47973	0.3942123
	浙　江	0.6953403	0.5689368	0.5432629
	江　苏	0.7064022	0.5797245	0.5314386
	平　均	0.6254703	0.5634535	0.5922411
下高收入组	广　东	0.6557883	0.4906446	0.4683106
	福　建	0.579943	0.7200889	0.502896
	辽　宁	0.6287046	0.5508298	0.5132439
	山　东	0.5947727	0.6363898	0.4905666
	黑龙江	0.4757925	0.5034897	0.4769824
	平　均	0.5870002	0.5802886	0.4903999
上中收入组	内蒙古	0.599186	0.4648737	0.5374894
	河　北	0.7158031	0.6330392	0.5216183
	湖　北	0.6003307	0.5905111	0.4929652
	吉　林	0.4609361	0.4457013	0.2689164
	新　疆	0.4780436	0.5963547	0.5321736
	平　均	0.5708599	0.546096	0.4706326
下中收入组	河　南	0.5163731	0.4777312	0.6045777
	重　庆	0.5860233	0.4759117	0.4412548
	湖　南	0.6429632	0.5883689	0.3905869
	山　西	0.5110737	0.5393613	0.5321948
	四　川	0.6161026	0.5746348	0.5335812
	平　均	0.5745072	0.5312016	0.5004391

组别	省市	中间服务业投入占服务业总产出比重		
		1997 年	2002 年	2007 年
上低收入组	青　海	0.6238535	0.591292	0.3841352
	安　徽	1.0084708	0.5716774	0.5130865
	江　西	0.5408488	0.5238745	0.669044
	陕　西	0.5795887	0.5158828	0.4124665
	广　西	0.5985285	0.6068112	0.4353673
	平　均	0.6702581	0.5619076	0.4828199
下低收入组	宁　夏	0.6307363	0.644806	0.4753199
	云　南	0.5056275	0.5351754	0.5360488
	甘　肃	0.5429606	0.4599632	0.3144972
	贵　州	0.5178763	0.6067522	0.5648464
	平　均	0.5493002	0.5616742	0.4726781

总之，从以上数据来看，我国区域服务业和生产性服务业的发展水平相对较低，服务业中间投入比率、中间服务业投入占总中间投入的比重、中间服务业投入占服务业总产出的比重与各地区的人均 GDP 的关系不明显，且差异较大。这可能与服务业的子行业种类较多，既有传统的服务业、也有现代服务业，这些细分行业与经济发展水平的关系各不相同，导致了服务业中间投入比率与人均 GDP 的关系不明显。因此，以下将主要从细分行业的角度出发，分析制造业对服务业子行业的中间需求大小，以及与经济发展水平的变化关系。

2. 区域生产性服务的部门构成

本部分主要考察生产性服务业的部门构成，用细分服务业的生产性（中间性）投入占整个生产性服务业的比重来衡量。表 5 显示了 2007 年各省市生产性服务的部门构成情况，可以发现，我国各省市的生产性服务业的部门构成差异较大。以天津与北京为例，北京和天津的交通运输、仓储业及邮政业的生产性服务投入占整个生产性服务投入的比重分别为 17% 和 43%。北京和天津的租赁和商务服务业的比重分别为 16% 和 10%，北京和天津的科学研究与技术服务业的比重为 11% 和 2%。

表5　2007年各省市的生产性服务业的部门构成

组别	省市	2007 年								
		交通运输、仓储业及邮政业	信息传输、计算机服务和软件业	批发和零售业	住宿和餐饮业	金融业	房地产业	租赁和商务服务业	科学研究与技术	其他服务业
上高收入组	上　海	0.17	0.21	0.15	0.02	0.15	0.04	0.20	0.04	0.02
	天　津	0.43	0.02	0.20	0.05	0.10	0.03	0.10	0.02	0.06
	北　京	0.17	0.09	0.17	0.07	0.09	0.05	0.16	0.11	0.09
	浙　江	0.19	0.06	0.25	0.07	0.14	0.04	0.13	0.04	0.09
	江　苏	0.25	0.06	0.18	0.08	0.16	0.04	0.09	0.05	0.09
	平　均	0.24	0.09	0.19	0.06	0.13	0.04	0.14	0.05	0.07
下高收入组	广　东	0.18	0.06	0.13	0.07	0.22	0.09	0.17	0.04	0.05
	福　建	0.32	0.04	0.18	0.09	0.14	0.01	0.09	0.03	0.10
	辽　宁	0.26	0.03	0.22	0.08	0.15	0.03	0.09	0.03	0.10
	山　东	0.30	0.04	0.13	0.10	0.12	0.05	0.09	0.03	0.14
	黑龙江	0.31	0.06	0.24	0.07	0.08	0.05	0.08	0.02	0.10
	平　均	0.28	0.05	0.18	0.08	0.14	0.05	0.10	0.03	0.10
上中收入组	内蒙古	0.37	0.02	0.28	0.05	0.10	0.03	0.04	0.01	0.10
	河　北	0.32	0.04	0.14	0.09	0.12	0.02	0.09	0.02	0.16
	湖　北	0.21	0.03	0.16	0.06	0.11	0.12	0.07	0.05	0.19
	吉　林	0.24	0.03	0.01	0.11	0.12	0.04	0.18	0.04	0.23
	新　疆	0.27	0.03	0.14	0.07	0.10	0.05	0.22	0.04	0.11
	平　均	0.28	0.03	0.15	0.08	0.11	0.05	0.12	0.03	0.16
下中收入组	河　南	0.32	0.02	0.23	0.18	0.07	0.02	0.02	0.03	0.11
	重　庆	0.23	0.04	0.20	0.11	0.17	0.02	0.06	0.06	0.10
	湖　南	0.25	0.10	0.22	0.09	0.08	0.02	0.06	0.03	0.14
	山　西	0.36	0.05	0.23	0.05	0.15	0.01	0.05	0.01	0.10
	四　川	0.24	0.06	0.27	0.10	0.13	0.02	0.05	0.03	0.10
	平　均	0.28	0.05	0.23	0.11	0.12	0.02	0.05	0.03	0.11
上低收入组	青　海	0.20	0.11	0.08	0.08	0.30	0.07	0.05	0.02	0.11
	安　徽	0.23	0.03	0.41	0.07	0.04	0.01	0.07	0.01	0.13
	江　西	0.30	0.03	0.31	0.08	0.07	0.05	0.02	0.01	0.12
	陕　西	0.22	0.04	0.01	0.12	0.15	0.04	0.13	0.03	0.26
	广　西	0.25	0.05	0.27	0.08	0.13	0.03	0.08	0.03	0.08
	平　均	0.24	0.05	0.22	0.08	0.14	0.04	0.07	0.02	0.14
下低收入组	宁　夏	0.32	0.09	0.13	0.06	0.13	0.03	0.08	0.04	0.08
	云　南	0.27	0.09	0.21	0.07	0.13	0.03	0.09	0.03	0.08
	甘　肃	0.27	0.06	0.02	0.14	0.16	0.03	0.13	0.04	0.15
	贵　州	0.27	0.03	0.21	0.08	0.20	0.02	0.08	0.02	0.10
	平　均	0.28	0.07	0.14	0.09	0.16	0.03	0.09	0.03	0.11
	总体平均	0.27	0.06	0.18	0.08	0.13	0.04	0.10	0.03	0.12
	全　国	0.26	0.06	0.15	0.09	0.15	0.04	0.10	0.05	0.10

从全国总体平均水平来看，交通运输、仓储业及邮政业的比重最高，达27%，其次，依次是批发和零售业，金融业，其他服务业，租赁和商务服务业，住宿餐饮业，信息传输、计算机服务和软件业，房地产业，科学研究和技术服务业。而OECD国家的租赁和商务服务业，信息传输、计算机服务和软件业的比重相对较高（程大中，2008）。这说明，总体上来看，我国具有较高技术、知识和人力资本密集的生产性服务投入的规模相对较小。从六大收入组平均水平的比较来看，租赁和商务服务业、科学技术研究服务业总体上呈现收入水平越高比重越大的趋势。住宿餐饮业和其他服务业的比重随着收入水平的增加而降低。

从总体变化趋势来看①，批发零售业的比重一直处于大幅下滑趋势，从1997年的31%下降到2007年18%。金融业的比重略呈下降趋势。租赁和商务服务业的比重出现大幅上升趋势，从1997年几乎为0上升到2007年的10%。信息传输、计算机和软件业、房地产业、科学和研究技术业的比重1997年到2002年的上升较快，而后从2002年到2007年几乎保持不变。交通运输、仓储和邮政业的比重从1997年到2002年几乎没变，而从2002年到2007年出现上升趋势。其他服务业（主要包括公共服务）的比重总体上呈下降趋势。

表6　2007年各省市的生产性服务业的部门构成

服务业部门	1997年		2002年		2007年	
	各省平均	全国投入产出表	各省平均	全国投入产出表	各省平均	全国投入产出表
交通运输、仓储业及邮政业	0.24	0.19	0.25	0.24	0.27	0.26
信息传输、计算机服务和软件业	0.04	0.07	0.06	0.09	0.06	0.06
批发和零售业	0.31	0.33	0.22	0.23	0.18	0.15
住宿和餐饮业	0.04	0.05	0.08	0.08	0.08	0.09
金融业	0.17	0.12	0.14	0.14	0.13	0.15
房地产业	0.03	0.03	0.04	0.05	0.04	0.04
租赁和商务服务业	0.00	0.00	0.08	0.08	0.10	0.10
科学研究与技术	0.03	0.04	0.04	0.02	0.03	0.05
其他服务业	0.14	0.18	0.08	0.07	0.12	0.10

---

① 由于生产性服务部门构成的各省平均值与全国投入产出表计算的数据基本一致，故我们主要以各省的平均值进行说明。

3. 区域生产性服务业的投入结构

这一部分主要分析生产性服务业的投入结构，也就是生产性服务业具体投入哪些行业或产业，或被哪些行业使用。以三次产业划分，计算三次产业的中间服务业投入占总生产性服务业的比重，以衡量生产性服务业的投入结构。

从总体平均情况来看，我国生产性服务业在三次产业的投入顺序依次为第二产业、服务业和第一产业。如 2007 年，投入第一产业、第二产业和服务业的生产性服务业比重依次为：2.91%，53.69% 和 43.40%。从动态变化趋势来看，第一产业的投入比重一直在下降，从 1997 年的 5.56% 下降到 2007 年的 2.91%，下降了 2.65 个百分点；生产性服务业在第二产业的投入比重从 1997 年的 55.16% 下降到 2002 年的 50.37%，再上升到 2007 年的 53.96%；生产性服务业在第三产业的投入比重从 1997 年 39.29% 上升到 2002 年 45.73%，再下降到 2007 年的 43.40%。

表 7　2007 年各省市的生产性服务业的投入结构情况

组别	省市	2007 年			2002 年			1997 年		
		第一产业	第二产业	服务业	第一产业	第二产业	服务业	第一产业	第二产业	服务业
上高收入组	上海	0.0032	0.4530	0.5438	0.0073	0.4478	0.5449	0.0181	0.4766	0.5053
	天津	0.0082	0.6837	0.3081	0.0153	0.4731	0.5115	0.0142	0.5407	0.4451
	北京	0.0054	0.2347	0.7598	0.0079	0.3063	0.6858	0.0162	0.3501	0.6337
	浙江	0.0240	0.6064	0.3696	0.0172	0.5950	0.3878	0.0205	0.7075	0.2720
	江苏	0.0222	0.6500	0.3277	0.0340	0.5684	0.3976	0.0238	0.5830	0.3932
	平均	0.0126	0.5256	0.4618	0.0164	0.4781	0.5055	0.0186	0.5316	0.4499
下高收入组	广东	0.0148	0.5315	0.4537	0.0242	0.4378	0.5380	0.0458	0.5522	0.4020
	福建	0.0279	0.6256	0.3465	0.0333	0.5474	0.4194	0.0206	0.5461	0.4332
	辽宁	0.0403	0.5386	0.4211	0.0415	0.5400	0.4184	0.0368	0.6105	0.3527
	山东	0.0265	0.6085	0.3651	0.0192	0.5052	0.4756	0.1347	0.5264	0.3389
	黑龙江	0.0563	0.5292	0.4144	0.0475	0.5409	0.4117	0.0964	0.5027	0.4009
	平均	0.0332	0.5667	0.4002	0.0331	0.5143	0.4526	0.0668	0.5476	0.3856
上中收入组	内蒙古	0.0639	0.5780	0.3581	0.1216	0.5172	0.3612	0.0432	0.5107	0.4461
	河北	0.0274	0.5408	0.4318	0.0360	0.5932	0.3708	0.0434	0.6991	0.2575
	湖北	0.0153	0.5188	0.4659	0.0329	0.5266	0.4405	0.0413	0.6162	0.3425
	吉林	0.0220	0.4472	0.5309	0.0431	0.4479	0.5091	0.0584	0.4947	0.4469
	新疆	0.0522	0.5204	0.4274	0.0939	0.4529	0.4533	0.0973	0.3807	0.5221
	平均	0.0362	0.5211	0.4428	0.0655	0.5075	0.4270	0.0567	0.5403	0.4030

组别	省市	2007 年			2002 年			1997 年		
		第一产业	第二产业	服务业	第一产业	第二产业	服务业	第一产业	第二产业	服务业
下中收入组	河 南	0.0166	0.6037	0.3796	0.0310	0.5329	0.4361	0.0678	0.5806	0.3516
	重 庆	0.0422	0.5009	0.4568	0.0103	0.3855	0.6042	0.0342	0.5681	0.3977
	湖 南	0.0609	0.4250	0.5141	0.0632	0.4744	0.4624	0.0650	0.6014	0.3336
	山 西	0.0278	0.6462	0.3259	0.0345	0.5286	0.4370	0.0728	0.5903	0.3369
	四 川	0.0278	0.4996	0.4726	0.0215	0.5228	0.4557	0.0421	0.5939	0.3640
	平 均	0.0351	0.5351	0.4298	0.0321	0.4888	0.4791	0.0564	0.5869	0.3568
上低收入组	青 海	0.0173	0.5277	0.4550	0.0195	0.6468	0.3337	0.0288	0.6283	0.3429
	安 徽	0.0619	0.5403	0.3979	0.0531	0.4512	0.4956	0.0680	0.6878	0.2442
	江 西	0.0434	0.5498	0.4069	0.0591	0.4697	0.4712	0.0879	0.4724	0.4396
	陕 西	0.0154	0.5189	0.4657	0.0159	0.4805	0.5036	0.0363	0.5435	0.4202
	广 西	0.0531	0.5555	0.3914	0.0344	0.5475	0.4181	0.0662	0.5911	0.3427
	平 均	0.0382	0.5384	0.4234	0.0364	0.5191	0.4445	0.0575	0.5846	0.3579
下低收入组	宁 夏	0.0105	0.5377	0.4518	0.0381	0.6304	0.3315	0.0484	0.6372	0.3143
	云 南	0.0202	0.5956	0.3843	0.0816	0.4740	0.4444	0.0383	0.4388	0.5229
	甘 肃	0.0138	0.4643	0.5220	0.0389	0.3718	0.5893	0.1016	0.4792	0.4192
	贵 州	0.0328	0.5418	0.4254	0.0435	0.5803	0.3762	0.1212	0.5192	0.3596
	平 均	0.0193	0.5348	0.4459	0.0505	0.5141	0.4353	0.0774	0.5186	0.4040
	总体平均	0.0291	0.5369	0.4340	0.0390	0.5037	0.4573	0.0556	0.5516	0.3929
	全 国	0.0325	0.5607	0.4068	0.0492	0.5355	0.4153	0.0592	0.5764	0.3644

按收入组划分来看，生产性服务业在第一产业的投入比重，随着收入水平呈倒 U 形，人均收入最高收入组和人均收入最低组的生产性服务业在第一产业的投入比重都相对很低，如 2007 年，上高收入组生产性服务业在第一产业的投入比重为 1.26%，下低收入组生产性服务业在第一产业的投入比重为 1.93%。而上中收入组的生产性服务在第一产业投入比重为 3.62%。不同收入组中，生产性服务业在第二产业的投入比重都高于在服务业的投入比重，且生产性服务业在第二产业和服务业的投入比重在不同收入组上基本上保持不变。

（三） 制造业对服务业的中间投入需求与人均 GDP 的关系研究

中国作为制造业大国，一方面，制造业的发展离不开生产性服务，制造业的转型升级、价值链爬升等需要服务业的支撑，生产性服务业的发展，可促使制造业进一步专业化，提高核心竞争力。另一方面，生产性服务业的发展离不开制造业，制造业是生产性服务业的主要需求来源，只有制造业得到持续健康发展，生产性服务业才有源源不断的需求，生产性服务业的发展才有广阔的市场。我国生产性服务业主要投入第二产业（50% 以上），尤其是其中的制造业，且生产性服务业的第二产业投入比重基本上保持不变。那么，制造业对服务业的中间投入需求（直接需求和间接需求）如何？其与经济发展水平的关系如何？这些问题探讨具有重要的意义。

由于制造业和服务业的细分行业千差万别，既有传统的、也有现代化的行业，资金、技术和资源等密度各异。为了更为精确地分析制造业对服务业的直接或间接需求及其与人均 GDP 变化的关系，本文把制造业分为食品、纺织、木材、造纸、石油化工、非金属矿物制品业、基础金属、机械制造业、其他制造业，服务业分为交通运输，仓储业及邮政业，信息传输、计算机服务和软件业，批发和零售业，住宿和餐饮业，金融业，房地产业，租赁和商务服务业，科学研究和技术业以及其他服务业。我们对制造业和服务业两两组合，使用省级面板数据，利用不同的计量模型（混合 OLS 线性模型、混合 OLS 二次函数模型、随机效应线性模型、随机效应二次函数模型、固定效应线性模型、固定效应二次函数模型）进行了实证分析。二次函数形式的实证模型如下：

$$A_{ijrt} = \alpha_{ij} + \beta_{1ij} \cdot pgdp_{rt} + \beta_{2ij} \cdot pgdp_{rt}^2 + \varepsilon_{ijrt}$$

其中，A_{ijrt} 为 r 地区 t 时期的制造业 j 对服务业 i 的直接消耗系数，来自于投入产出系数矩阵，gdp_{rt} 为 r 地区 t 时期的人均 GDP。

根据制造业对细分服务业的直接消耗系数与人均 GDP 呈现的关系实证结果，大致分为五类关系：正相关性、负相关性、U 形结构、保持不变性和不确定性五类。制造业对租赁和商务服务业和科学技术研究业的直接消耗系数与人均 GDP 呈显著的正相关性。具体归类结果见表 8。

表 8　制造业对服务业的直接消耗系数与人均 GDP 的关系

直接消耗系数与人均 GDP 的关系	细分服务业	备注
"U"形结构	信息传输、计算机服务和软件业,金融业	
保持不变性	交通运输、仓储业及邮政业,房地产业,住宿餐饮业	
正相关性	科学技术研究业,租赁和商务服务业	随着人均 GDP 的增加,食品、纺织、化学对科学技术研究业的直接消耗系数增加,但达到一定人均 GDP 水平后,略有下降趋势。
负相关性	其他服务业(公共服务业)	
不确定性(不同细分制造业呈现的关系不同)	批发零售业	U 形结构(化学、非金属、金属制造业);负相关性(木材、机械和其他制造业),保持不变性(食品、纺织和造纸制造业)。

注:制造业对服务业的完全消耗系数与人均 GDP 的关系、与直接消耗系数情况相似,故本文没有列出。

从表 8 中可以看出,制造业对科学技术研究业、租赁和商务服务业的直接消耗系数随着人均 GDP 的增加而增加。制造业对交通运输、仓储业及邮政业,房地产业和住宿餐饮业的直接消耗系数保持一定的稳定性。制造业对信息传输、计算机服务和软件业,金融业的直接消耗系数呈"U"形结构,也就是说,当人均收入水平低于某一临界值时,制造业对信息传输、计算机服务和软件业,金融业的直接消耗系数是逐步降低的,之后当超过临界值后,制造业对信息传输、计算机服务业和软件业,金融业的直接消耗系数会逐步上升。这些都可以给予我们以下启示:①在我国现有人均 GDP 水平下,大部分省市的工业发展将对科学技术研究业,租赁和商务服务业产生较大的需求,科学技术研究业、租赁和商务服务业在我国的发展空间较大。②交通运输、仓储业及邮政业,房地产业,住宿餐饮业的发展速度将与整体经济增长速度持平。③制造业部门对其他服务业(公共服务业)直接需求比重将进一步缩小,未来公共服务业应该更多地提供给居民等最终需求部门。

(四) 结论与政策建议

1. 基本结论

本文利用我国省市投入产出表,根据格林菲尔德(Greenfield,1966)对生产性服务的定义，分析我国区域生产性服务业的发展水平和结构，并实证分析了制造业对服务业的中间需求与人均 GDP 的关系。主要得到以下结论。

（1）我国区域服务业和生产性服务业发展水平相对较低，区域生产性服务业发展程度差异较大。除上海、北京、天津外，其他省市的服务业中间投入比率明显低于西方主要发达国家水平。

（2）总体上来看，各地区的服务业中间投入比率、中间服务业投入占总中间投入的比重、中间服务业投入占服务业总产出的比重与各地区的人均 GDP 的规律不明显，这与服务业内部各细分行业的差异特性较大有关。

（3）从制造业对服务业的中间需求的实证分析来看，制造业对服务的直接消耗和完全消耗系数与人均 GDP 的关系各异，呈现出正相关性、负相关性、U 形、不确定性、保持不变性（稳定性）。制造业对租赁和商务服务业的直接消耗系数和完全消耗系数随着人均 GDP 的增加而增加。而对金融业、信息传输、计算机服务和软件业的中间需求与人均 GDP 呈"U"形相关。

2. 政策建议

我国经济进入"新常态"，不仅仅是经济增长速度的合理回落，更多的经济增长动力的转换，人口结构变化、要素成本上升都难以支撑过去两位数的高速增长。这就要求中国经济由大量要素投入驱动转向依靠创新驱动转变，由工业过度扩张转向以服务业为主导转变。当前，服务业在吸纳就业方面已经显示出巨大的能力和潜力，但是适应"新常态"阶段，则更加需要改变过去服务业主要依靠资本和人力要素投入推动、生产率较低的状况。为此，需要推进服务业的体制机制创新，深化服务业改革，完善政府规制、加强市场监管、鼓励要素自由竞争、积极开放市场、打破行业垄断，通过持续改革为服务业特别是生产性服务业效率释放新的增长空间和潜力。具体政策建议如下。

（1）积极有序推进城镇化，推动城镇化和服务业互动发展。城镇化与服务业历来是互为促进的。纵观城镇化的历史，它更是一种产业结构及其空间分布的转化，是传统生产方式、生活方式和行为方式向现代化生产方式、生活方式和行为方式的转化。作为服务业生长的理想空间，城市既承载着人口集聚和各种要素集聚及由此带来的巨大服务需求和规模效应，更通过人口与要素的集聚彼此学习和竞争，提高服务业效率和品质。因此，通过积极有序推进城镇化来为服务业发展创造最佳的空间形态和载体，是极为重要的路径选择，特别要依托城市快捷的交通、通讯通信和金融以及多种社会服务网络，优化服务企业组织结构和空间布局，提高服务业的规模经济效应和辐射效应，并以此带动相邻地区制造业的发展，实现城镇化、工业化和服务业的多赢格局。

（2）加强落后地区生产性服务业（交通运输、信息化）投资，提高发达地区现代服务业的辐射力。针对我国区域生产性服务业发展差异较大，且生产性服务业的发展具有明显的集聚性，按照缩小地区发展差距的要求，加强对落后地区的生产性服务业（交通运输、信息化、金融服务）的投资，改造提升落后地区的传统产业，带动经济的快速发展，同时，遵循服务业特别是生产性服务业的空间上的集聚发展规律，进一步提升较发达地区的生产性服务业的集群发展，加快生产性服务业向中心城市集聚，提高中心城区的现代服务业（金融业、商务和租赁服务业、研发和工业设计业等）对其他地区的辐射力。

（3）对于不同地区不同细分服务业行业应该实行差别化的政策，不宜实行"一刀切"政策。各省市应该根据自己的经济发展水平，对不同服务业的发展实行差别化政策，如对于处于 U 形结构右边的金融业，信息传输、计算机服务业和软件业以及与人均 GDP 水平正相关的租赁和商务服务业，科学技术研究业，各省市应该大力支持这些服务业业的发展，在投资、财政税收、金融方面给予优惠政策，并加大对这些行业的基础和环境设施的投资力度，实施适度优先发展战略。而对于保持不变性的交通运输、仓储业及邮政业，房地产业等服务业的建设要与该地的经济发展水平相适应，不宜盲目扩张。

（4）促进生产性服务业和制造业融合互动发展，拉长制造业的产业链，也为服务业特别是生产性服务业发展提供广阔的空间。由于我国地区差异较大，且大部分地区生产性服务业发展相对落后，正处于工业化中期阶段，未来这些欠发达地区的工业处于加速发展阶段，且东部发达地区的制造业也将逐步向中西部欠发达地区转移，为中西部欠发达地区的生产性服务业发展提供了机会，东部发达地区的生产性服务企业也向中西部欠发达地区辐射和扩散提供了机遇。同时，生产性服务业也利于传统工业结构调整和转型升级提，助推制造业攀升价值链的高端。

（5）推动产业集聚，打造一批生产性服务业集聚区或功能园区，以服务业集聚策动制造业升级。集聚发展是生产性服务业的重要特点和趋势，我们必须顺势而为。纵观国内外制造业发展经验，凡是生产性服务业发达、集群程度高的地区，其制造业也相对比较发达，竞争力比较强。走集聚发展的道路要避免从空间上将一系列看似关联的企业集中到一起,但各个企业之间并没有相互联系,没有产生协同效应。真正的集聚发展是在地理上集中且有相互关联性的企业、专业化供应商、服务供应商、相关产业的厂商,相关研发机构和相关产业协会等构成的群体,它是在某一特定领域中大量产业联系密切的企业以及相关支撑机构在空间上集聚,并形成强劲、持续竞争优势的现象。走集聚发展道路,要尊重企业的自主选择,不要拉郎配,政府意志不能代替市场行为;也要发挥政府引领和导向作用,加强服务业集聚区建设规划引导,重视对生产性服务业集聚区或功能园区公共信息平台、技术平台、重大通信基础设施,建立集聚区标准与考核评价体系,等等。

(6)积极推动生产性服务业对外开放。借力对外开放,通过全球竞争和技术溢出实现效率提升和服务创新,是提升我国生产性服务业素质和国际竞争力的必由之路。把服务业作为下一步对外开放的重点,按照准入前国民待遇加负面清单的管理模式,着力推进金融、教育、医疗、文化、体育等领域的对外开放。通过积极参与 TPP 和 FTA 等自由贸易协议努力放宽服务贸易的准入和投资限制,实现服务要素在全国、全球范围内的互联互通,整合和优化服务资源,促进服务业效率提升。与此同时,加快服务业的对内开放,凡是允许外资进入的,首先应允许国内资本进入,形成平等地进入、竞争环境。

三 以生产性服务业助推农业现代化

(一) 建立农业产业化服务体系是实现农业现代化的重要手段

农业是国民经济的基础。对于我国这样的人口众多的发展中大国,坚实的现代农业尤为重要。现代农业是一个大农业的概念,要实现农业现代化,不能仅在"种植业"上下功夫,还要特别关注农业产前、产后问题。农业的产前、产后问题基本上属于服务业范畴。发达国家经验和我国这些年农业发展实践表明,大力发展服务于农业的服务业,建立社会化的农业产业化服务体系,是实现农业现代化、低碳化和可持续发展的有效手段。要建立起强大、高效、高附加值的现代化农业,就必须加快构建和完善现代农业综合服务体系,通过发展包括农村金融、农业科技、涉农物流、动植物疫病防控、农产品质量安全监管、农村劳动力培训、农机租赁等为农服务产业，以现代服务业促进农业现代化。

（二） 创新为农服务模式，实现城市服务要素与农村生产需求的有效对接

服务要素主要集聚城市，是各国共同的特点。我国既有的农业方式还是农户分散经营为主，农户交易成本高、交易风险大；龙头企业的规模化专业化程度低，自身发展面临瓶颈，无法有效带动农户。显然，城市专业化服务提供商面对分散的农业服务需求，缺乏提供服务的积极性。这样的格局，意味着城市服务要素很难自愿流动到农村，农村生产很难获取城市服务供应商的支持，供求双方缺乏耦合的条件。为了改变这种状况，建议运用"政府推动、市场牵动、龙头带动"的手段，探索"城市延伸、农村靠拢、专业组织衔接"的农业与城市服务业融合发展的创新模式，鼓励服务下乡，实现城市服务要素与农村生产需求的有效对接。

政府推动，就是以政策措施形成"双向推力"——积极推动城市服务提供商向农村提供金融、物流、营销、信息、技术推广等方面的专业服务；推动农村生产要素向龙头企业（专业化合作组织）集中，提高农业生产组织化经营程度。市场牵动是指用收入的提高引导农民放弃目前分散经营的生产方式，走向组织化、规模化；用成本的降低和质量的提高来吸引专业化组织购买城市专业化服务，形成城市服务商和专业化组织的主动对接。龙头带动就是指政府对龙头企业（专业化合作组织）进行积极扶持，使龙头企业成为连接城市专业化服务和农户的纽带。

（三） 生产性服务业助推农业现代化的实现路径与政策建议

在城市化、工业化持续推进的背景下，为解决农业产业化实践中的种种问题，应重视将生产性服务要素紧密地嵌入农业产业化体系中，以现代服务业策动农业现代化。

1. 推动龙头企业角色转换，变收购商为解决方案提供商

长期以来，我国许多农产品加工企业只是把农民当作被动的农产品供应者，两者之间很不平等。农产品加工企业必须摒弃急功近利的做法，致力于与农户建立良好的合作关系，而不只是简单地从农户手中收购农产品，做一个单

纯的收购商。国外成功经验告诉我们，农业产业化要可持续发展，就必须实现企业与农民的互惠互利，正确处理和妥善调节企业与农民的利益关系，充分调动农业生产者的劳动积极性，实现双赢和多赢。要解决好这一问题，龙头企业应着力建设专业化的农业支撑服务体系，包括育种育苗、生产资料、技术培训、供求信息、涉农物流、市场分销、运输网络、品牌拓展、动植物疫病防控、农产品质量安全监管、农机租赁等齐备的专业化服务，尤其要重视加强技术创新能力建设，注重从农产品深加工、品种改良、生产农艺等方面提升技术层次。

2. 实施"农业产业链竞争力行动计划"，促进服务要素全方位嵌入农业产业链

世界农业经济领域竞争最主要的是产业链层次的竞争，我国应重视顶层设计，加大对农业产业链的整合与分工协作方面的研究和资源整合。研究实施"农业产业链竞争力行动计划"，重点资助一批价值链试点项目，形成整条产业链的各环节环环相扣、各利益主体协同服务于共同的产业链的发展格局，通过服务业的全方位嵌入提高产业链的综合竞争力。比如，通过信息化服务的渗透解决农业的信息不对称问题，通过规划咨询设计等商务服务及现代物流服务的渗透，解决农户的分散经营问题；通过科技研发和现代金融等高端服务的渗透，解决农业的创新和资金问题。在完善的整合机制下，农民专注于生产高品质的农作物，龙头企业和合作社则专注于提供高效率的供应链，在技术开发、流通渠道等领域不断创新，并大力拓展与上、下游相关产业间的合作，在分工与合作中谋取多方利益最大化。

3. 创新农产品流通模式，促进终端专业化

重塑农业流通模式，就是要针对我国的食物链条长、小农户为主的发展实际，变多环节批发为产销直接对接，从提倡农超对接转变为支持农－农对接和农－社对接，从而减少中间环节，让消费者能够直接见到生产者，通过第三方监管对生产者形成压力。一方面，倡导社区直供基地建设，使市民有机会到专业合作组织的农田里监督其生产行为，对违法添加行为直接取消直供资格；同时，在《食品安全条例》中强化"问题产品区域退市"条款，强调地区连带责任，倒逼地方政府负起监管责任来。另一方面，应做实、做强行业协会与农协，鼓励农协直接进城开农贸市场与超市，让产地的农民专业协会与销地的农贸市场对接。此外，创新农产品流通产业链，还应着力打造专业品牌连锁终端。打造一个强势的终端连锁品牌，可以更好地控制产品的质量，只有达到一定的标准、符合一定要求的产品才能进入终端连锁店展示和销售；在产品采购或流通环节，终端连锁专卖从农户或企业直接采购，省去了很多中间环节，降低了渠道流通成本，也有利于保证产品的质量和及时供应；终端连锁专卖还可以给消费者提供更专业细致的服务，比如很多农副产品本身具有一些独特的营养价值，通过专业销售人员的讲解，可以让消费者有更多更深入的了解，并做出更理性的选择。

4. 制订农业信息化专项支持政策，全面提升农业生产信息化水平

在农业领域，信息技术与信息服务与传统农业生产结合带来的"精准农业"、"感知农业""智慧农业"等新型生产和管理方式，极大地加快了农业生产的高技术和现代化进程，全面提升农业生产的效率水平，使传统农业产业升级为现代农业。要根据《关于全面深化农村改革加快推进农业现代化的若干意见》中关于"建设以农业物联网和精准装备为重点的农业全程信息化和机械化技术体系"的精神，以财政补贴、税收优惠等政策，重点支持农业企业应用物联网等先进信息技术，重视利用物联网与大数据服务建立农产品质量安全可追溯体系，实现对于农业生产的动态监测，提高农业的生产效率和管理水平。

参考文献

国务院：《关于加快发展生产性服务业 促进产业结构调整升级的指导意见》，中国政府网，2014 年 7 月 28 日。

程大中：《中国生产性服务业的水平、结构及影响——基于投入 – 产出法的国际比较研究》，《经济研究》2008 年第 1 期。

顾乃华、毕斗斗、任旺兵：《中国转型期生产性服务业发展与制造业竞争力关系研究——基于面板数据的实证分析》，《中国工业经济》2006 年第 9 期。

夏杰长：《生产性服务业：打造中国产业升级版的"利器"》，《光明日报》2013 年 9 月 6 日。

夏杰长、姚战琪：《全力构筑我国服务业对外开放新格局》，《光明日报》2013 年 12 月 21 日。

夏杰长、姚战琪：《服务业外商投资与经济结构调整：基于中国的实证研究》，《南京大学学报》（哲学．人文科学．社会科学版）2013 年第 3 期。

夏杰长：《把握生产性服务业发展的着力点》，《经济日报》2014 年 9 月 6 日。

刘奕、夏杰长：《以服务业促进农业现代化：思路之辩与路径选择》，《宏观经济研究》2014 年第 5 期。

李仪：《全产业链集聚运营：高效生态农业的新思路》，《中共中央党校学报》2014 年第 2 期。

姚战琪：《发展生产性服务业与提升中国产业国际竞争力》，《学习与探索》2014 年第 4 期。

刘丹鹭：《服务业生产率与服务业发展研究》，经济科学出版社，2013 年版。

专题报告

交通运输服务业推动产业升级的机理与对策

曾世宏[*]

摘　要：交通运输服务业是生产性服务业的重要组成部分，目前正处于快速扩张状态。从结构来看，当前铁路交通运输和公路交通运输的比重几乎平分秋色，占全部交通运输业比重的80%左右。从交通运输服务业发展的质量来看，等级公路和等级航道运输里程的占比还比较低；从交通运输服务业发展的效益来看，铁路旅客运输和民用航空旅客运输的比重太低，公路货物运输和旅客运输的比重太大，而公路货物运输与旅客运输的等级公路比重不高，这就决定了我国目前的交通运输服务业发展的综合质量和综合效益还有待提高，必须从财税体制改革、科技创新和政府职能转变等方面促进交通运输服务业的产业升级。我国交通运输服务业作为其他产业的中间投入使用率不断提高，通过降低功能性产品的运输周期以及提高功能性产品的使用效能来促进相关升级也是其重要方向。

关键词：交通运输服务业　质量与效益　规模与结构　产业升级

一　引言

当今世界，全球经济发展的引擎正经历着由传统"工业经济"向"现代服务经济"转型的深刻变革。现代服务业正日益成为继农业、工业之后推动

---

* 曾世宏，湖南科技大学商学院副教授，研究方向为服务经济与产业政策。

经济社会发展的主导产业。顺应这一发展潮流，国务院 2014 年 7 月为此出台了《关于加快发展生产性服务业促进产业结构调整升级的指导意见》（以下简称《指导意见》），提出了要大力发展现代生产性服务业的战略决策。

《指导意见》明确指出：生产性服务业发展相对滞后、水平不高、结构不合理等问题突出，亟待加快发展。生产性服务业涉及农业、工业等产业的多个环节，具有专业性强、创新活跃、产业融合度高、带动作用显著等特点，是全球产业竞争的战略制高点。加快发展生产性服务业，是向结构调整要动力、促进经济稳定增长的重大措施，既可以有效激发内需潜力、带动扩大社会就业、持续改善人民生活，也有利于引领产业向价值链高端提升。

交通运输业指国民经济中专门从事运送货物和旅客的社会生产部门，包括铁路、公路、水运、航空等运输部门。交通运输服务业与生产流通联系紧密，在生产性服务业中占有重要地位。如何推动交通运输服务业由传统产业向现代服务业转型升级，更好地为现代农业和先进制造业的市场营销和物流配送提供交通运输保障，提升这些关联产业发展的全要素生产率和产品附加值水平，是贯彻执行该指导意见的内在要求。交通运输业是国务院确定优先发展的现代服务业领域，发展物流业又是国务院提出的交通运输领域发展现代服务业的重点。

因此，交通运输服务业与产业升级包含两层含义：第一层含义是指交通运输服务业本身的产业升级；第二层含义是指交通运输服务业的发展促进现代农业和先进制造业等关联产业的产业升级。为了弄清这两个方面的含义，本文首先分析我国交通服务业的发展现状、重点分析目前存在的问题及其升级路径，然后分析交通运输服务业促进其他产业升级的内在机理与实现路径，最后分析交通服务业与产业升级的政策保证。

二　中国交通运输服务业发展现状与问题

（一）　交通运输服务业概念界定

根据《辞海》的定义，交通的传统含义是指各种运输与邮电通信的总称，即人和物的转运和输送以及语言、文字、符号、图像等的传递和播送。随着交通与邮电通信的迅速发展，人们难以继续用交通一词来统称各种运输与邮电通信，邮电通信从交通中逐步分化独立出来，为此，就使用交通运输一词来表达原来交通中的运输含义,并使用"交通运输与邮电通信"一词来综合表达原交通的传统含义(范精明,1998)。但交通服务的内涵不同于交通运输。交通运输是指交通与运输的统称,交通是手段,运输是目的,其确切内涵是运输工具在运输网络上的流动及运输工具上载运的人员和物资在两地之间位移的总称。所谓交通运输服务一般是指服务提供方凭借某种交通工具使得签有服务合约的人和物在空间位置发生相对移动的一种活动过程。交通运输工具是提供交通运输服务的载体,服务人员是提供交通运输服务的主体。从产业来讲,交通运输服务业既要包括提供交通运输服务的载体,也要包括提供交通运输服务的主体。因此,本文不对交通运输业和交通运输服务业做严格的区分,即认为交通运输业本身就是一种生产性服务业。

(二) 中国交通运输服务业发展现状

我国交通运输服务业发展现状从规模、结构、质量和效益上体现出来。交通运输服务业发展的总体规模主要反映在年度行业就业人员数、行业增加值、行业固定资产投资数量的变动;结构主要反映在年度行业之间就业人员和行业之间增加值的比例变动;质量主要反映在各类运输线路营业里程的年度变动;效益主要反映在交通运输货运量、客运量和消费量的年度变化上。

1. 交通运输服务业发展的规模与结构

第一,从交通运输业总就业人数来看(如图1),经历了三个阶段,第一个阶段是从1985~1992年,交通运输业总就业人数呈增长趋势,1992~2002年总就业人数呈下降趋势,从2002年开始,交通运输总就业人数呈上升趋势。

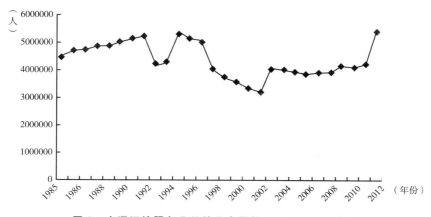

图1 交通运输服务业总就业人员数(1985~2012年)

第二，从交通运输行业细分行业就业人员绝对数来看（如图2），铁路运输行业、公路运输行业和水路运输行业就业人员数量整体上呈明显下降趋势，航空运输业就业人员数量整体上呈明显上升趋势，管道运输业就业人员数量整体上波动幅度不明显，处于平稳变动态势，这也反映了随着经济发展和收入水平提高，居民对航空运输服务的需求增加，从而带动了航空运输服务业就业人数的增加。

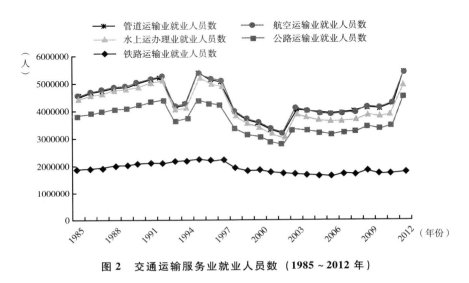

图 2　交通运输服务业就业人员数（1985～2012 年）

第三，从交通运输行业新增固定资产投资绝对数来看（如图3），除管道运输业新增固定资产投资增长幅度较小以外，铁路运输、道路运输、水上运输与航空运输业新增固定资产投资整体呈现增长趋势，特别是道路运输业近些年来新增固定资产投资的增幅较大。

第四，从交通运输行业就业人数构成百分比来看（如图4），铁路和公路运输服务就业人员数构成比重最大，且一直处于相对稳定状态，各占40%左右，其次是水上运输就业人员数比重呈下降趋势，目前占交通运输服务业总就业人数比重的10%左右，但航空运输就业人员的相对比重一直处于快速增长态势，目前接近交通运输服务业总就业人数比重的9%左右。

第五，从交通运输行业新增固定资产投资构成百分比来看（如图5），铁路运输业新增固定资产投资的变化幅度较大，2004～2006年铁路运输业新增固定资产投资在整个交通运输业新增固定资产投资中占比达到了75%左右，2006～2013年比重迅速下降，只占整个交通运输业新增固定资产投资比重的

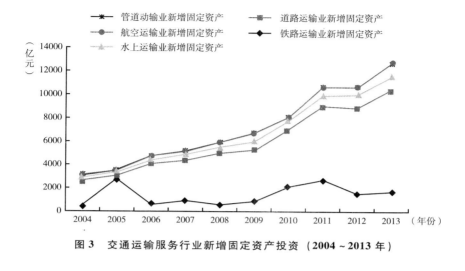

图 3　交通运输服务行业新增固定资产投资（2004～2013 年）

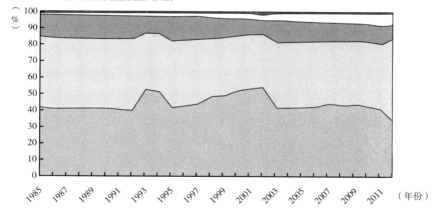

图 4　交通运输服务业就业人员相对构成（1985～2012 年）

11% 左右，而公路运输业新增固定资产投资在整个交通运输业新增固定资产投资中的占比从 2006 年开始大幅上升，目前占到了 70% 左右的比重。航空运输业和水上运输业新增固定资产投资在整个交通运输业新增固定资产投资中的比重变化幅度较小，一直处于 10% 以内，而管道运输业新增固定资产投资在整个交通运输业新增固定资产投资中的占比相当小，且近年还有下降的趋势，基本维持在 1%～2%。

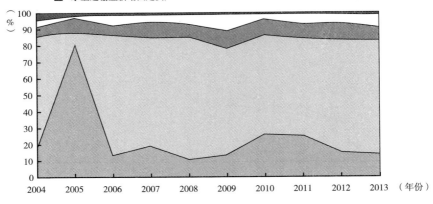

图例：
- 管道运输业新增固定资产
- 航空运输业新增固定资产
- 水上运输业新增固定资产
- 道路运输业新增固定资产
- 铁路运输业新增固定资产

图5 交通运输服务行业新增固定资产投资相对构成（2004～2013年）

总之，交通运输服务业发展的规模无论从总就业人员数还是从新增固定资产投资来看，整体上处于扩张状态，特别是随着中国市场经济体制不断完善以及加入WTO组织以来，交通运输业的规模扩张比较迅速，从交通运输服务业发展的结构来看，无论是行业就业人员比重，还是新增固定资产投资比重，目前铁路交通运输和公路交通运输的比重几乎平分秋色，但仍然占到了整个交通运输业比重的80%左右。另外，航空运输服务业的就业人数和新增固定资产投资在近些年的绝对数和相对比重都在增加。

2. 交通运输服务业发展的质量与效益

第一，交通运输服务业发展质量从运输线路质量来看（见图6），国家铁路复线里程占营业里程比重较高，从1978～1997年平稳增长，1998～2004年小幅下跌，2005～2012年直线上涨，目前高达85%左右，等级航道里程的比重从1978～2012年直线上升，目前接近50%，等级公路里程的比重从1978～2012年虽然有小幅度波动，但基本维持在50%～60%之间。

第二，交通运输服务业发展效益从货物运输量来看（见图7），从1978～2013年交通运输服务业货物运输量增长幅度较大，铁路、公路、民用航空、水运与管道的货物运输量都呈上升趋势，公路货物运输涨幅最大，铁路、水运、民用航空、管道货物运输的涨幅较为平稳。目前，其中公路货物运输量占整个交通运输货物运输量的比重达到70%以上，铁路货物运输占整个交通运

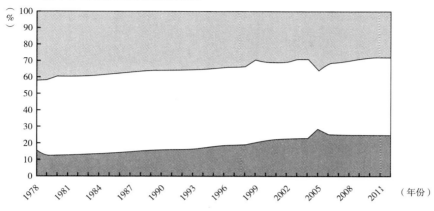

图 6　交通运输服务业运输线路质量（1978～2012 年）

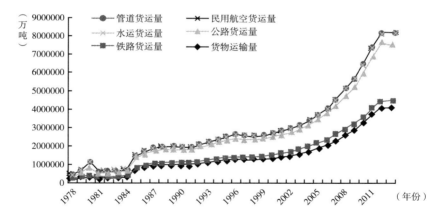

图 7　交通运输服务行业货物运输量（1978～2013 年）

输业货物运输比重只保持在 10% 左右，水运货物运输比重占到 13% 左右，民用航空货物运输的比重只有 0.01% 左右，管道货物运输的比重也只保持在 1.7% 左右，所以，货物运输量仍然以公路货物运输、水运货物运输和铁路货物运输为主，民用航空货物运输和管道货物运输只是一种补充。另外，远洋货运量占整个货物运输的比重也只有 1.8% 左右。

第三，交通运输服务业发展效益从旅客运输量来看，见图 8。从 1978～2012 年交通运输服务业旅客运输量增长幅度较大，铁路、公路、民用航空与水运的旅客运输量都呈上升趋势，公路旅客运输涨幅最大，铁路、水运、民用航空旅客运输量的涨幅较为平稳。目前，其中公路旅客运输量占整个交通运输旅客运输量的比重达到了 90% 以上，铁路旅客运输占整个交通运输业旅客运输比重只保持在 4.9% 左右，水运旅客运输比重占到 0.7% 左右，民用航空货物运输的比重只有 1% 左右。所以，旅客运输量仍然以公路旅客运输和铁路旅客运输为主，民用航空旅客运输和水运旅客运输只是一种补充。

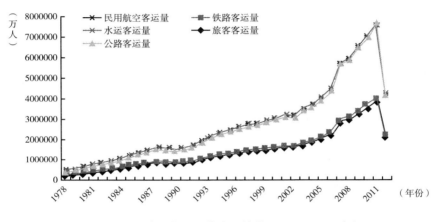

图 8　交通运输服务行业旅客运输量（1978～2013 年）

总之，从交通运输服务业发展的质量来看，等级公路和等级航道运输里程的占比还比较低；从交通运输服务业发展的效益来看，铁路旅客运输和民用航空旅客运输的比重太低，公路货物运输和旅客运输的比重太大，而公路货物运输与旅客运输的等级公路比重不高，这就决定了我国目前的交通运输服务业发展的综合质量和综合效益还有待提高。

（三）中国交通运输服务业发展存在的问题[①]

1. 交通运输基础设施总体规模不能满足经济与社会发展需要

我国的交通运输业有了较快的发展，但我国现有的交通基础设施总体规模仍然偏小，不能满足经济社会发展对交通运输不断增长的需求。我国按国土面积和人口数量计算的运输网络密度，不仅远远落后于欧美等经济发达国家，就

---

① 此节的主要观点参阅成都物流网，http：//028－56.com/news/wlxy/2011－04－14/1983.html。

是与印度、巴西等发展中国家相比，也存在较大差距。交通运输基础设施的缺乏，特别是在主要运输通道上客货运输能力严重不足，这将对国民经济的健康发展产生不利影响。

2. 交通运输业的发展尚不能满足人民生活水平日益提高的需要

随着经济的发展，居民的收入水平将不断提高，居民收入水平的提高必将带来居民消费行为和消费方式的变化。在收入水平很低时，居民家庭将把他们的收入主要部分花费在食物和住房等一些生活必需品上。随着收入的增加，许多用于食物项目上的开支将增加。人们吃得更多更好，其食物结构将从以廉价的含大量碳水化合物的食品为主转向以昂贵的肉类、水果、可口的蔬菜等食品为主。然而，随着收入水平的进一步提高，总支出中用于食物的支出比重将下降。在收入达到很高的水平时，用于衣着、娱乐和一些所谓的奢侈品项目，包括外出旅游的支出比重将增加。

由于经济条件越来越好和闲暇时间越来越多，外出旅游将成为人们的经常性消费，人们对旅游服务质量的要求也会越来越高。在信息化时代，每周例行的短途往返，主要包括从家到办公地点，或从家里到超级市场选购生活用品的次数将相对减少，但是人们参加特定目的的长途旅行的次数可能会比以前任何时候都多。我国交通系统的构造必须满足居民外出旅游在数量上和质量上的需要。居民外出旅行，要求运输方式快捷、舒适、安全。然而，如上文所述，我国的交通运输业还不能完全满足这些要求：等级公路与等级航道比重不高，客货运输主要还是以公路运输为主，铁路运输，特别是高速铁路的运输能力还有待增强，民用航空业还不发达，运输服务质量亟待提高等。城市公共交通系统不够发达，路网密度不高，布局不够合理，城镇居民的工作和生活出行尚有诸多的不便。

3. 交通运输设施的区域布局不利于地区之间的协调发展

我国是社会主义国家，又是一个多民族的国家。从长远的观点来看，只有各地区之间实现了协调发展，国家的安全和社会的稳定才能保证。目前，我国东部地区交通比较发达，而中西部地区特别是西部地区交通比较落后。中西部地区的发展受到了落后交通运输的严重制约。而中西部地区地域广大，资源丰富，西部地区又是少数民族聚居的地区，他们的发展具有重要的战略意义，是国家安全之所系。

4. 交通运输业的能耗高、污染严重，不符合可持续发展的要求

在过去的一个时期内，交通运输的快速增长是以较严重的资源破坏和环境污染为代价的。随着我国国民经济的持续快速增长，以及交通运输与国民经济密不可分关系加强，今后相当长的一段时间内，交通运输的大发展是必然的趋势，若按照目前的交通运输现状延续发展，势必对资源和环境造成更加严重的影响。目前，城市交通运输业的发展所带来的污染已经严重地破坏了居民的生存环境。机动车尾气排放是城市空气污染的主要来源之一，严重危害着城市居民的生产生活环境。城市化的急速发展使得汽车的使用量每年以10%的速度增加，城市中的颗粒物和二氧化硫有相当一部分是由汽车排放的。汽车排污也是城市空气中含铅量的一个重要来源。交通管理的落后使交通混乱，车辆平均速度低，更加重了破坏性。

5. 交通运输技术装备水平相对落后影响着运输效率的提高

我国在发展交通运输技术装备的过程中，走了一条立足本国、同时积极引进国外先进技术装备和自主创新的路子。虽然近些年来，随着我国经济实力的不断增强，在引进国外先进技术装备和高铁技术自主创新方面有了较大发展，但从总体上讲，我国交通运输的技术装备水平上仍与发达国家有较大差距。如铁路在货运重载和自动化管理等方面，目前仍处于起步阶段；而公路的许多重要路段混合交通仍较严重，汽车专用公路仅占公路总里程的1%，非等级公路高达40%以上；内河航道基本上处于自然状态，高等级深水航道比重很小，能通行300吨级船舶的五级以上航道里程仅占12.3%；大部分港口装卸设备及工艺落后、效率低下，发达国家已极少采用的件杂货物运输方式在我国港口仍普遍存在；民航航空管制、通信导航技术及装备落后已不适应民航的发展；交通运输工具则是先进与落后并存，且技术落后、状态较差的车辆、船舶居多数。技术状况的参差不齐和运力结构的不合理，严重影响了运输效率的提高。

6. 各种运输方式分工不尽合理，市场竞争不规范，不利于优势的发挥

改革开放以来，我国各种运输方式均得到不同程度发展，综合利用和发展各种运输方式问题日益受到重视，从而为充分发挥各种运输方式的技术经济优势和功能、实现各种运输方式合理分工和协调发展、力求达到最经济合理地满足运输需求、保证运输安全、合理利用资源、保护环境等目标创造了有利条件。

交通运输市场的自由竞争有其合理的一面，但所造成的资源浪费也是不可避免的。各种运输方式的合理分工和协调发展是综合运输体系的核心问题，也是交通运输发展的客观要求。从我国交通运输结构情况看，公路运输和民用航空运输所占比重上升较快，这与我国经济发展，产业结构的变化紧密相关。经济越发达，产业结构中第二、三产业的比重越提高，对高质量、高效率客货运输的需求越高。公路运输以其机动、灵活和"门到门"运输的优势，在公路状况和车辆装备水平提高的前提下，其承担的运输量必然增长；民航则因其快速、安全的运输也在经济高速发展过程中占有一席之地。这种发展趋势与发达国家运输发展规律基本相吻合。

但是，由于我国在较长一段时期内对交通运输在国民经济发展中的地位与作用认识不足，使得交通运输的发展严重滞后。我国目前的运输结构是在运输严重短缺的状况下形成的，各种运输方式在分工上只能通过"走得了"来实现。在市场经济条件下，其市场竞争往往表现为不是通过提高服务质量来占领市场份额，而是满足大量并不适合其运输经济合理性的运输需求，市场范围交叉严重，在同类客货源上进行盲目竞争，使得各种运输方式合理分工无法真正实现。同时，分工的不明确，也妨碍各种运输方式通过取长补短进行协作，其结果是一方面运输短缺，不能很好适应经济社会发展对运输的需求；另一方面，各种运输方式又不能充分发挥出潜能，发挥其在综合运输系统中的优势。

三 交通运输服务业推进产业升级的内在机理与实证检验

（一）交通运输服务业推进产业升级的内在机理

产业升级主要是指产业结构的改善和产业素质与生产效率的提高。产业结构的改善表现为产业的协调发展和结构的提升；产业素质与效率的提高表现为生产要素的优化组合、技术水平和管理水平以及产品质量、产品附加值与使用效能的提高。产业升级必须依靠技术进步。产业升级一般遵循由产品升级－工艺升级－功能升级－产业链升级的基本演化路径。产品升级是指一种新的产品替代旧产品，这种新产品体现为更高的使用效能和产品质量。工艺升级是指一种新的设备替代旧设备，这种新设备体现为更高的生产力。功能升级是指从高附加值生产环节替代低附加值生产环节，高附加值生产环节主要是指价值链两端的技术研发、产品设计、品牌营销、物流网络、金融保险等，低附加值生产环节主要是指传统的加工装配制造等，即从微笑曲线的低端向两端攀升。产业链升级是指一种高产业价值链替代一种低产业价值链，如数字高清电视替代传统黑白电视，产业链升级一般同时包含了产品升级、工艺升级和功能升级。

生产性服务业是从企业内部生产环节分离，并独立发展起来的服务部门。生产性服务业主要是向生产经营主体，而非向消费者直接提供的服务。目前我国生产性服务业发展水平与发达国家相比，显得尤为滞后。大多数发达国家服务业增加值和就业人员比重均占比 70% 以上。生产性服务业发展水平越高的国家，其工业发展水平一般也就越高，这主要是因为生产性服务业对于提高产业国际竞争力，推动产业结构调整升级，解决部分行业产能过剩，激发企业创新活力、推动产业向价值链中高端发展具有重要作用，而发达国家则依靠了生产性服务业发展的领先优势。我国在全球制造产业价值链分工体系中处于中低端位置，工业大而不强，差距就在于生产性服务业发展水平相对滞后。

生产性服务行业由于存在异质性，每个行业对推动产业升级的作用机理可能有差别。但总体而言，生产性服务业推动产业升级的作用机理可以概括为：生产性服务业作为商品价值实现过程中的一种中间性投入，由于其具有知识技术密集型特征，对产品的研发设计开发、生产流程优化、品牌质量管理、售后检测维修、融资信贷保险、财务会计管理与业务咨询管理等方面能够节约生产、交易和消费成本、减少对资源的依赖度和环境的破坏性，从而提高产业生产率、行业竞争力和产品美誉度，最终提高企业资源配置效率和产品转换能力。

交通运输服务业作为生产性服务业的一种，其推动产业升级的内在机理主要在于降低功能性产品的运输周期以及提高功能性产品的使用效能。功能性产品一般用于满足用户的基本需求，变化很少，具有稳定的、可预测的需求和较长的生命周期，但它们的边际利润较低，例如日用百货等。对于功能型产品，由于市场需求比较稳定，比较容易实现供求平衡。对各成员来说最重要的是如何利用供应链上的信息协调它们之间的活动，降低其生产、运输、库存等方面的费用，以使整个供应链的费用降到最低，从而提高效率。

物流业作为交通运输业的一种重要业态形式，主要通过仓储、运输、配送等环节，与制造业深度融合。物流业推动产业升级的作用功能主要体现在提高上下游关联产业生产要素的配置效率、产品附加值和产品使用效能，具体体现在快速响应、最小变异、最低库存、最低成本、产品质量和产品生命周期支持等方面[1]。

（二）实证检验

1. 交通运输服务业作为主要制造产业的中间使用率

根据表1的数据，从横向对比来看，交通运输服务业作为机械设备制造业和金属产品制造业的中间使用率比较高，其次是矿物制品制造业和皮革制造业，再次是食品制造业，这体现了制造行业中重型机械制造和重型化工制造业对于运输服务的使用要求相对于轻工产品制造而言更大。从纵向对比来看，每种制造行业对于交通运输服务业的中间使用率都呈增加趋势，说明了随着经济发展和产业规模扩张，现代交通运输业对于实现制造产品价值的重要性越来越大。

表 1　交通运输服务业作为主要制造产业的中间使用率

年份	食品	机械设备	皮革制造	石化加工	金属产品	矿物制品
1995	0.02	0.08	0.03	0.04	0.08	0.04
1997	0.03	0.10	0.04	0.02	0.09	0.07
2000	0.02	0.09	0.03	0.02	0.08	0.03
2002	0.04	0.10	0.03	0.03	0.08	0.03
2005	0.03	0.14	0.04	0.02	0.08	0.04
2007	0.05	0.15	0.04	0.03	0.09	0.05

数据来源：根据历年《中国统计年鉴》的投入产出表计算。

2. 交通运输服务业对货物周转量的影响

交通运输服务业对货物周转量的影响可参见图9。

从图9可以看出，交通运输服务各行业的货物周转量的比重变动规律是：

---

[1]　快速响应是指信息技术提高了在尽可能的最短时间内完成物流作业，并尽快交付所需存货的能力。最小变异是指尽可能控制任何破坏物流系统表现的、意想不到的事件，这些事件包括客户收到订货的时间被延迟、制造中发生意想不到的损坏、货物交付到不正确的地点等。最低库存是指减少资产负担和提高相关产品的周转速度。最低成本是指通过大规模的运输整合和线路优化使运输成本尽可能降低。产品质量是指物流技术的使用能够避免产品质量的损坏。产品生命周期支持是指运用物流系统及时回收某些已流向客户，且对产品生命周期具有严格需求的过期存货。

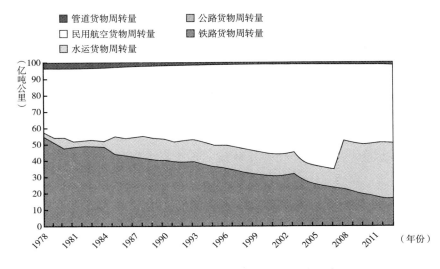

图 9　交通运输服务业对货物周转量的影响

铁路货物周转量的相对比重逐年下降，公路货物周转量的相对比重逐年增加，水运货物周转量的相对比重保持基本稳定。目前交通运输服务行业的货物周转量相对比重中，水运最大、公路次之、再次是铁路运输。

经过进一步的面板数据回归分析发现，交通运输服务业固定资产投资对其货物周转量的影响系数为 0.32，说明交通运输服务业固定资产投资增加有助于增加各行业的货运周转能力，从而提高制造行业的产业素质和产品使用效能，有助于制造行业的转型升级。

四　加快发展交通运输服务业的政策建议

交通运输服务业作为其他产业的中间性投入，能够促进关联产业升级。因此，必须扩大交通运输服务业的消费比重，通过内需增加，来带动其他产业升级。具体建议如下。

（一）打破现有的机制体制障碍，促进交通运输服务业的健康发展

交通运输服务业是提供交通运输服务消费的载体，交通运输服务业的成长

与发展直接决定了交通运输服务消费的提供能力。因此应该从促进产业成长的角度做好顶层设计，打破制约交通运输服务业健康成长的各种机制体制。

一是应该建立健全公共交通运输服务体系，加强交通运输服务业基地和特色产业群建设，推动交通运输服务业转型升级，努力为人民群众生产更多更好的交通运输产品，提供更多更好的交通运输服务。

二是应继续推动交通运输服务业以市场为取向的体制改革，充分发挥市场机制在交通运输服务业中资源合理调节与配置、交通运输服务业结构调整方面的决定性作用。打破目前交通运输服务市场的国有资本垄断，充分引导民间资本与国外资本进入交通运输产品市场与服务市场，通过立法取消目前交通运输服务领域中存在的歧视性和强制性收费项目。

三是通过制定交通运输行业发展的对外开放战略，提高国内交通运输服务行业的国际竞争力。作为一个贸易大国，我国交通运输服务贸易的发展潜力巨大，面对日益增长的交通运输服务消费需求，应该通过进一步提高交通运输服务业的对外开放程度来促进交通运输服务国际竞争力的提高，从而提高交通运输服务消费的数量和质量。

（二）缩小交通运输基本公共产品和服务提供的城乡和地区差距

交通运输产品和服务在很大程度上属于公共产品与公共服务，特别是交通和通信领域的基础设施更具有基本公共服务的性质。而目前交通运输基础设施在城乡和地区之间还存在较大的差距。因此，缩小交通运输基础设施建设的城乡与地区差距是促进国内交通运输服务消费升级的重要抓手。

一是政府部门在积极改造乡村传统交通运输服务业领域的同时，应该充分开发落后地区和广大农村尚未得到有效开发的交通运输消费市场潜力，通过鼓励交通运输服务业的绿色革命，积极开发适应城乡环境要求的节能环保型交通运输产品。

二是应尊重不同群体的交通运输服务消费权利，有针对性地开发交通运输服务消费产品。由于不同群体之间具有不同的交通运输服务消费意愿和诉求，在进行交通运输产品和服务开发时，应该根据不同消费人群的职业特点、健康状况与需求偏好进行定制化的交通和通信产品及服务开发。

三是应该根据地区不同特点，发展经济欠发达区域特色交通运输服务业。中国广大的中西部地区有着不同的地理风俗和经济发展背景，各地应根据自身特点，发挥自身优势，创造适合当地居民需求的交通运输服务消费环境，促进交通运输服务消费市场的大繁荣。

（三） 进一步提高居民收入水平、降低交通运输消费服务价格

尽管 2011 年全国城镇居民人均消费支出比 2008 年增长了 47.7%，城镇居民人均交通运输服务消费支出比 2008 年增长了 67.8%，农村居民人均交通运输服务消费支出比 2008 年增长了 39.2%，但与世界发达国家和地区相比，人均的交通运输服务消费支出在全部消费支出中的比重偏高。这一方面是由于中国居民的人均可支配收入水平相对提高，用于较高需求层次的旅游休闲消费带动了居民的交通运输服务消费；另一方面是由于中国目前的交通运输服务消费价格相对于世界发达国家的服务消费价格偏高。因此，促进居民交通运输服务消费升级必须进一步提高居民收入水平、降低交通运输服务的消费价格。

一是进一步提高城乡居民的人均可支配收入水平。虽然我国城镇居民的交通运输服务消费增长快于消费总体增长，但农村交通运输服务消费增长滞后于消费总体增长，因此，总体来看我国居民交通运输服务消费仍处于较低水平阶段。这主要是因为我国目前人均可支配收入水平还较低，居民消费中的较大比重还是用于解决基本的衣食住行需要。

二是进一步降低服务消费价格，正确引导居民选择理性的交通运输服务消费水平。交通运输服务消费引导是一项长期而艰苦的工作，为提高引导的实效性，应加强对大众交通运输服务消费行为和心理的研究。应认真分析各种群体不同的消费心理和需求，研究当前与未来一个时期交通运输服务消费的发展态势趋向，针对不同消费阶层制定相应的引导消费策略。另一方面，研究交通运输服务消费领域存在的歧视性和强制性高价格问题的根源，采取有针对性、有预见性的对策和措施，帮助人们提高交通运输服务消费能力和水平。

（四） 加强法制建设，完善交通运输服务消费市场体系

健全各种社会保障制度，加强交通运输服务业法制建设，是各国完善交通运输服务消费市场体系的根本经验。从各国实践来看，健全的社会保障制度与合理的保障水平能够对国民储蓄产生"挤出效应"，有利于"释放"居民的消费能力。

目前，我国交通运输消费市场还处于成长阶段，市场化程度较低，再加之

我国交通运输服务业立法相对滞后，导致市场环境中存在诸多不利于交通运输服务消费的因素。

一是要抓紧制定和完善公共交通运输服务保障、市场管制等方面的法规，提高交通运输建设法制化水平，为推进我国交通运输改革与发展、加快建设交通运输强国提供有力的法制保障，同时也为居民提供一个良好的交通运输服务消费环境，提高城镇居民交通运输服务消费水平。

二是提高政策法规的透明度。加快交通运输服务消费领域的市场化建设，改进市场管理，完善市场体系。首先要完善市场准入管理制度，进一步建立国内统一市场，实现公平竞争。其次要减少政府部门对经营活动的干预，按市场经济运行的规律来组建我国的交通运输市场。同时要建设和规范交通运输市场的经营行为，整顿市场秩序，为经营者创造统一开放、竞争有序的市场环境。

总之，改革开放以来中国的交通运输设施在持续改善，居民交通运输服务的消费支出水平也有很大程度的提高，但中国目前的交通运输服务消费还处于一个发展的时期，尤其是加入世贸组织，更是对我国交通运输服务消费的种类、数量与质量提出了挑战。

比如我国航运业在管理技术、服务质量、技术设施等方面与国外相比还是有很大的差距的，而且随着外贸体制的不断改革和进一步的对外开放，呈现了国外、国内各行业都与航运相联系的局面，这无疑增大了我国航运企业所面临的竞争压力。

与此同时，中国港口的现状也不能满足我国经济持续发展的要求，中国港口不仅服务市场化程度仍然较低，而且港口建设也存在结构性不平衡。如集装箱码头、木材码头等存在结构性短缺，有些地区的货运码头存在盲目建设和重复建设的问题。

在物质文化生活不断进步的今天，人们对促进交通运输服务消费升级的基础设施数量和质量不断提出新的需求。在今后一个很长的发展时期内，中国需要增加交通运输设施的数量，比如运输线路、通信网络，同时要提高它们的服务质量，特别是提高航运业的管理技术和服务质量，提高港口服务的市场化程度，更好地满足人们的需求。另一方面，我们也要不断完善现有交通设施的不断升级，为人们的出行提供更加方便、快捷、安全和舒适的交通工具。随着我国经济的不断发展和人们生活水平的不断提高，只有更高层次的交通设施才能满足人们的需求。所以在今后的发展中，不管是铁路，公路、海路航空还是互联网等都要升级自己的交通运输服务设施。这是因为交通运输一直是国民经济的基础，交通运输产业仍将是我国建设的重点项目，同时也应该提供更加快速、安全的交通运输工具，这都将为提高居民交通运输服务消费水平打下良好的基础。

参考文献

Sadek Jbara, Oliviero Stock, Iris Reinhartz-Berger. "Generic Framework for Context-Aware Communication Services" in Visitor's Guides, *Journal of Software Engineering and Applications*, 2011 (04): pp. 268–281.

Michael Stollberg, Marcel Muth. "Efficient Business Service Consumption by Customization with Variability Modelling" *Journal of Systems Integration*, 2010 (3): 17.

范精明：《运输、交通和交通运输的内涵与相互关系研究》，《交通标准化》1998 年第 2 期。

李莲莲等：《基于现代交通运输视角的交通服务业研究》，《交通企业管理》2013 年第 8 期。

刘乐山：《改革开放以来中国居民交通消费的变迁及其发展趋势》，《喀什师范学院学报》（社会科学版）2000 年第 3 期。

张晓：《英国一体化交通规划实践及其对我国的借鉴》，《当代经济》2009 年第 11 期。

章梅珍：《我国运输服务投入要素贡献率计算及分析》，《三明学院学报》2010 年第 10 期。

崔玮：《我国运输服务贸易发展特征及战略选择》，《技术经济与管理研究》2012 年第 6 期。

唐韧：《交通运输行业引进民间资金的主要方式探讨》，《现代交通技术》2012 年第 6 期。

贺兴东：《产业视角下的运输服务业内涵分析》，《综合运输》2013 年第 1 期。

软件产业推动产业升级的机理与对策

王　娜　　尚铁力[*]

摘　要： 全球金融危机以来，各国政府在信息产业领域纷纷采取一系列超常规举措，以刺激本国信息技术的研发创新，培育新的经济增长点，从而谋求在全球新一轮产业结构调整中占据信息经济领域发展制高点。软件产业是一国经济的基础性、战略性和先导性产业，是信息产业最为核心的组成部分。面对全球软件产业发展大势，如何充分把握我国大国大市场的特色优势，加快推进我国软件产业的发展，充分发挥其经济增长的"倍增器"、发展方式转变的"转换器"和产业升级的"助推器"的作用，是我国经济发展的战略性选择。

关键词： 软件产业　战略性新兴产业　工业互联网　两化融合

一　软件产业的内涵、特点及对产业升级的意义

（一）软件产业的内涵

软件产业即软件与信息技术服务业，是指有效地利用计算机资源而从事计

---

　* 王娜，北京联合大学管理学院讲师，研究方向为现代服务业与宏观经济政策；尚铁力，工业和信息化部高级工程师，研究方向为信息通信服务业与互联网监管政策。本文为北京高等学校青年英才计划项目（Beijing Higher Education YoungElite Teacher Project）（项目编号 YETP1762）的阶段性成果之一。

算机程序编制、信息系统开发和集成及相关服务的产业。根据我国软件行业主管部门的统计口径,我国软件产业主要包括软件产品、系统集成、软件技术服务、嵌入式系统软件和 IC 设计等子行业。其中,软件产品既有操作系统、数据库等基础软件,也有办公软件、多媒体、游戏、行业应用等软件。软件服务形态较为多样复杂,既包括客户交互咨询服务,业务流程外包服务及网络软件服务等传统服务范畴,也包括 SaaS 等产品与服务相融合的新兴服务。

从软件产业定义看,其同时包含了产品和服务两种形态,并且随着信息网络技术的不断演进与发展,软件产品与服务的边界日益模糊,呈现你中有我、相互交融的态势。在技术演进的推动下,软件产业各个子行业之间甚至其他行业与软件行业之间的相互融合、相互渗透日益加深,特别是当前软件产业与电信领域、互联网领域相互交织、融合发展,新业务、新产品、新模式层出不穷,交叉领域、融合产品等成为行业最为活跃的动力。

因此,分析把握软件产业整体情况及其对其他行业的渗透、辐射作用,不但要了解传统软件产品与服务市场的基本情况,还要关注前沿交叉领域(云计算、移动互联网、物联网)有关情况。

(二) 软件产业的特点

一是从生产要素投入看,知识密集投入是软件产业的重要产业属性之一。软件企业通过对信息资源进行分析、设计、编码、调试、集成等,为软件用户提供功能丰富、性能突出、智能化程度高的软件产品和服务。随着全球信息化水平的不断提升,用户对软件产品和服务的质量要求也在不断提升,这就进一步加剧了软件企业对于高端软件人才的争夺。只有充分发挥企业员工的研发和创造力,源源不断地为用户提供原创性服务,开拓新的市场,软件企业才可能在激烈的竞争中占据一席之地。

二是从产出效果看,软件产业表现出业务的高增长性和创新的高破坏性。软件产业具有信息技术产业的主要特征,即具有显著的网络效应,主要表现为较早进入市场的企业凭借网络效应不断锁定增量用户,扩大基数规模,企业竞争优势一旦出现并达到某一临界值,容易出现"强者更强"的垄断局面。这对新进入市场的企业带来了巨大的竞争风险。但如果新进入者能够创造出新的产品、服务或商业模式,就有可能引发用户高速增长。一旦这种趋势出现就会不断自我强化,在短时间内瓦解在位运营商的竞争优势。为了保持不断创新,软件企业必须在软、硬件方面进行大量投入以跟上技术演进和需求的变化。

三是从产业关联看,软件产业呈现极强的技术外溢性和产业融合性。软件技术作为信息通信技术的重要组成部分,既包含针对特定行业、特定产品或服务的专业技术,也有适应各行各业的通用性技术。因而,软件产业的快速发展会在两个层面产生技术、产品或服务的外溢性:一是在同一行业内,企业间研发知识、生产技能、商业模式等创新要素的扩散溢出,带来横向市场产品或服务质量的提升,以及产业链上下游企业产品或服务整体服务水平的提升;二是在不同行业内,软件技术作为一项"使能性技术",在国民经济众多领域具有广泛的适用性和极强的渗透性。软件产品或服务一方面可以显著提高传统行业生产资源的利用率、劳动生产率;另一方面,随着软件技术与其他行业技术的交叉融合,将会带动一批诸如新材料、新能源、高端装备制造、生物科技、航空航天等战略性新兴产业的迅猛发展。

(三) 发展软件产业对产业升级意义重大

软件产业具有知识密集性、高创新性、高带动性、低能耗等特点,是现代经济社会发展的基础性、先导性、战略性产业。在我国当前"经济增速换挡、经济结构调整"的关键时期,大力发展软件产业对加速推进两化融合、转变发展方式、支撑国民经济和社会信息化建设、提升综合国力等方面发挥着不可替代的作用。具体表现在以下方面。

一是软件产业发展对一国经济增长的拉动作用比较显著。20世纪90年代以来,个人计算机和互联网不断普及,个人、家庭及企业信息化需求不断释放,新产品和新市场不断出现,推动软件产业迅猛发展,成为世界经济中增长最快的产业之一。软件产业规模的不断扩张,直接拉动世界经济总量的不断扩大。对于新兴大国而言,软件产业发展的意义更是深远。例如,软件产业已是印度的绝对支柱产业,2010年整个软件产业的增加值占印度GDP的比重已达到6.1%。

二是软件产业的发展直接助力经济结构的优化。首先,软件技术和软件产品在各行各业不断渗透扩散,使得软件产业与其他新兴产业交叉融合。软件产业技术的"使能性"特点带来了产业融合创新的倍增效应,促进产生了更多的技术、应用和业态的创新,创造出更大的市场,推动整个产业结构不断高级化。例如,软件技术与电子技术、生物技术、航空航天技术等融合,推动了电子信息产品制造、生物、航空航天等产业的技术创新和增长。其次，软件产业对传统产业的设计、制造、销售到客户管理等各个环节都产生了革命性影响，极大地改造了传统产业的发展面貌。例如，在服务业领域，软件技术与银行金融、商业零售等传统服务项目的融合，催生了电子金融、电子商务等新产品新业态。这些新业态不仅保留了原有的服务项目，更是延伸了服务覆盖范围，便捷了服务获得方式，极大地提升了服务效率，充分满足了用户的服务需求；在工业领域，工业软件技术的推广应用以及"工业互联网"等理念逐步落地深化，将促进生产制造工艺流程和设备的优化完善，全面提升工厂的研发、设计、制造、物流、客户管理的智能化水平。在后金融危机时期，传统制造业大国德、法等国都提出了"智能制造"的战略，全力推动本国机械制造、钢铁、汽车、发电、石化等传统产业的转型发展，促进了传统产品的升级换代和功能提升，进一步提高生产效率和管理水平，以谋求在信息时代继续保持其全球竞争力；在农业领域，软件技术和产品与传统农业生产结合带来的"精准农业"、"感知农业"、"智慧农业"等新型生产和管理方式，极大地加快了农业生产的高技术和现代化进程，全面提升了农业生产的效率水平，使农业产业重新焕发出活力。

三是促进一国生产要素配置的进一步优化。软件产业属于知识密集型行业，同时也是劳动密集型产业。伴随软件产业规模的进一步扩大，对高素质、掌握高知识技能的劳动力需求进一步加大，引导全社会对高级人力资源的投入进一步扩大，最终带动整个劳动力市场供给结构进一步优化，真正有利于发挥人口大国"智力红利"的优势。

二 中国软件产业的发展现状

（一）发展现状

近年来，我国软件产业发展十分迅猛，产业规模不断扩大，产业结构不断优化，企业创新能力稳步提升。软件产业在经济社会发展中的地位作用更加突出。

一是软件产业总体保持快速增长。近年来，尽管外围经济环境并不是十分有利，但我国软件产业依然保持高速增长，对经济增长的拉动效应十分明显。

截止到 2013 年，我国规模以上软件企业已达 3.3 万家，业务收入首次突破 3 万亿元，增加值超过 1 万亿元，占服务业比重达到 4%，见图 1。

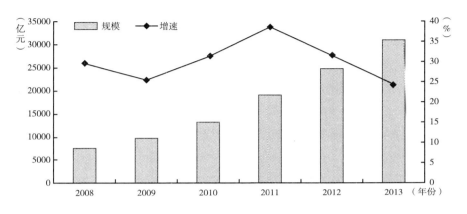

图 1　2008～2013 年我国软件产业规模与增速

从图 1 可见，2008 年以来，我国软件产业一直保持了 25% 以上的增长率，在 2011 年增长率甚至达到了 38% 以上，高速的发展态势使得我国软件产业规模迅速做大，在国民经济中的地位和作用日益凸现，成为我国战略性新兴产业的重要组成部分。

二是软件产业服务化趋势日益明显。随着我国信息化进程的加快，信息系统集成、数据处理和存储、信息技术咨询、IC 设计等信息技术服务收入增长十分迅猛，占软件产业份额比重日益提升。截止到 2013 年底，上述四项软件技术服务收入之和已占软件产业总收入规模的一半以上，显示出我国软件产业结构进一步优化，整个产业体系向软件产品和软件服务更加均衡发展的态势演进，见图 2。

此外，随着互联网新技术新业务的涌现，软件提供或交付的互联网化趋势更加明显。根据 IDC 的数据，软件产品的传统交付方式所占的比重 2012 年不到 60%，到 2014 年将进一步下降到 47%；而云服务交付方式（包括企业云、私有云、公有云、SaaS）的比重从 2010 年的 15% 上升到 2012 年的 25% 左右，到 2014 年将进一步上升到 38%。与美国等互联网强国相比，虽然我国云服务市场起步稍晚，但发展势头却十分迅猛。据测算，2012 年国内云服务市场规模为 600 亿元，占全球市场不到 8%。随着国内服务市场的启动和逐步成熟，预计 2015 年整个产业将达到 2000 亿元的规模。并且，与国外企业相比，本地

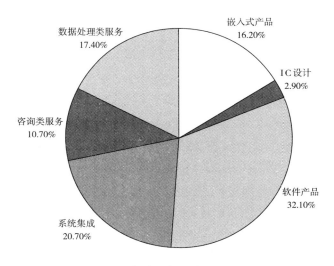

图 2　2013 年我国软件产业收入构成

企业在云 IDC（互联网数据中心业务）、CDN（网站内容分发加速业务）等基础设施服务、云应用等方面表现了较强的竞争力，这势必带动我国网络化软件产品和服务加速发展，从而促进软件产业结构进一步服务化。

三是软件产业在空间分布上更加聚集。据统计，截止到 2013 年底，全国 15 个中心城市共实现软件业务收入 1.7 万亿元，占全国比重达到 57%，比上年又提高了 2.4 个百分点，趋势更加明显。

软件产业的区域集聚化发展趋势十分明显，特别是北、上、广等特大型城市以其独有的市场优势、人才优势、产业优势吸引各类软件企业"扎堆"，大中小企业优势互补，互通有无，有效降低了软件企业研发、制造、商务等生产成本，形成了区域性的全产业链竞争优势。此外，软件企业集聚化发展也极大地促进了企业层面的创新行为。软件产业是知识密集型行业，智力创意是企业最为核心的竞争力。企业空间的集聚更为方便人与人之间的信息交流，加速了缄默知识和技能的扩散溢出，更易激发出创新的思维火化。从我国软件企业区域分布看，当前最具活力、最具创新力、最具影响力的软件企业大部分集中在北、上、广地区，其成为我国软件产业主要的增长极。当然，软件企业空间上的集聚发展态势，也加大了地区间软件产业发展的不平衡。如何破解中西部地区软件产业发展的滞后，是摆在当地政府面前的一个难题。

（二）驱动因素

从全球范围看，我国软件产业规模走在了世界前列，部分软件产品和服务已具备了一定的竞争力。与欧美等国相比，我国软件产业发展的动力源泉可以归结为以下几点。

一是大国大市场的独有优势。截止到 2013 年底，我国已是全球第二大经济体，GDP 依然保持强劲增长，工业、服务业产业体系齐整，数百万的中小企业和越来越多的跨国大型企业，超过 12 亿的人口规模，构成了无数细分的信息消费市场，包括衣食出行、学习娱乐、研发生产、商务交流等诸多领域，这些都构成了我国软件产业发展巨大的市场潜力。特别是随着美国"棱镜门"安全事件的发生，世界各国对信息技术和产品的安全属性日益重视，都更加强调培育和扶持本土产品和服务的运营商。这些无疑给旨在不断扩展海外业务的软件企业带来了巨大的挑战。在这种情况下，一国内需市场的广度和深度，成为决定本土软件企业能否成为世界级企业的关键因素之一。因此，与欧美日等国家相比，巨大的信息消费内需市场，构成了我国软件产业独有的大国大市场的发展优势，为培育具有全球影响力的软件企业、互联网企业提供了可能。

二是信息基础设施不断健全完善。在全球金融危机爆发后，世界各国对于信息基础设施的建设都更加重视，不断实施一些超常规的刺激举措。我国政府也及时地将宽带建设上升为国家战略，提出了"宽带中国"战略。在"宽带中国"战略的带动下，三大基础电信运营商均加快了宽带网络建设的步伐，光纤宽带已成为接入的主要形式。截止到 2013 年底，FTTH 覆盖家庭超过1.67 亿户；宽带接入速率在 4M 及以上的用户占比达到 78.8%。移动宽带网络也迅猛发展，2014 年中国移动将开通 50 万个 4G 基站，预计占全球 60% 以上的市场份额。在信息时代，宽带网络如同高速公路，各类软件产品和应用如同一辆辆汽车。高速公路的宽度与质量直接决定着上面所跑汽车的速度和安全。不断完善的高速公路网，为汽车的畅通无阻提供了坚实保障。类似地，宽带网络的普及以及功能性能的提升，特别是移动互联网、下一代互联网等新一代信息基础设施的规划和实施，必将刺激我国软件产品和服务创新的进一步繁荣活跃，促进我国软件产业的加速发展。

三是两化融合带来的发展机遇。"两化融合"指在工业化进程中，信息产业逐步发展壮大，信息技术渗透到工业生产的各个环节，推动工业发展素质不断改善，工业生产能力不断提升的过程。我国是一个工业大国，同时也是资源、能源消耗大国。虽然众多工业产品和产能均居全球首位，但同时也消耗了过多的资源能源，超出了目前生态环境的承载能力。"两化融合"的发展理念科学反映了在我国工业化尚未完成阶段应对信息化挑战的战略抉择，也对国内软件产品服务的种类和品质提出了更高的要求。随着我国两化融合进程的不断深入，软件产品和服务会渗透到工业生产的各个领域。在研发设计环节，广泛采用计算机辅助设计（CAD）、计算机辅助工程（CAE）等为代表的数字化研发设计工具，实现基于数字化产品模型的设计打样、分析计算、工艺规划和工艺装备设计，提升研发设计单元的效率。在生产制造环节，将传感技术、计算机技术、软件技术"嵌入"产品，实现产品的智能化。在经营管理环节，通过软件技术与现代先进管理模式的融合，对企业经营管理流程进行全方位改造，促进企业运作模式和组织结构的变化，实现企业信息流、资金流、物流、工作流的集成与整合，达到资源的优化组合和合理配置。对一些传统工业领域，例如石化、电力、钢铁、机械、纺织、建材等领域，软件技术的不断普及，将极大地促进工业整体的自动化、智能化水平。

四是源源不断的政策支持。尽管我国软件产业发展势头令世人瞩目，但与美、日、欧等软件业强国（地区）相比，产业整体仍存在大而不强、缺乏世界级的龙头企业、自主创新能力不强、工业和信息化两张皮等问题。如果只通过市场"无形之手"去调节，缩小我国与世界软件强国的差距难度较大，必须要运用政府这只"有形之手"，加快我国软件产业的赶超步伐。在 2000 年，我国政府发布了《国务院关于印发鼓励软件产业和集成电路产业发展若干政策的通知》（国发〔2000〕18 号文），也就是著名的 18 号文件。在以国务院 18 号文件为标志一系列政策措施的扶持下，我国软件产业步入了黄金发展的十年，产业规模迅速扩大，技术水平显著提升，综合竞争能力明显增强，有力地推动了国家信息化建设。在 18 号文件效力即将到期的时候，2011 年初，国务院又发布了《进一步鼓励软件产业和集成电路产业发展若干政策》（国发〔2011〕4 号），也就是现在业内所说的 4 号文件。该政策结合当前软件产业发展的特点和趋势，进一步细化了刺激措施，在财税、投融资、进出口、人才和知识产权等方面给予软件产业极大的支持，对软件企业的扶持力度和范围进一步扩大。此外，《软件和信息技术服务业

"十二五"发展规划》已经出台，规划的逐步落实必将为软件产业的发展创造更好的环境。

三　中国软件产业发展的重点领域

（一）信息技术与信息产品的发展趋势

芯片、移动宽带、云计算、大数据分析、传感等技术的不断成熟和创新，极大地满足了人们生产生活中对于信息产品和服务的各类需求。随着市场需求的不断释放，信息技术与信息产品的网络化、O2O（Online To Offline）化、智能化等发展趋势日益明显。软件产业作为信息行业的重要领域之一，信息技术与产品的发展趋势意味着软件应用必然在一国经济生活中不断泛化和深化。

一是网络化。网络化的趋势可以从两个层面去理解：一是网络接入的泛化。随着移动互联网、物联网、下一代互联网的不断部署实施，人和物将随时随地接入网络，更加便捷自由地获取和产生数据信息，更加实时地感知和控制世界。二是信息技术产品和服务的研发、制造、部署、维护、升级、使用的互联网化。特别是随着云计算技术和产品的不断成熟，除了以前基于单机的产品和服务都纷纷迁移至"云端"，大量新的基于云计算技术的产品和服务被开发出来，用户使用的客户端功能更加简单，越来越多的存储、计算、处理功能都在"云端"完成。信息技术与产品网络化的趋势对于软件产业而言，意味着软件产品和服务获得的便利性大幅提升。以手机软件商店为例，截至目前，手机软件商店中的软件应用数已达百万级的规模，用户使用下载的数量更是达到百亿级别的数量。可以说短短几年时间，网络化的软件部署与分销模式已对软件行业产生了颠覆性的影响，为软件产业注入了不竭的活力和动力。

二是O2O化。起初，O2O指将线下商务机会与互联网结合在一起了，让互联网成为线下交易的前台。通过线上服务进行广告营销，吸引客户选择服务，完成支付，然后在线下完成实际消费。这样通过网上网下消费体验的结合，可以进一步增加对消费者的黏性，实现自身用户群体规模的快速突破。目前，O2O的概念已经扩展得十分广泛了，只要产业链中既涉及线上，又涉及线下，就可通称为O2O。笔者则认为O2O本质上是虚拟经济与实体经济的融合，是互联网产业挤出泡沫，实现可持续发展的必由之路，反映了互联网业界对于互联网发展模式的深刻反思。在信息领域，一旦一个理念被接受，其商业化模式创新就会层出不穷。O2O 同样如此。例如，2014 年十分火爆的打车软件、互联网金融产品等等，都是 O2O 理念的具体实现，一时间风光无限，带动了相关软件产品和服务的极大丰富。可以预计，随着信息产品和信息技术O2O 化过程的深化，各种本土化、个性化的软件产品和服务将会被开发出来，软件产业的种类和规模会迅猛扩展。

三是智能化。信息技术和产品的智能化趋势是为了不断满足信息社会中人们对智能化生产和生活方式的追求。如果说，工业化过程是一个不断增强人们"肌肉"的过程，那么信息化过程则是一个不断增强人们"脑力"的过程。这点在微观上看，是通过利用信息技术和产品来对海量数据进行收集、过滤、整理、加工、分析，实现对生产生活过程的智能化支持，从而提升工作和生活的效率。从宏观上看，随着智能化生产、生活方式的不断普及，大量智慧产业将不断涌现，一国经济社会发展方式会也更加"智慧"。在一国经济社会智能化进程中，软件产业发展的高低程度是决定这个进程快慢最为关键的因素之一。例如，软件技术与产品与网络上"海量数据"的结合才是大数据，与存储、计算等硬件资源的结合才是"云计算"，与手机、平板电脑、电视机的结合才是智能终端，与设计、制造等生产工艺的结合才是"智能工厂"。可见，从对数据的搜集、分析到"智慧消费""智慧生产""智慧管理"等都需要软件技术和产品进行承载。因此，信息技术和产品的智能化本质上就是软件化，软件定义一切，最终将给传统产品和服务带来全新的面貌。

（二）引领软件产业增长的重点领域

智慧的生活、智慧的生产以及智慧的管理是一国经济社会发展模式转变的方向。这一方面需要软件技术和产品提供载体，另一方面也为软件产业的加速发展创造前所未有的机会。

一是移动互联网领域软件，助力实现更加智慧的生活。我国通信业经过十几年迅猛发展到现在，移动手机用户已超过 12 亿，智能手机终端渗透率高达40.8%，移动互联网用户占移动用户的 66%，带动整个移动互联网市场强劲增长。特别是，随着我国 3G、4G 牌照的发放，移动通信网络不断完善，智能终端进一步普及，移动互联网软件服务不断创新繁荣，极大地丰富了人们的消费选择。目前，国内移动互联网领域软件产品与服务主要来源三个途径：固定互联网业务移动化，例如固网的搜索服务、即时通信服务等；移动业务互联网化，彩铃、彩信、音乐下载等；融合移动通信与互联网特点而进行的创新业务，例如移动位置类移动互联网业务等。未来，随着线上线下产品和服务的融合，智能类的移动互联网软件产品和服务将最具市场潜力。特别是，预计有越来越多日常生活用品会更加方便地接入移动互联网，软件技术和产品通过移动互联网将会重新定义这些日常生活用品的性能，许多全新智能产品将会涌现出来，例如智能家电、智能门锁、智能电源、智能厨房、智能安防等。正所谓移动改变生活，移动互联网领域的软件产品和服务将会使人们的生活更智慧和方便。

二是工业领域软件，助力实现更加智慧的生产。工业软件一般指为提高工业企业研发、制造、生产管理水平和工业装备性能的软件。工业软件可以让工厂更加高效智能，是全球金融危机后一国制造领域核心竞争力的构成要素。伴随我国"两化融合"的进程进一步深入，工业领域对工业软件的需求不断加大。据赛迪公司统计，2012 年，我国工业软件市场规模达到 722.98 亿元，同比增长 17.3%，远高于全球市场 5.8% 的增长速度。2013 年产业规模已经突破 850 亿元。笔者认为，随着云计算、物联网技术和产品在工业领域的应用程度的进一步加深，工业软件的种类、功能和性能将会呈现持续改进的态势。例如，工业云、"智慧工厂"等将成为工业生产现代化的标准规范，工业产品在研发、制造、物流、客户管理等环节产生的海量数据信息将会被收集和传输，这一方面会极大地刺激对工业数据分析处理软件的开发和部署，另一方面也会促进专业工业软件产品种类的丰富和性能的提升，进一步扩大工业软件部署的广度和深度。只有工业软件的广泛部署和使用，才能使我们的工厂更加"智慧"，为我国"两化融合"工作提供坚实的物质保障。

三是社会管理领域软件，助力实现更加智慧的城市管理。2009 年以来，"智慧城市"等概念的提法迅速在我国兴起，成为业界关注的焦点。"智慧城市"的理念对地方政府治理城市的思路给出了全新启示。通过云计算、物联网等技术实现广域或大范围的人与物、物与物之间信息交换需求的互联。在城市管理方面，面向不同的公众或行业应用实现信息处理和智能应用，如智能交通、城市各种监控系统、跨区域环境监测等。在国内，无锡市正积极推进"感知中国"中心示范区的建设，由江苏省、中科院、无锡市共建的"中国物联网研究发展中心"已经启动建设，无锡市政府已发布了《关于开展传感网应用示范工程建设的实施意见》，计划通过 3 年时间逐步建成感知安保、感知交通、感知环保、感知园区、感知医疗、感知电力、感知物流、感知农业等应用示范工程，率先打造"智慧之市"。截至 2013 年底，我国所有副省级以上城市、89% 的地级及以上城市，47% 的县级及以上城市，共计 311 个城市提出或在建智慧城市，范围涵盖大中小城市规模和东中西部区域，"十二五"期间总投资或将超过 1.6 万亿元。可以预计，在我国如此大规模地推动建设"智慧城市"的环境下，相关软件产品和服务必将加速增长。

四　加快软件产业发展的政策建议

我国软件产业正进入由大变强的关键时期。总体看，我国软件产业规模已经位居世界前列。但整个产业仍存在自主创新能力不足，高端软件产品缺乏，企业竞争力不强，产业结构仍需优化等问题。业界及相关政府部门应当深刻把握软件产业发展规律，凝聚共识，齐心协力，建设软件强国。具体包括以下几个方面。

1. 提高认识，紧抓发展机遇

充分认识软件产业作为战略性新兴产业的极端重要性，加强行业发展的顶层设计，认清机遇与挑战，明确发展目标，指出发展路径，充分利用我国软件产业发展的独特优势，提前布局，加快发展步伐。

2. 聚焦重点难点问题，尽快突破行业发展瓶颈

集中优势资源，支持对整个产业具有战略意义的重点领域发展。针对每个重点领域，再进一步研究提出阶段性目标，出台配套保障措施，突破发展瓶颈，力争缩小与世界软件强国的差距。

3. 完善政策配套，促进产业链不断完善

在互联网环境下，软件产品和服务的竞争力已表现为整个产业链的竞争力。针对产业链上的小微企业，出台与企业规模和行业技术特点相适应的产业政策，加大对小微企业的财税、金融、土地方面的支持力度。对大型企业，利用经济杠杆引导和规范其正确利用市场优势与自身资源，形成产业链上下游之间的良性互动与合作共赢。

4. 鼓励技术创新，加快软件产业的技术创新体系建设

充分发挥产学研用等多方面资源和优势，努力攻破中间件、操作系统、数据库等核心技术和产品，进一步加快云计算、物联网软件的研发和产业化进程。通过国家示范项目带动，形成产、学、研一体化的相关软件产业标准研发体系。

5. 加强公共服务平台建设，提升公共服务能力

围绕共性和关键需求，加快推进软件测试服务平台、资质认证平台、研发工具公共支持平台、知识产权公共服务平台等建设，不断建立和完善软件企业投融资、成果转化、信息咨询、知识产权、人才培养和综合配套等的公共服务体系。

回顾人类经济社会发展的历史，软件技术和产品（服务）无疑是一项能够改变人类社会发展面貌的重大技术突破。软件产业必然会成为世界未来若干年内的先导性产业和战略性产业。抓住信息时代为我国经济加速发展带来的机遇，事关我国经济结构的优化和整体实力的提升。目前，我们应当做的正是要扎实地强化基础研究，避免漫无边际地概念炒作，夯实产业发展的薄弱环节，充分调动企业和政府两方面力量，聚焦工作的重点和难点，最终加速实现我国软件产业巨大繁荣。

参考文献

Brynjolfsson, Erik, and Adam Saunders, 2010, *Wired for Innovation: How Information Technology Is Reshaping the Economy*, Cambridge, Massachusetts: The MIT press.

Crafts, Nicholas, 2003, "Quantifying the Contribution of Technological Change to Economic Growth in Different Eras: A Review of the Evidence", London School of Economic History Department, Working Paper No. 79.

Jorgenson, Dale W., and Kevin J. Stiroh, 2000, "Raising the Speed Limit: U. S. Economic Growth in the Information Age," Brookings Papers on Economic Activity: 1, Brookings Institution, pp. 161 – 67.

Lipsey, Richard G., Kenneth I. Carlaw, and Clifford T. Bekar, 2005, *Economic transformation: General Purpose Technologies and Long Term Economic Growth*, Oxford University Press.

OECD, 2000, "OECD Information Technology Outlook: ICTs, E-Commerce, and the Information Economy" (Paris: Organization for Economic Cooperation and Development).

秦海等：《信息通信技术与经济增长——一项基于国际经验和中国实践的研究》，中国人民大学出版社，2006。

林毅夫、董先安：《信息化、经济增长与社会转型》，北京大学中国经济研究中心讨论稿，2003（No. C2003006）。

王鹏主编《2013~2014 年中国软件产业发展蓝皮书》，人民出版社，2014。

工业和信息化部电信研究院：《2014 年 ICT 深度观察》，人民邮电出版社，2014。

新兴信息服务业推动产业
升级的机理与对策

黄 浩[*]

摘 要：新兴信息服务业是从属于信息服务业，依托新技术和新的服务方式而产生的新业态，它主要包括了云计算服务业、物联网服务业和大数据服务业三个主要部分。新兴信息服务业具有很强的渗透效应和带动性，同时又是具有较高共享特征的高新技术产业，对于产业结构升级、优化具有巨大的、超常规的作用。通过新兴信息服务业与传统工业、制造业的这种融合发展，提升工业产业的附加值，促进制造业的精细化、智能化水平的进步。支持新兴信息服务业在农业生产中的创新和应用，利用物联网与大数据服务建立农产品质量安全可追溯体系，实现对于农业生产的动态监测，提高农业的生产效率和管理水平。

关键词：新兴信息产业 云计算 大数据服务业 物联网服务业 产业升级

一 引言

世界经济已经进入了信息时代，信息服务业的发展程度已成为国家经济竞争力的重要指标。20年来，中国的信息服务业快速发展，信息产业年增长速度超过20%。尤其是最近几年，随着信息技术的发展和信息市场的扩大、完

---

* 黄浩，中国社会科学院财经战略研究院副研究员，研究方向为信息服务业与电子商务。

善，我国的信息服务业在传统信息服务的基础上，不断吸收现代新技术，信息服务业领域出现了一些新兴的产业，比如云计算（云服务）、物联网、大数据，这些新兴信息服务业的出现和发展表现出极大的创新与活力，改变了传统信息服务业的产业结构，促进了产业结构的升级。

一般而言，信息产业依其功能特征可以划分为两大部分：一是信息技术业，即以计算机和通信设备制造为主的相关产业。如：电子计算机制造、通信设备制造等（对应 2003 版产业分类目录第二产业门类 C 的 40 大类），它从属于制造业。另一部分就是信息服务业，指以信息资源为基础，利用现代信息技术对数据、信息进行生产、加工、处理、收集、存储、检索和利用，以生产信息产品为社会提供服务为目的的行业的集合（对应 2003 版产业分类目录第三产业门类 G 的 60 到 62 大类）。而新兴信息服务业是从属于信息服务业，依托新技术和新的服务方式而产生的新业态，它主要包括了云计算服务业、物联网服务业和大数据服务业三个主要部分。

二 新兴信息服务业推动产业升级的作用

以云计算、物联网和大数据为代表的新兴信息服务业是信息产业的重要组成部分，它已经成为带动其他产业发展的龙头产业。新兴信息服务业具有很强的渗透效应和带动性，同时又是具有较高共享特征的高新技术产业，对于产业结构升级、优化具有巨大的、超常规的作用。因此，新兴信息服务业是促进产业结构升级的有力杠杆。

（一）新兴信息服务业促进信息产业升级

在信息技术进步的作用下，社会经济分工越来越细，专业化程度越来越高。新产业不断开辟新的生产和服务领域，在这个过程中旧的产业或者升级或者消亡。具体到新兴信息服务业，一方面，云计算、物联网和大数据是从原有的信息产业中衍生、分离出来，从而形成了新的产业部门。另一方面，在新兴信息服务业不断涌现的过程中，传统信息产业涵盖的范围日益扩大，层次、内容和分类越来越多。加之信息产业内部之间的相互渗透，推动了产业内部的联系更加紧密，形成一个庞大而复杂的信息产业的新体系，所以新兴信息服务业对信息产业自身的形成、发展升级有强大的促进作用。例如，云计算改变了传统软件行业生产和应用的模式，使得原有的基于客户端的软件生产规模不断萎缩，大量的软件开发活动向"云"端迁移，催生了数据服务、平台服务、软件服务、计算机硬件服务等众多的新型高科技服务业。在新旧产业更替的过程中，信息产业实现了自身的结构升级。

随着云计算、大数据和物联网的技术进步而产生的新兴信息服务业，相比传统的信息产业具有较高的服务效率和增长速度。而且由于产出高、资源消耗少、污染小，使得经济社会的可持续发展成为可能。其后发优势使新兴信息服务业成为信息产业的发展方向和最重要的组成部分。

（二）新兴信息服务业促进传统产业改造与升级

云计算、物联网和大数据作为高渗透和高增值性的战略型新兴产业，除了优化信息产业内部的产业结构外，更重要的是通过对传统产业进行改造，促进了传统产业运作模式的升级。前者体现为"互联网产业化"，后者体现为"产业互联网化"。新兴信息服务业与信息产业、传统产业之间的相互促进关系，是通过新兴信息服务业的有效供给与传统产业对其的有效需求保持均衡来实现的（如图1所示）。

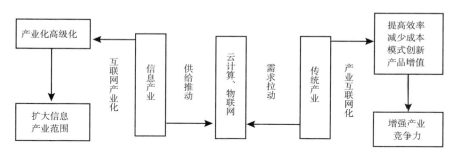

图1　新兴信息服务业促进传统产业升级

在供给推动方面，以云计算、物联网和大数据为代表的新兴信息服务业即将成为新一代的网络基础设施。信息产业为云计算、物联网和大数据等新兴信息服务业的发展提供了技术基础，同时，传统产业互联网化催生了大量需求，为新兴信息服务业提供了广阔的应用领域。新兴信息服务业向传统产业提供云计算技术、数据中心设备、物联网设备、大数据内容和服务，推动传统产业的互联网化进程，从而极大地增强了传统产业的竞争力。随着传统产业对于云计算、大数据等服务有效需求的不断扩大，新兴信息服务业也推动了信息产业逐渐向高级化方向发展，传统信息产业的规模也不断扩大。

在需求拉动方面，相比传统信息服务业，新兴信息服务业大大提高了信息技术的效率和信息资源的利用率，引起了相关产业成本的下降和产品竞争力的提高（例如，大数据技术的形成和发展减少了企业收集产品和消费者信息的时间和成本，节约了大量的人力和物力，这可以降低产品的边际成本）。新兴信息服务业对其他产业的竞争力的提升主要表现在劳动生产率和产品增加值的提高。另外，新兴信息服务业通过降低产品的边际成本将导致市场对于产品需求的变化，而市场需求的变动对产业结构的变化和商业模式的发展具有直接的推动作用。

（三）新兴信息服务业优化劳动力配置，提高劳动生产率

社会技术进步是促进经济发展的主要动力。科学技术的发展使得第一产业劳动力不断向第二、第三产业转移，比重持续下降，而且，随着技术和经济的进一步发展，劳动力会进一步向第三产业集中。近50年来，信息技术是技术进步的核心，尤其是最近10年来以云计算、大数据和物联网为代表的新兴信息服务业的出现，降低了传统产业运用信息技术的成本，充分发挥了信息技术作为使能者（Enabler）的作用。

首先，新兴信息服务业在农业中的应用大大提高了农业生产率，在保持总产量不变的条件下，农业生产需要的劳动力会进一步减少，富余的劳动力将从第一产业转移出来从事其他劳动。

其次，新兴信息服务业在工业中的应用也提高了工业企业的生产设备的智能化水平，改善了管理效率，在生产规模不变的条件下，新兴信息服务业的引入会降低工业企业所需的劳动力水平。总之，新兴信息服务业把一部分劳动力从应用云计算、物联网和大数据技术的部门中分离出来。这些分离出来的劳动力就会向其他新兴的产业和服务业转移，在这个过程中，优化了劳动资源的配置，促进了产业结构的优化升级。

（四）新兴信息服务业促进产业结构高级化

经济增长往往伴随着产业结构的不断演进，即表现为产业结构的升级与高级化，产业结构演进的过程就是经济增长的过程。经济增长的水平在很大程度

上取决于产业结构的高级化。发达国家现代化的进程也表明，任何一个经济体持续、协调、长远的发展，都必须依靠产业结构质的改善，即产业结构的高级化。

新兴信息服务业是产业结构高级化的基础，因为使不同产业部门之间发生内在联系的是信息要素。新兴信息服务深入第一、二、三产业内部，通过改进其生产方式、管理方式甚至是组织方式而改变整体产业经济的素质。当今，产业结构的高级化主要通过发展信息化，尤其是发展云计算、大数据和物联网等新兴信息服务业，促进新兴信息技术产业化来实现。通过融合传统产业和新兴信息服务业促进产业结构的变革，为经济增长创造良好的条件。

（五）新兴信息服务业提升国民经济信息化水平，释放经济增长潜力

另外，新兴信息服务业能有效地推进国民经济信息化发展的水平，从而促进整个国民经济中产业结构的优化，使经济增长方式发生改变，提高了经济增长的效率。表现在传统产业的生产、管理和设计等各个环节广泛地应用云计算、物联网和大数据等新兴信息技术，使得传统产业降低成本、提高效益。因此，新兴信息服务业的发展有利于改变经济增长的速度，提高经济增长的潜力。

三　中国新兴信息服务业发展的重点领域

（一）云计算服务业

发展战略性新兴产业，是转变经济发展方式，加快经济结构调整，推进我国自主创新，夺取未来经济发展新优势的战略举措。目前，国家已明确把发展战略性新兴产业作为经济社会发展的主导力量。

云计算被广泛认为是新一代信息技术和业务应用模式变革的核心。作为一种战略性新兴产业，云计算改变了 IT 基础设施交付和使用模式，也改变了信息服务的交付和使用的模式。据统计，2011 年全球云计算市场规模约 407 亿美元，2020 年将增至 2410 亿美元。2012 年，全球财富 1000 强企业中有 80% 使用云计算服务，而到 2015 年使用云计算的企业的比率有望提高到 95%。

1. 云计算及其服务形式

云计算包括互联网上各种服务形式的应用以及应用所依托的软硬件设施。美国国家标准与技术研究院明确了云计算的几种重要服务形式。

第一是基础设施即服务（IaaS），消费者可以通过 Internet 获得存储、计算等基础设施服务。IaaS 的优点是用户只需低成本硬件，按需租用相应计算能力和存储能力，大大降低了用户在硬件上的开销。例如，网络上提供虚拟存储的云存储服务可以根据实际存储容量来支付费用。IaaS 把由多台服务器组成的"云端"基础设施作为计量服务提供给消费者。它将内存、I/O 设备、存储和计算能力整合成一个虚拟的资源池为客户提供所需要的存储资源和虚拟化服务器等服务。由于互联网时代消费者需要在多种电子设备之间切换，消费者对云存储服务的需求日益增强，造成云存储市场快速发展。2013 年中国云存储用户为 2.23 亿人，云存储服务渗透率进一步增长，预计到 2016 年，云存储用户将达到 5.45 亿人。云存储工具成为移动互联网、大数据时期用户数据存储、协同办公等重要工具。

第二是平台即服务（PaaS），这是一种分布式平台服务，厂商提供软件环境、服务平台给用户，一般包括操作系统、编程语言的运行环境、数据库以及 Web 服务器，PaaS 能够给企业或个人提供研发的中间件平台。用户在该平台上可自行部署和运行应用，为其提供可实施开发的平台环境和能力；把开发环境作为一种服务来提供。

第三是软件即服务（SaaS），用户通过 Internet 租用 Web 软件来管理企业的经营活动。SaaS 服务提供商将应用软件统一部署在"云"端的服务器上，用户根据需求通过互联网向供应商订购应用软件服务，服务提供商根据消费者订购软件的数量、时间的长短等因素收取服务费，并且通过浏览器向客户提供软件。这种服务模式的优势是由服务提供商维护和管理软件、提供软件运行的硬件设施，用户只需拥有能够接入互联网的终端，即可随时随地使用应用软件。

第四是流程即服务（BPaaS），是在 PaaS 和 SaaS 基础上演进过来的为用户提供完善的流程服务，通过流程管理来降低企业的管理成本，提高管理效率。

2. 云计算发展现状与特点

云计算市场在中国尚处于早期发展的阶段，产业生态链正处于构建中，在市场需求的推动和政府的引导下，云计算软件和服务提供商、网络基础设施提

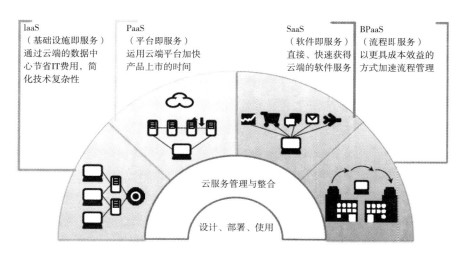

图 2　云计算的服务形式

供商以及硬件设备供应商等众多参与者为消费者、企业和政府提供云计算服务及系统解决方案。从国内发展看，未来几年，以政府、电信、教育、医疗、金融、石油石化和电力等行业为重点，云计算将被我国越来越多的企业和机构采用，越来越多的应用将迁移到云计算中。我国云计算市场规模将从 2010 年的167.31 亿元增长到 2013 年的 752.37 亿元，年均复合增长率超过 50%。而到2015 年，我国云计算服务业直接带动的相关产业链规模总计将达到 7500 亿 ~1 万亿元。

目前，中国云计算服务业发展的特点主要体现在三个方面。

第一，政府全力推动，产业链日渐成熟。云计算服务业在中国的发展与各级政府的支持密不可分，在新兴信息服务业快速发展的背景下，政府希望布局云计算服务业，从而带动地方经济的发展。因此，云计算产业的发展受到了各级地方政府给予的众多政策优惠和支持。政府在云计算服务业的构建和运作上起到了至关重要的作用。在政府推动的作用下，云计算服务业产业链各环节逐步走向成熟和规范。

第二，云计算服务业产业门槛较高。由于云计算服务业对于资金、技术和信用的要求很高，形成了较高的行业壁垒，中小企业难以进入云计算服务业，因此，云计算服务业各个环节均是以大型企业为主，形成了寡头垄断的产业格局。特别是大型互联网企业在云计算服务业发展中扮演着重要的角色，成为推

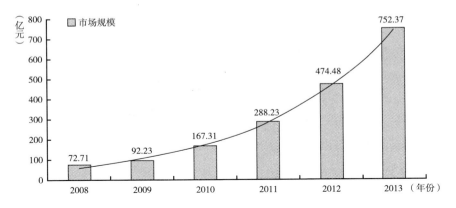

图 3 国内云计算市场规模发展趋势

数据来源：根据 Wind 资讯整理。

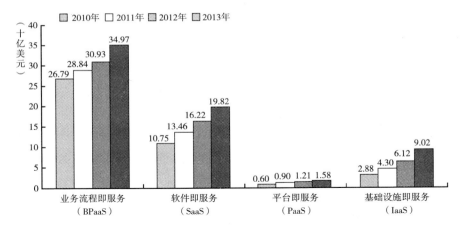

图 4 全球云计算市场规模

数据来源：根据 Wind 资讯整理。

动产业发展的领军企业。

第三，云计算服务业促进创新与产业变革。越来越多的云计算服务企业勇于创新，通过信息资源商品化，云服务专业化、行业化等方式，云计算服务业广泛地应用于政府、金融、电信、能源、教育、民生等各个方面，促进原有产业的转型升级和创新发展，催生更多全新的服务模式、应用场景和商业模式。另外，中国云计算服务业的发展将会推动整个传统产业的转型，创造约 500 万个就业机会，带来超过 2.2 万亿元的新经济、新产业价值，云计算服务业的发展将在未来几年会迎来大繁荣。

3. 云经济

"云"经济是伴随云计算的产生和发展而兴起的经济范畴，它包含两个层次的含义：一方面，云计算具有广泛的产业关联度，云计算促进信息产业软件和硬件的创新，同时也带动了国家工业和服务业的成本节约、效率提升，具有广泛的经济性；另一方面，通过云计算，信息和计算资源实现了商品化、软件服务专业化和市场化，这将极大地促进传统社会生产与服务的变革创新，创造一种新的经济形态。

第一，充分认识发展"云"经济的战略机遇。云计算改变了国家信息网络基础设施的基本结构。大力发展以云计算为核心的云经济可以快速缩小我国在信息、软件领域与发达国家的差距，实现跨越赶超。当今时代已经步入了科技创新不断涌现的重要时期，新的技术革命所带来的重大发现和发明，推动着世界范围内生产力、生产方式、生活方式发生前所未有的深刻变革。云计算已经被普遍认为是继个人计算机、互联网之后的第三次 IT 革新浪潮，得到了各国政府、IT 厂商及用户的高度重视。作为新一代信息技术、物联网、移动互联网的神经中枢，一些发达国家和跨国企业已经投入巨资，积极部署云计算的基础架构、操作系统、应用平台，以及开发大量的应用和服务。中国绝不能失去这一难得的战略机遇。

云经济具有很强的产业带动作用。在当前我国宏观经济面临增长转变的关键时刻，发展高端服务业，促进两化融合，用信息化改造传统的制造业，这些问题实际上都可以利用发展云经济，通过云服务的理念来加以解决。另外，云经济能够构建更大规模的商业生态系统，加快中国 ICT 产业创新发展。云经济的产业带动力量随着云经济的发展将逐步显现，包括从芯片、服务器、PC 机、网络设备、存储等硬件设备，到软件平台、中间件、应用软件、信息安全厂商、IT 服务运营和外包服务商，再到电信运营商以及政府、企业、个人用户，都将成为大规模的云经济生态系统的经济要素。在云经济的直接带动下，新的业态和商业模式将层出不穷，各种融合式创新不断涌现，从而推动中国整体经济产值的大幅提升，也将加快中国经济从制造型向服务型的转变。

第二，中国现阶段云经济发展的问题。中国云经济处于发展的早期阶段，实践中仍然存在较多的问题，因此，政府在推动云经济发展的过程中，需把握云经济的核心特征，厘清概念，避免认识误区，才能正确、合理地引导云经济的健康发展。总的来说，需要着力解决如下几个问题。

一是重视硬件投资，忽视软件和商业模式的创新。目前中国发展云经济的重心放在了基础设施建设上，造成各地大兴土木建造云计算产业园与数据中心，许多地区新增服务器达到百万台。地方投巨资建成的云系统，资源利用效率却不足20%，云经济的发展成为形象工程。虽然基础设施建设是非常重要的，但是消耗大量的人力、物力和财力从事硬件设备投资显得有些本末倒置了。云经济的核心是数据、软件和服务，而不仅仅是硬件的投资和大量数据中心的建设。发展云经济不能等同于规划用地、建设云计算科技园区，然后配备若干计算、存储和网络硬件设备。云经济归根结底还是要落实到具体的应用上，现在许多企业都在向云端转型，也有大型企业陆续推出了开放平台，这对于云经济中服务的应用都是利好消息。希望政府能把更多的精力投向应用层面，关键是要将应用落地，要在应用创新上多下功夫，而不是拼规模、比设备，要杜绝重复建设和资源浪费。

二是安全保障成为中国云经济发展的软肋。云经济发展过程中最大的障碍之一就是安全问题，云经济作为一种资源交付的服务模式，安全问题是其发展过程中必须考虑的问题。消费者可以不必知道自己的数据被存储在哪个地方的服务器里，但却十分关心这些"数字资产"是否会丢失、损坏或是被窃取。另外，数据高度集中使数据泄漏风险激增、多客户端访问也增加了数据被截获的风险。传统信息安全隐患与新兴安全问题的双向威胁，使云经济安全成为消费者、云服务提供商、信息安全企业必须解决的关键问题。因此，如何确保云平台的可靠性与安全性成为云经济发展的基础，尤其在中国相关法律、法规仍不健全，网络安全环境日益复杂的情况下，这个问题显得更加重要。否则，中国的云经济将再次被国外大企业掌控。

为了改善中国云经济的安全环境，首先要普及云安全理念，对消费者和企业进行数据安全，尤其是云安全知识、法规、制度等宣教工作。其次，适时启动云经济安全立法工作，着力解决数据隐私保护、数据主权归属问题，明确相应的违约责任，为云经济的发展提供坚实的法律保障。制定云服务标准和服务水平规范，对云经济产品和服务可能出现的问题进行约定，解决云经济发展的安全之忧。最后，可以制定国家云安全认证机制，由相关信息安全测评认证机构对云产品和服务进行安全性评测，建立云经济服务商安全等级认定机制。当然，保障云经济安全，应针对不同的产业、不同的区域市场进行更为清晰和细致的界定，划分产业的安全等级，达到既有效保障经济安全，又保有适当的灵活性，促进云经济繁荣发展。

三是政府主导云经济的发展，市场参与不足。目前，政府是云资源、云平台等公共信息基础设施和服务的主导者。全国已经有数十个政府主导建设的云项目，包括北京的"祥云工程"、上海的"云海计划"、重庆的"云端计划"、深圳的"华南云计算中心"、苏州的"风云在线"等等。与之形成鲜明的对比，企业在云经济中的市场参与度不高，缺乏具有较大市场影响力的企业和云服务。

在云经济的发展中，企业应成为主导力量，政府负责进行政策引导，而不是大量投资于基础设施建设，因为云经济的基础设施不同于城市基础设施，不具有公共物品的基本属性，云经济的基础设施（IaaS）具有较高的投资回报率，市场完全可以承担其基本建设的任务。政府的责任在于评估和激励，制定一些明确的政策倾斜与帮扶措施，来吸引国内外企业投资和参与中国云经济的发展中，形成市场主导，政府引导的云经济发展格局。

（二）大数据服务业

与自然资源一样，数据已成为重要的战略资源，隐含巨大的价值，孕育着前所未有的机遇。如果能够有效地组织和利用大数据，对于经济和社会的发展将发挥巨大的推动作用。

1. 数据增长的趋势

随着数字化信息的发展，人类产生和储存的数据量呈现爆发式增长。工业革命以后，以文字为载体的信息量大约每十年翻一番；1970 年以后，信息量大约每三年就翻一番；如今，全球信息总量每两年就可以翻一番。数据采集成本的下降推动了数据量的剧增，新的数据源和数据采集技术的出现大大增加了数据的类型。医疗卫生、地理信息、电子商务、影视娱乐、科学研究等行业，每天都在创造着大量的数据。根据麦肯锡全球研究院（MGI）预测，到 2020 年，全球数据使用量预计将暴增 44 倍，达到 35ZB（1ZB = 1024EB，1EB = 1024PB，1PB = 1024TB）。而且，越来越多的数据从传统的存储媒介转移到电子媒介上。根据艾瑞公司的数据，2000 年数字存储信息只占全球数据量的25%，75%的信息存储在报纸、书籍、胶片、磁带等媒介上。到 2007 年，人类共存储超过 300EB 的数据，其中数字数据占到 93%。预计到 2013 年，全球总存储数据量将达到 1.2ZB，其中数字数据占比将超过 98%。数字数据的存储量维持每三年增长一倍的高速增长。信息数据化程度的大幅提升推动了数据的商业价值显现。

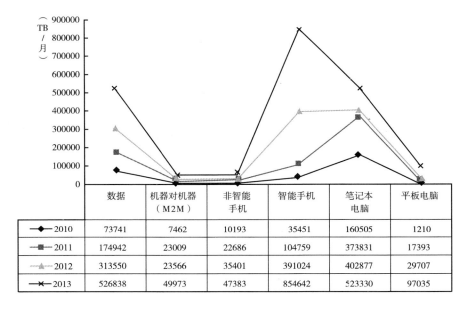

	数据	机器对机器（M2M）	非智能手机	智能手机	笔记本电脑	平板电脑
2010	73741	7462	10193	35451	160505	1210
2011	174942	23009	22686	104759	373831	17393
2012	313550	23566	35401	391024	402877	29707
2013	526838	49973	47383	854642	523330	97035

图 5　全球移动大数据分布

数据来源：根据 Wind 资讯整理。

从全球范围看，大数据资源的分布并不均匀，北美、西欧和亚太地区的大数据资源较为丰富。根据艾瑞的统计数据，2010 年北美地区数据储存量超过 3500PB，欧洲地区数据储存量超过 2000PB，日本超过 400PB，中国数据储存量超过 250PB，而印度超过 50PB。所以，从数据资源的存储量看，中国与欧美等国仍有一定的差距。

2. 政策环境现状

政策环境是大数据服务业健康、快速发展的重要外部因素。2012 年美国奥巴马政府宣布投资 2 亿美元启动"大数据研究和发展计划"，这是继 1993 年美国宣布"信息高速公路"计划后的又一次重大科技发展部署，将大数据研究与促进大数据产业的发展上升为国家意志，可见美国政府对于大数据产业的重视。英国、法国、德国、日本等国家也在美国之后积极筹措国家的大数据发展战略与计划，谋划大数据发展布局和方向，积极培育大数据市场。对于大数据产业的探索和发展，欧美已经走在世界的前列。各国政府已将促进大数据产业的发展提升至战略高度，构建积极的政策、法律环境。增加产业发展的财政投入，加强人才培养和核心技术的研发，建立先进的云计算数据中心，促进大数据产业发展。

我国在相关的国家战略中已经涉及大数据技术与产业发展规划。大数据已成为国家创新战略、国家安全战略、国家 ICT 产业发展战略以及国家信息网络安全战略的交叉领域、核心领域。例如《"十二五"国家战略性新兴产业发展规划》提出支持大数据存储、处理技术的研发与产业化，将信息处理技术列为 4 项关键技术之一，它包括了海量数据存储、数据挖掘等关键技术，以及信息感知技术、信息传输技术、信息安全技术等创新工程，这些基础技术是大数据产业的重要组成部分，与大数据产业发展密切相关。

3. 大数据服务业发展现状

从大数据产业区域发展的现状看，我国大数据服务业集聚区主要位于经济比较发达的东南沿海，北部的北京和南部的上海依旧是大数据服务业未来发展的核心地区，因为，这些地区传统信息技术的产业基础良好，并且已经形成了较完备的信息技术产业链，产业规模也在不断扩大，为相关企业向大数据产业迅速转型奠定了良好基础。另外，东南沿海地区也涌现出大量中小型创新公司加入到大数据存储和大数据分析等新兴服务业中来。

从大数据服务业产业结构看，我国大数据服务业的产业生态环境已经初步形成。大数据服务业主要涉及数据的收集、存储、分析和应用等几个主要环节。经过几十年的发展，中国拥有大量的信息技术企业，由于大数据的核心技术与传统信息技术具有许多相通性，因此，传统信息技术企业纷纷向数据采集、管理、应用和服务转型，成为大数据服务企业。

大数据服务企业的特点体现在以下三个方面。第一，大数据服务企业更加注重数据开放和应用，通过提供数据服务，提高传统企业决策、管理效率，完善产品、服务营销策略；第二，大数据服务业推动传统硬件企业的升级和转型；第三，互联网企业凭借平台优势收集消费者数据，提高数据分析能力。例如阿里巴巴拥有的数据主要是交易数据以及信用数据，其特点在于数据覆盖了从浏览到购物到支付的整个行为链，对于电商营销具有较强的针对性和指导性。阿里对于大数据的应用在金融方面取得了较好的效果，在营销方面也相继推出数据魔方、淘宝指数、聚石塔等数据产品，从不同维度对数据进行挖掘和分析，其最终目的在于建立起数据交易平台 Data Exchange，使阿里公司成为数据集散中心。百度以搜索数据为主，其对于数据的分析主要在于根据历史搜索和浏览行为的周期和频次，历史点击及访问过的链接和页面，以及当下的搜索关键词和浏览行为来推断用户的需求。基于拥有的搜索行为数据，百度已经建成百度指数等五大数据平台和消费者画像、品牌探针等大数据分析方法。

另外，从产业的相关性看，大数据服务业具有非常强的渗透性和带动性，麦肯锡研究院根据模型做出一些具体的预测：大数据可以为美国的医疗服务业带来 3000 亿美元的潜在增加值，对欧洲的公共管理每年有 2500 亿欧元的潜在价值，为位置服务业带来 6000 亿美元的潜在年收入。同时，零售商充分利用大数据可以实现运营利润增长 60%。制造业利用大数据可以降低整个成本的50%。

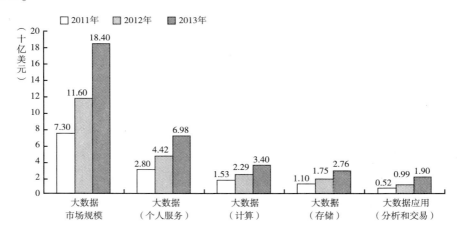

图6　全球大数据服务业市场规模

数据来源：根据 Wind 资讯整理。

从应用方向上看，大数据服务业通过提供数据的储存、挖掘与分析等服务，在营销、企业管理、数据标准化与情报分析等领域大有作为。大数据服务业一方面可以应用于客户服务水平提升，优化营销方式和理念。另一方面，大数据服务业可以帮助其他行业降低成本，提升运营效益，并可能进行商业模式创新及发现新的市场商机。对社会管理而言，大数据服务业在智慧城市、智慧交通以及灾难预警等方面都有巨大的潜在应用价值。随着互联网技术的快速发展，云计算、物联网应用的日益普及，大数据服务业的产业价值将得到进一步提升。

4. 大数据服务业的问题与挑战

第一，技术基础方面。大数据有四个"V"的特征，即大量（Volume）、高速（Velocity）、变异（Variety）、价值（Value）。"大量"是指数据总量庞大、分布散，"高速"是指用户交互性、实时性强，传播速度快，"变异"是指数据源多样、数据类型多样、交互方式多样，"价值"是指数据的价值密度低，挖掘大数据的价值难度大。

大数据服务业在技术方面的挑战涉及很多环节，包括数据采集、数据计算、数据挖掘、数据呈现与数据安全。就数据处理而言，过去的数据存储于数据库里，需要使用的时候再调出来，其存在形式一般是静态的、结构化的。现在，大数据不是静态的，每时每刻都在产生，必须一边读取、一边分析。而且，大量的非结构化数据对于数据分析技术提出了挑战。

第二，人才储备方面。目前，大数据服务业方面的人才，尤其是既了解IT技术，又熟悉具体行业知识的人才缺口非常大。麦肯锡公司预测，到2018年，美国急需熟悉行业需求和大数据技术应用的管理者150万，届时，在大数据分析方面的人才缺口将达到14万~19万人。对于中国大数据服务业的发展而言，能够理解与应用大数据的创新人才更是稀缺资源。这将极大地制约中国大数据服务业的发展。

第三，大数据应用方面。由于中国人口数量居世界首位，应该拥有全世界最大的数据存量，但实际上，近年来中国新存储的数据量只有250PB，只是日本的60%、北美的7%。也就是说，中国应该有巨大的数据产生并存储下来，而实际上中国存储的数据量很少。造成这种问题的原因是中国缺少数据采集和分享的有效机制，而且一些拥有数据的部门不愿共享，阻碍了数据的传播，导致信息不完整，利用效率低下。另外，中国大数据资产的保护不完善，2012年中国的数据存储量是364EB，其中55%（200EB）的数据需要一定程度的保护，然而目前只有不到一半（48%，即96EB）的数据得到保护。缺乏数据保护必然阻碍大数据服务业的广泛应用。最后，在投资方面，大数据量年增40%，但IT支出年增仅5%，也就是说IT投入跟不上大数据应用的需要。与发达国家相比，我国在自主可控的大数据分析技术与产品方面有不少差距，数据库、数据仓库、商业智能分析软件等领域发展基础尤其薄弱，已经远远落后于国外先进企业。因此，加大投资力度是促进大数据服务业应用的有效措施。

第四，大数据隐私保护方面。大数据的挖掘与应用需要有法可依。为了促进大数据服务业的发展，我国需要尽快制定"信息保护法"与"信息公开法"，既要鼓励面向大众并且服务于社会的大数据服务，又要防止侵犯个体隐私的违法行为，既要提倡大数据共享又要防止敏感数据被滥用。就信息公开而言，不公开的政府信息应该是特例。现在我国很多政府信息是不公开的，另外很多信息也没有得到很好地保护。

第五，大数据服务业发展战略方面。中国需要制定国家的大数据服务业发展战略。大数据服务业是应用驱动性很强的产业，但其标准与产业格局尚未形成。在这种情况下急需出台具有前瞻性的顶层规划，引导地方政府和企业有序发展大数据服务业，防止企业盲目投资，在目的不明的情况下大量建设大数据中心。另外，需要从战略上重视大数据服务业的发展，将它作为转变经济发展方式，促进产业结构升级的有效抓手。

（三）物联网服务业

从产业的角度来看，作为中国战略性新兴产业重点发展领域的物联网是一种大产业的概念，它包括了信息采集、信息传输、信息储存、信息处理、信息应用和信息安全六个方面的相关产业，同时其应用领域涉及安全、医疗、教育、交通、工农业、零售、环保、节能等社会经济、生活的方方面面，是新兴信息服务业的重要组成部分。

1. 物联网服务业发展现状

自 2008 年经济危机之后，奥巴马政府将物联网纳入美国国家经济复苏的战略，物联网迅速成为全球热点，欧盟、日本、韩国、中国也相继把物联网纳入国家战略之中。目前，全球物联网的发展无论是传感器技术、芯片技术，还是物联网服务、应用水平，都呈现欧美独大的格局。从物联网市场 100 强企业分布来看，北美和欧洲占据了 98 个名额，中国和南美分别只有一家公司上榜。但是，从长远看中国物联网服务业具有巨大的市场潜力，虽然处于产业发展的早期阶段，但是据长城战略咨询预测，到 2020 年我国物联网市场将有可能在5 万~10 万亿元规模水平。在这个过程中，中国物联网产业的市场将历经三个主要阶段。第一阶段是应用创新、产业形成期。主要是公共管理和服务市场应用带动产业链形成。第二阶段是技术创新、标准形成期。行业应用标准和关键环节技术标准形成。第三阶段是服务创新、产业成长期。即面向服务的商业模式创新活跃，个人和家庭市场应用逐步发展，物联网服务业进入高速成长期。

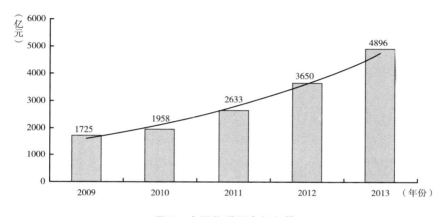

图 7　中国物联网市场规模

2013 年的物联网产业规模超过 4800 亿元。从 2013 年整体来看，占据中国物联网市场主要份额的应用领域为智能电网、智能医疗、智能交通、智能农业、智能环保、智能工业和智能物流。其中，智能交通发展较快，2013 年市场规模接近 200 亿元（如图 8）。

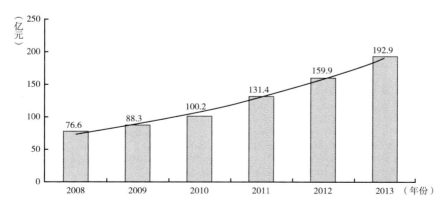

图 8　物联网服务在智能交通领域的发展趋势

从物联网服务业区域分布特点看，已初步形成环渤海、长三角、珠三角，以及中西部地区四大区域集聚发展的产业空间格局。环渤海地区是国内物联网产业重要的研发、设计、设备制造及系统集成基地。主要集中在北京、天津、河北等地区。重点发展智能感知设备产业链，该地区关键支撑技术研发实力强，基本形成较为完善的物联网产业发展体系架构。长三角地区凭借在电子信息产业深厚的产业基础，主要定位于物联网产业链高端环节，实施标准与专利战略，形成全国物联网产业核心与龙头企业的集聚。例如上海以世博园物联网应用示范为基础，在嘉定、浦东地区建立物联网产业基地。珠三角地区围绕物联网软件及系统集成、网络运营服务以及应用示范领域，重点进行核心技术突破，着眼于物联网基础设施建设以及利用物联网服务业提升城市管理水平和农业生产效率等方面。中西部地区物联网产业发展迅速，湖北、四川、陕西、重庆、云南等中西部重点省市依托其在 RFID、芯片设计、软件及信息服务领域较好的产业基础，重点培育物联网服务业龙头企业，大力推广物联网应用示范工程。

2. 中国物联网服务业问题与挑战

中国物联网服务业发展面临的主要问题与挑战包括以下方面。

第一，标准问题。一直以来，我国在信息技术标准方面受制于发达国家的垄断。物联网的应用将会产生更多的标准需求，而这些标准都被发达国家尤其是美国视为保持竞争优势的重要手段。目前，RFID 领域的标准应用已经比较成熟，其他方面包括无线传感、微传感、机器人等技术虽然在国际上依然没有通行标准，但各国都在积极制定和提出各自的标准。我国必须加大对物联网技术的研发投入和应用推广，加快技术标准与应用标准的制定工作，才能掌握物联网服务产业的话语权。

第二，信息安全与隐私保护的问题。从单机电脑到局域网、互联网，再到物联网以及未来的泛在互联网，在信息安全与隐私保护方面，无论从技术层面还是从法律层面都会面临越来越大的挑战。先进的各类传感设备将把物与人的信息收集起来，通过物联网传播、分享，因此，解决用户对信息安全与隐私保护的担忧是物联网服务业规模化应用的先决条件。

第三，物联网服务业产业链条完整性的问题。对于物联网服务业来说，需要多个产业领域的共同协调配合才能提供完善的应用服务。在产业化过程中必须加强各行业主管部门的协调与互动，以开放的心态通力合作，打破行业、地区、部门之间的壁垒，促进资源共享，加强体制优化改革，才能有效地保障多个领域的紧密配合，形成健康的物联网服务业生态系统。只有把一个完整的生态体系建立起来，物联网服务业才能真正实现可持续的发展。

第四，商业模式创新的问题。对于任何一个由新技术催生的产业来说，成熟的商业盈利模式是产业持续健康发展的前提条件。但是，这一点至今还没有在物联网服务业的发展中体现出来，物联网服务业还没有形成成熟的商业模式，这也导致了金融资本和产业资本对于大规模投资物联网服务业较为谨慎。从历史来看，互联网时代的阿里巴巴、腾讯，以及美国的 Google、eBay、Amazon、Facebook 等企业在商业模式上的创新引领了整个世界互联网的发展。因此，未来物联网服务业发展的关键同样在于商业模式的革新。

第五，制度的问题。在物联网服务业发展早期，由于市场仍然没有启动，政府在推动产业发展中发挥着重要的主导作用。但是，物联网服务业涉及的产业众多，应用的范围更为广泛，强势政府在主导物联网服务业发展的同时，必然会面临多头管理，利益分配等问题。更为严重的是，在当前政绩观的引领下，非常容易造成物联网服务业泡沫，或者大量重复投资等问题，从而损害整个物联网服务业的长远发展。因此，在政府做好发展规划，科学发展，加强监管的同时，应该充分发挥市场在产业资源配置中的决定性作用，用市场的手段引导物联网服务业在中国的发展。

四 加快发展新兴信息服务业的政策建议

从以上分析以及国内外相关产业发展经验看，信息服务业已经成为服务业发展的重要基础，政府的规划、引导和政策倾斜对于新兴信息服务业具有重要的促进作用。服务业发展水平较高的国家和地区都非常重视新兴信息服务业，从资金和融资、市场需求、人才培养、基础设施、税收、园区发展、重点产业等各个层面给予大力支持。基于问题的分析和经验的总结，提出如下促进新兴信息服务业发展的政策建议。

1. 加强政府的支持和战略规划

新兴信息服务业的发展离不开政府的支持和引导。从美国的信息高速公路计划、大数据计划，到中国的"金"字工程计划，无论在发达国家和发展中国家，信息服务业发展过程中政府都起到了举足轻重的作用。科学的规划与引导，倾斜性的产业发展政策，不断完善的法律法规，都是新兴信息服务业发展的重要保障。因此，要进一步加强在新兴信息服务业发展方面政府的支持。

2. 资金支持和良好的融资环境

地方政府和大企业应该建立专项资金，尤其是加大研发投入和人力资源的培养力度，重点支持新兴信息服务产业的发展，鼓励企业拓展国际市场，并且不断拓宽新兴信息服务业的融资渠道。印度的班加罗尔和爱尔兰都积极吸引外国投资者投资新兴信息服务业；首尔和新加坡政府加大研发投入，加强新兴信息服务业基础设施建设；纽约市政府通过各种措施鼓励企业对新兴信息服务业基础技术的研发，并加强新技术转化；在融资环境方面美国硅谷的经验值得借鉴，通过风险投资和股市筹措所需资金，使得大量创新型中小企业快速发展。

3. 优化产业发展环境，完善市场发展体系

针对新兴信息服务业的特点和产业发展规律，要加强市场体系的建设，完善市场竞争秩序，健全行业标准，在资本、人员资质、基础设施等方面，建立合理的准入条件，推动新兴信息服务业监管制度建设，保护知识产权，扩大中国新兴信息服务业的国际影响力。另外，要尽快优化国民经济的统计体系，增加新兴信息服务业门类。扩大新兴信息服务业企业跨区域、跨行业经营的范围，减少行业垄断，促进各类所有制企业公平竞争。

4. 突出创新，努力培育新型业态

创新是新兴信息服务业发展的动力，要营造有利于自主创新的环境和氛围，尽快制定鼓励新兴信息服务业自主创新的政策，从资金、信息、公共服务、人力资源等方面给予扶持，尤其是对技术创新、业态创新，以及科技成果的转化和利用，都应给予大力支持。重视培育新型业态，提高市场服务水平与服务能力。积极鼓励新兴信息技术创新，投入大量的经费促进自主创新，进行科技攻关，努力掌握核心技术，政府对于创新的产品和服务进行政府采购。

5. 加速新兴信息服务业与传统产业的融合

当前，我国的经济发展已经进入工业化中后期发展时期，新兴信息服务业不断与传统产业互相促进，迈入了产业融合发展的新阶段。从工业的角度来说，要努力推动新兴信息服务业与传统工业、制造业融合发展，在一些重要的环节实现有机的结合。通过新兴信息服务业，一方面着力提升工业产业的附加值，另一方面促进制造业的精细化、智能化水平的进步。从农业来说，支持新兴信息服务业在农业生产中的创新和应用，利用物联网与大数据服务建立农产品质量安全可追溯体系，实现对于农业生产的动态监测，提高农业的生产效率和管理水平。

参考文献

王能岩等：《北京新兴信息服务业发展模式研究》，《科技管理研究》2014 年第 2 期。

安晖：《我国云计算产业实际状况与或然性趋势，热点问题研究》，《重庆社会科学》2012 年第 5 期。

田杰棠：《大数据的潜在影响及制度需求》，《财经》2014 年第 9 期。

徐思红：《我国信息服务产业发展现状及策略分析》，《信息通信》2013 年第 8 期。

汪应洛等：《大数据产业及管理问题的一些初步思考》，《科技促进发展》2014 年第 1 期。

朱春红：《信息产业发展与产业结构升级的关联性研究》，《经济与管理研究》2005 年第 9 期。

田杰棠：《特征举证、创新属性与云计算产业的战略取向》，《改革》2012 年第 5 期。

研发服务业推动产业升级的机理与对策

刘丹鹭[*]

摘　要：研发服务业是指围绕技术的生产、扩散和应用所产生的一系列活动，既包括学术研究机构进行的各类直接的研发活动，也包括为开展研发所提供的基础条件的服务活动。研发服务业是典型的生产性服务业，也是知识密集型的现代服务业。根据现阶段我国研发服务业发展状况及其对产业升级的影响，促进研发服务业业发展的政策措施主要有：加强服务业对内对外的开放，塑造公平有利的投资环境，包括法律制度的完善、加强知识产权保护以及税收政策和金融政策等；推动研发服务业国际化；促进人才的培养和流动；促进和保护研发服务业创新；充分发挥研发服务业在创新系统中的作用等。

关键词：研发服务业　产业升级　国际经验　政策建议

一　研发服务业的内涵与分类

（一）研发服务业的基本内涵

研究和发展这种活动可分为：基础研究（主要由学术机构展开）、应用研

---

* 刘丹鹭，南京大学政府管理学院教师，中国社会科学院财经战略研究院博士后、副研究员，研究方向为服务创新与服务业生产率。

究以及实验发展（如业界进行的技术研发）。OECD 对研发服务的定义是：在自然科学、工程领域，人文社科和交叉科学领域，利用专门性的知识或技能，通过创造性的系统活动，用以发展新知识、新应用、新产品、新流程，提供的研究服务。提供研发服务的产业亦称为研发服务业（Research and development services）。

台湾经济部在 2004 年制定的《研发服务业发展纲领及行动方案》，亦对研发服务业有着详细的定义。方案认为研发服务主要有提供研发策略之规划服务、提供专门技术之服务与提供研发成果运用之规划服务等三类。一是提供研发策略之规划服务：业务内容包括市场分析研究、技术预测、风险评估、技术发展规划、智慧财产检索、智慧财产趋势分析、智慧财产布局与研发成果产出之策略规划等。二是提供专门技术之服务：业务内容包括产业别或领域别技术及软硬件技术服务、实验模拟检测服务及量产服务等。三是供研发成果运用之规划服务：研发成果投资评估、创新创业育成、研发成果组合与营销、研发成果评价、研发成果移转与授权、研发成果保护与侵权鉴定、研发成果获利模式规划等。

目前关于研发服务业概念的名称和定义繁多，且和其他类型的服务业互相覆盖交叉，并无统一的划分方法。例如，国家科委于 1992 年发布的《关于加速发展科技咨询、科技信息和技术服务业意见》中，提到的"科技服务业"就具有研发服务业的特性，它指的是与科技进步相关的各种服务行业，如科技咨询业、科技信息业和技术服务业为代表的新型服务行业。

综合各方对研发服务业的定义，不难发现一个广义的通用定义，即它是围绕技术的生产、扩散和应用所产生的一系列活动，既包括学术研究机构进行的各类直接的研发活动，也包括为开展研发所提供的基础条件的服务活动，如技术预测、技术市场风险评估、技术发展策略规划，还包括为研发成果投入应用所提供的服务活动，如各类行业协会、技术监督机构、知识产权管理与服务机构等（张士运、李功越，2009）。中国统计局的行业分类标准中，M 类科学研究和技术服务业基本符合如上定义，科学研究和技术服务业包括研究试验和发展、专业技术服务业、科学技术推广和应用服务业几类。与国外相比，中国统计局的分类方法较为强调"科技"研发，较为忽视人文社科及商业领域的研发。例如，科技应用与推广服务业是中国独有的分类，而法律和会计实践活动、总公司的活动、管理咨询活动、广告和市场研究，这部分国外分类标准中常见的服务业，在中国主要出现在租赁和商务服务业门类中（韩鲁南等，2013）。为了简便起见，在本文的分析中，使用基于中国统计局的 M 类的行业标准。

（二）研发服务业的特征

对于研发服务业，除了把握它是围绕科技研究发展产生的服务业以外，还应当把握研发的几个特征：研发服务业属于生产性服务业，同时也是知识密集型的现代服务业。

1. 研发服务属于生产性服务

Grubel 和 Walker 在 1989 年从服务对象的视角对服务业做了区分，认为服务业分为公共服务业、消费性服务业和生产性服务业三类。生产性服务业是为商品和劳务的生产者提供中间投入的服务，因此它体现为企业的生产成本的一部分，如交通运输业、现代物流业、金融服务业、信息服务业和商务服务业等。生产性服务贯穿于企业生产的上游、中游和下游诸环节中，以人力资本和知识资本作为主要投入品，把日益专业化的人力资本和知识资本引进制造业。它满足的是生产者对服务的中间使用需求。因此，生产性服务的关键特征是，其产品在新的产品或服务的生产扮演主要角色，而不是作为最终消费。之所以说研发服务业是生产性服务业，是因为研发服务的存在，不是为了满足消费者的需求。

2. 研发服务属于知识密集型服务

研发服务是高度知识密集的行业，依靠知识、技术和专业能力，服务生产者与顾客进行高度互动。魏江（2007）从服务生产的角度定义了知识密集型服务业"Knowledge-Intensive Business Services，简称 KIBS），总结了知识密集型服务业的四个特征"高知识度、高技术度、高互动度和高创新度"。

二 研发服务业推动产业升级的机制分析

（一）生产性服务推动产业升级

生产性服务作为"为其他商品和服务的生产者用作中间投入的服务"，作为产品和服务的一部分，理所当然影响着各产业的发展。伴随世界经济的服务化、知识化，生产性服务业已经逐步取代制造业成为经济增长的主要源泉。中国制造业如今面临着转型升级的困境，困境的根源正是缺少强大的生产性服务的支撑。

生产性服务是提升制造业产品附加值和竞争力的关键。一方面，生产性服务业所内含的知识资本、技术资本和人力资本，可以大幅度的提高制造业的附加值和国际竞争力。由于生产性服务大部分是以人力资本和知识资本作为主要的投入，因而其产出中体现有大量的人力资本和知识资本服务。正是通过这些生产者服务，社会当中日益专业化的知识资本、人力资本才得以释放出来，并源源不断地给商品和服务的生产过程输血，从而提高生产过程的运营效率、经营规模以及其他投入要素的生产率，并增加其产出价值。可以说，生产者服务乃是把社会当中日益专业化的人力资本、知识资本导入到商品和服务生产过程的飞轮，它在相当程度上构成了这些资本进入生产过程的通道，因而越来越成为现代经济增长和知识经济发展的基本动力来源与主导性力量（高传胜、刘志彪，2005）。另一方面，制造业对生产性服务的需求拉动着服务业的增长，而生产性服务业的增长，又通过专业化分工的深化与泛化促进制造业生产与运营效率的提高、产出附加值的增加。生产性服务业和制造业部门彼此之间表现为一种正向的互相作用、共同发展的共生机制。

（二）研发服务是生产性服务的核心服务

生产性服务业是经济增长的驱动力，而有一项生产性服务又是所有类型的生产性服务的领导者，这类服务就是研发服务。原因在于，研发服务作为生产性服务不仅能够促进制造业生产率的提升，而且还能够促进生产性服务自身效率的提升。与其他的生产性服务相比，研发服务的规模和成果与否对未来企业和经济的竞争力更加明显。

即使在服务业比重相对较低的我国，研发服务业依旧表现出了"生产性服务业中的生产性服务"这种特征。表1计算了中国服务业各行业在三次产业的需求结构（即服务业在三次产业生产过程中的使用比例）。可以发现，不少服务业用于第二产业生产的比例大于50%，远远大于它们用于服务业自身的比例。而在所有服务业中，最具有生产性服务特性的行业就是研发服务业（表中为研究与试验发展业），它用于第三产业生产的比例最低（14.69%），而投入制造业的比例最高（72.44%），高于第二位的批发零售业10个百分点。

表 1　2007 年中国三次产业对服务业各行业的需求结构

单位：%

指　标	第一产业	第二产业		第三产业
		总　量	制造业	
交通运输仓储及邮政业	3.17	65.46	40.05	31.37
信息传输、计算机服务和软件业	3.14	53.59	32.04	43.26
批发和零售业	4.91	76.35	62.29	18.74
住宿和餐饮业	1.52	36.74	25.25	61.74
金融业	2.79	52.43	37.25	44.77
房地产业	0.28	29.47	27.35	70.25
租赁和商务服务业	0.78	43.86	39.26	55.36
研究与试验发展业	5.42	79.89	72.44	14.69
综合技术服务业	9.51	74.18	40.30	16.31
水利、环境和公共设施管理业	14.66	46.60	24.61	38.73
居民服务和其他服务业	4.28	30.87	17.33	64.86
教育	3.70	18.15	11.67	78.15
卫生、社会保障和社会福利业	4.28	72.75	59.02	22.98
文化、体育和娱乐业	0.66	36.54	24.24	62.80
公共管理和社会组织	11.20	48.81	34.61	40.00

数据来源：根据 2007 年投入产出表计算。

　　Baumol（2002）对 Oulton（2001）研究结果做的总结，很好地勾勒了作为停滞部门的研发对劳动生产率增长的效应。研发服务在这里被认为是停滞部门的产出，该部门供应的是中间产品，作为进步部门的投入。假定部门 1 是相对停滞的部门，为生产率增长的进步部门 2 提供中间投入。假定市场完全竞争，令 Y_i 表示部门 i 的产出，L 表示部门 i 使用的初始投入的数量，$L_1 + L_2 = L$，L 为常数。p_i 表示该部门产出的价格；G_i 表示部门 i 使用的初始投入的劳动生产率（$0 < G_1 < G_2$，1 是相对停滞的部门），w 表示初始投入的价格。

　　建立两个部门的生产函数：$y_1 = F_1(L_1)$，$y_2 = F_2(y_1, L_2)$

　　经济体生产率增长为：

$$\ln(y_2/L) = \ln y_2 - \ln L = \ln y_2 = (1/y_2)(dy_2/dt) + (y_1/y_2)(dy_2/dy_1)(1/y_1)(dy_1/dt)$$
$$= G_2 + (p_1 y_1/p_2 y_2)G_1$$

根据完全竞争假设，$p_1/p_2 = dy_2/dy_1$

在零利润的条件下，$p_1 y_1 = wL_1$，$p_2 y_2 = wL_2 + p1y_1 = wL$

故 $\ln(y_2/L) = G_2 + (wL_1/wL) G_1 = G_2 + (L_1/L) G_1$

最后的等式表明，如果 $G_1 > 0$，那么，整个经济体的初始投入的劳动生产率增长是停止部门初始投入占比的增函数，即研发投入提升了整个经济体的生产率增长。

（三）研发服务推动产业升级

没有什么能比创新更有效地推动产业升级。现代创新理论的奠定者熊彼特认为，所谓创新就是要"建立一种新的生产函数"，即"生产要素的重新组合"，就是要把一种从来没有的关于生产要素和生产条件的"新组合"引进生产体系中去，以实现对生产要素或生产条件的"新组合"，从而大大地提高产出的效率。这种新的生产函数，直接导致技术进步与劳动生产率的提高，这是创新对产业内部升级的推动。各产业的劳动生产率不同，发展情况不同，在不断的变化中，产业结构最终发生重组，一个国家的产业结构向高级方向发展。这是创新对产业结构升级的推动。

研发服务在一定程度上可以代表创新。一般认为创新有这么几个阶段：①信息和创意的收集②研发（基础、应用或实验研究）③设计与开发（包括测试与试验）④提出解决方案⑤销售。研发服务是创新的第二阶段，通常用来作为衡量创新的投入指标。图1的数据①来自于2009年的第二次全国R&D资源清查。在去掉北京、上海、天津三个人均生产总值大于6万元的直辖市样本后，可以发现，研发服务的发展情况基本和各地区的经济发展情况有较强的线性关系。图1分别用2009年各地区R&D人员数量、R&D时当量、R&D内部经费支出以及专利申请数量四个指标来表示研发服务，各张图的散点分布趋势基本一致，可拟合为一条斜率为正的直线。这就是说经济发展的情况与研发服务不仅密切相关、互相促进，研发服务能力越强的地区，经济发展水平越好；经济越发达的地区，能产生更多的需求促进研发服务发展，以及对研发服务的投入更大。

---

① 由于服务业细分行业的增加值数据难以获得，且有些研发服务被并入制造业中进行统计，故本文采用研发的数据来表示研发服务发展情况。

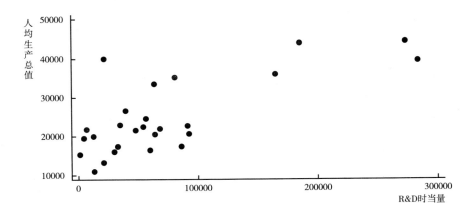

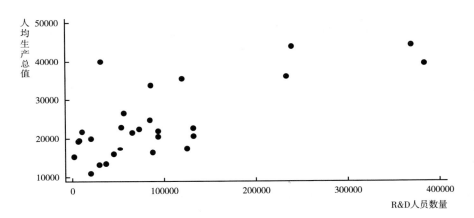

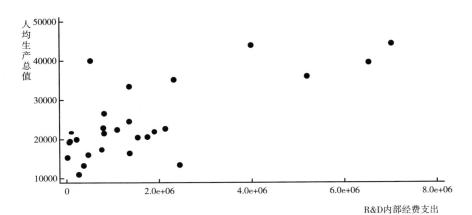

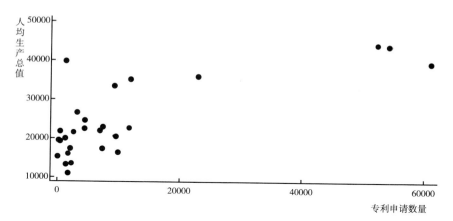

图1 研发服务发展与人均地区生产总值散点图

数据来源：《第二次全国 R&D 资源清查资料汇编》、国家统计局。

三 中国研发服务业发展的现状

（一）相关数据与趋势

下面使用《第三产业统计年鉴》中科学研究和技术服务业的数据，来说明中国研发服务业的发展情况。

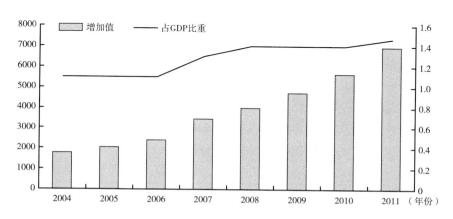

图2 科学研究和技术服务业增加值

　　2004～2011 年，科学研究和技术服务业的增加值由 1759.5 亿元逐年增加，到 2011 年为止，为 6965.8 亿元，7 年间增长了近 3 倍。虽然增加值不断提高，但它在整个经济中的地位并没有同步提高。2004 年，科学研究和技术服务业占 GDP 的比重为 1.1%，到了 2011 年，科学研究和技术服务业占 GDP 的比重也仅增加到 1.5%。这足以说明现阶段，我国科学研究和技术服务业发展较快，相应的起点也较低。表 2 展示了科学研究和技术服务业的固定资产投资情况。作为主要依靠高级人力资本的服务业，科学研究和技术服务业的依靠固定资产的比例很少，但表 2 说明，相对于它对服务业增加值的贡献，投向科学研究和技术服务业的固定资产非常少。这张表同时也暗示了科学研究和技术服务业的特性：它是主要的技术创新行业（剔除了劳动和资本后的全要素生产率很高）。

表 2　固定资产投资对比

单位：亿元，%

年份	科学研究和技术服务业	服务业	占比	增加值占服务业增加值比重
2004	333.14	32562.80	0.84	2.73
2005	435.12	39846.27	0.91	2.74
2006	495.34	47613.23	0.84	2.72
2007	560.03	58769.17	0.77	3.09
2008	781.99	72766.67	0.86	3.04
2009	1200.84	90802.65	0.99	3.19
2010	1379.28	121453.15	0.91	3.25
2011	1679.77	152096.66	0.99	3.39

　　从表 3 来看，科学研究和技术服务业对服务业就业的贡献同样也不高，仅占服务业就业的 1% 左右。从结构来看，科学研究和技术服务业的就业主要集中在专业技术服务业上，占 62%，研究与试验发展行业和科技交流和推广行业分别占 24% 和 14%。

表 3　就业人数对比

单位：万人，%

年份	2008	2009	2010	2011	2012
服务业	25087	25857	26332	27282	27690
科学研究和技术服务业	257.045	272.589	292.292	298.471	330.675
占比	1.025	1.054	1.110	1.094	1.194

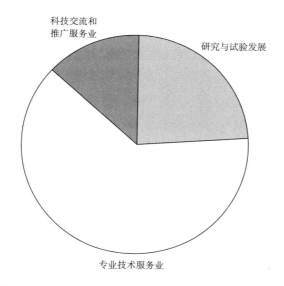

图3 2012年按行业分科学研究和技术服务业就业结构

　　按所有制来看，科学研究和技术服务业的就业主要集中在国有单位和集体单位，其他类型单位的就业人数较少。然而非公有制的科学研究和技术服务业发展迅猛，从2005年到2012年，其他类型的科学研究和技术服务业就业人数增长迅猛，始终是行业就业人数增长率的2倍以上（图4），到了2012年，其他单位的科学研究和技术服务业就业人数占总数的28.05%，比2005年翻了一倍。

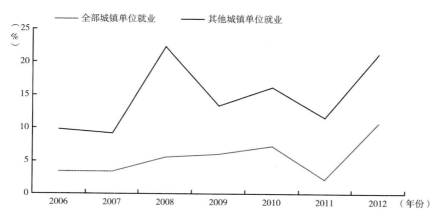

图4 科学研究和技术服务业就业增长率

表 4 按所有制分的科学研究和技术服务业就业结构

单位：%

年份	2005	2007	2009	2010	2011	2012
国有和集体占比	84.43	82.54	78.36	76.54	74.37	71.95
其他单位占比	15.57	17.46	21.64	23.46	25.63	28.05

由于单纯统计上的数据并不能完全体现研发服务业的内涵，如非科技部门形成的研发服务活动，虽然不列入统计范畴，但也符合研发服务的定义。下面用 R&D 活动为例继续分析中国研发服务业的情况。

近年来，中国不断加大研发投入，研发投入强度由 1995 年占 GDP 的 0.57% 逐渐增加至 2012 年占 GDP 的 1.98%，处于世界前列。一般认为，创新型国家的研发投入应该占 GDP 的 2%，从投入来看，我国已经接近了创新型国家的标准。

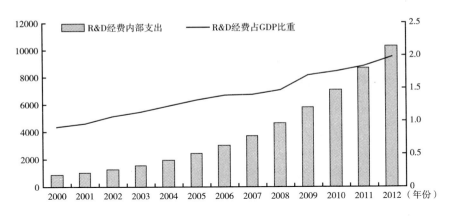

图 5 2000～2012 年 R&D 经费增长情况

数据来源：相关年份《中国科技统计年鉴》。

研发经费方面，企业资金是中国研发经费的主要来源，政府资金次之。与表 5 中的发达国家相比，来自于其他资金和政府资金的比例较小。研发经费的主要执行部门是企业，高等教育部门作为研究机构，使用研发经费的比例相对于其他国家较低。研发经费主要投入领域是实验发展领域。与发达国家相比，中国的研发服务业更关注应用技术和产品的开发，对基础知识和技术的研究投入力度不够，表明投入结果不太合理。

表 5   各国 R&D 经费对比

	中国	美国	日本	英国	法国	德国
1. 按经费来源分 (%)	(2010)	(2008)	(2008)	(2010)	(2008)	(2008)
来源于企业资金	71.70	67.27	78.17	45.42	50.74	67.27
来源于政府资金	24.00	27.05	15.62	30.66	38.91	28.40
来源于其他资金	4.30	5.68	6.21	23.91	10.35	4.32
2. 按执行部门分 (%)	(2010)	(2008)	(2008)	(2010)	(2008)	(2009)
企业部门	73.40	72.60	78.46	61.99	62.77	68.16
政府部门	16.80	10.60	8.33	9.15	15.94	14.54
高等教育部门	8.50	12.85	11.64	26.50	20.04	17.29
私人非营利部门		3.94	1.57	2.36	1.25	
3. 按研究类型分 (%)	(2010)	(2008)	(2008)	(2008)	(2008)	
基础研究	4.60	17.39	8.82	13.38	25.40	
应用研究	12.70	22.28	40.60	42.29	39.04	
试验发展	82.80	60.33	50.58	44.32	35.56	

数据来源：相关年份《中国科技统计年鉴》。

研发人员方面，中国从事研发的人数的绝对值远远大于各发达国家，但由于中国人口基数大，一旦计算每万人中从事研发的人数，就远远落后了。与研发经费表反映的情况类似，高等教育部门从事研发的人数不足是中国研发活动的一个特征。

表 6   部分国家 R&D 人员对比

	中国	美国	日本	英国	法国	德国
1. 人力资源	(2010)	(2007)	(2008)	(2010)	(2008)	(2009)
从事 R&D 活动人员 (千人)	3542.20		882.74	319.49	384.51	529.10
每万人劳动力中从事 R&D 活动人员 (人)	45.00		132.74	101.98	137.37	126.89
2. 从事 R&D 活动人员按执行部门分 (%)	(2010)		(2008)	(2010)	(2008)	(2009)
企业部门	68.70		71.94	45.52	58.56	62.37
政府部门	9.60		7.12	5.57	13.74	16.22
高等教育部门	16.80		20.93	48.92	27.70	21.41

数据来源：相关年份《中国科技统计年鉴》。

（二） 研发服务业的 SWOT 分析

中国发展研发服务业的优势和机会主要在于研发活动的人才较多，成本相对低廉。根据表6，2010 年，我国有 354 万人从事研发活动，高于发达国家数倍。并且，我国的制造业基础雄厚、企业众多，给研发服务业提供了巨大的市场需求。在制造业转型升级的背景下，必然呼唤强大的研发服务业与之相配套。

而中国发展研发服务业的劣势和问题也是非常明显的。

第一，服务业发展受到诸多体制障碍的约束。我国对服务业的各种体制性束缚众多。从市场准入方面来看，对生产性服务业的进入管制，不仅覆盖面更大，程度更严格，而且存在各种直接和间接的管制。民营经济进入生产性服务业的障碍较大。从财税政策方面来看，我国以往的税收制度却主要适用于促进制造业发展，服务业税负增加速度快于服务业行业发展速度，不利于调动地方发展服务业的积极性。从人才政策来看，作为服务业唯一创新主体，现有的户籍制度、社会保障制度、档案管理等制度给研发人才的流动带来极大困难。而劳动力流动成本增高，就等同于增加了发展的成本。

第二，发展服务业的基础环境不佳。相比于制造业，服务业是对制度环境高度敏感的行业。而知识密集的生产性服务和研发服务，对于法治环境、金融信用体系、知识产权保护、行业监管等环境的要求就更高了。以金融体系为例，资本市场发展不完善、投融资业务发展滞后、民间融资体系缺乏等等，使企业融资困难，而研发服务恰恰又是最需要大量前期投入的行业。又如，如果知识产权保护力度不够，企业就会更多地把研发服务内化，以防止商业机密的外泄，从而导致服务的专业化、社会化水平降低。

第三，紧缺研发服务业所需的高端人才。由于我国的制造业以低端代工为主，产品研发和营销的主控权仍然被跨国公司所掌握，对国内高端研发服务需求较少，因此研发服务业服务对象也就是消费者的层次不高，导致研发服务人员难以积累经验，达到较高的业务水平。其次，研发服务业是对高端人才需求最为迫切的行业，但 2010 年我国研发人员的 354 万人中，仅有 20% 左右（69.7 万人）为硕士以上学历，而在这 69.7 万人中，又有接近一半的人数（33.8 万人）集中在高校。再剔除研究机构，在生产部门从事研发活动的人数不足一半。是以业界的高端人力资源其实相当缺乏。最后，虽然我国从事研发人数众多，但相对于我国的人口规模，这个比例依旧落后于发达国家水平。

最后，随着国内市场的开放，我国的研发服务业越来面临着来自发达国家的竞争。我国高端服务贸易进口连续多年快速增长，逆差越来越大，说明我国生产性服务业的发展难以满足国内经济发展的需要，只能通过进口国外服务得到满足。在本国生产性服务本身就发育不良的情况下，进口发达国家的服务虽然会有学习模仿效应，但无疑会挤压国内从业者的生存空间，对本国的高端服务业是个巨大的挑战。

关于我国研发服务业的优劣势，及其面临的机遇与威胁，我们可以总结如下表 7。

表 7　我国研发服务业 SWOT 分析

优势	弱势	机会	威胁
1. 要素成本优势。高素质人才众多，价格低廉 2. 制造业基础雄厚	1. 各种制度障碍 2. 基础环境不佳 3. 高端人才缺口	1. 转型升级的压力要求 2. 制造业企业众多。对研发服务需求较大	1. 来自发达国家的竞争

四　发展研发服务业的国际经验

（一）美国

美国作为服务业高度发展的成熟经济体，其研发服务的发展也高度发达。美国的相关行业专业、科学技术服务 2012 年占 GDP 的 7%，并且各部门都连年增长（表 8），对比我国至 2011 年科学技术与研发服务业占 GDP 的比重仅为 1.5%。

表 8　美国研发服务业占 GDP 比重

单位：%

编码	行业	1997	2000	2005	2010	2012
54	专业、科学、技术服务	5.8	6.4	6.4	6.8	7
5411	法律服务	1.2	1.3	1.5	1.4	1.4
5415	电脑系统设计服务	0.9	1.1	1	1.3	1.4
5412OP	其他专业科学与技术服务	3.7	4	3.9	4.2	4.2

数据来源：US Bureau of Economic Analysis。

美国的研发服务业多集中在 NAICS 行业编码 54 的分类下,具体来说有 5411 的法律服务、5412 的会计服务、54133 的工程服务、54141 的系统与程序设计服务、5419 的其他科学、技术与专业服务等等。

表 9 美国各行业增长情况

单位:%

编码	行 业	2000~2005 年均复合增长率	2005~2010 年均复合增长率
541100	法律服务	6.93	0.86
541511	程序设计服务	0.06	8.20
541512	系统设计服务	-0.61	3.87
54151A	包括设备管理在内的计算机相关服务	2.21	9.89
541200	会计税收	3.57	3.25
541300	建筑、工程及关联服务	6.03	1.12
541400	专业设计服务	2.60	-0.73
541610	管理咨询服务	7.01	3.16
5416A0	环境和其他咨询服务	9.49	7.37
541700	科学研究与发展服务	2.49	7.23
541800	广告、公共关系与相关服务	4.63	4.51
5419A0	营销研究及其他专业、科学技术服务	5.13	4.05

数据来源:US Bureau of Economic Analysis。

严格来说美国并没有专门明确针对研发服务业的特别发展规划。值得注意的是,美国对研发服务业采取了"负面清单"的管理模式。这种非禁即准、无为而治的方式,在自由市场下反而有助于研发服务业创新,这是值得其他国家学习的(侯庆辰,2005)。

Alic 等人(2002)将美国政府支持技术创新的政策归为三大类:第一类是对研发活动的直接资助;第二类是对研发活动的间接支持,或对技术的商业化生产给予支持;第三类是对知识与技术的学习和扩散给予支持。具体的资助方法包括如下三种。

一是对研发活动的直接资助。政策包括:①直接与私人企业签订研发合同。②与大学签订研发或捐赠合同。③政府下属的实验室进行的研发活动。

二是对研发活动的间接支持。①专利保护。②研发税收抵免。③对于给市场带来新技术的企业的税收抵免或生产补助。④对于购买新技术的消费者的税收抵免或返还。⑤政府采购。⑥示范工程。

三是对知识与技术的学习和扩散给予的支持。①加强教育与培训。②对专业技术知识进行编码和扩散。③设定技术标准。④产业或技术的延伸服务。⑤媒体宣传、劝说和消费者资讯服务。

从以上分析不难看出，即使没有明确的产业发展规划，美国对于研发服务的无形重视可谓间接的渗透到研发的每一个环节。以 GDP 算法为例，美国统计局于 2013 年 7 月 31 日调整 GDP 统计方法。根据新算法，企业、政府和非营利机构的研发支出，有关娱乐、文学及艺术创作的支出都作为固定投资纳入 GDP，研发支出等新元素的纳入，强调了无形资产的重要性。

（二）台湾地区

近年来台湾同样受到产业转型升级的挑战。因此，分析台湾发展研发服务业的经验，具有借鉴和模仿价值。台湾的制造业要从传统代工模式转向高端研发模式，提升微笑曲线两端的产品附加值，因此在发展就业效果好的服务业的同时，首要目标是知识密集型产业，如研发、信息、金融、通讯媒体等服务业。2004 年，台湾制定了专门的《研发服务业发展纲领及行动方案》，旨在发展包括提供研发策略之规划服务、提供专门技术之服务及提供研发成果运用之规划服务等三大活动，以达成推动台湾成为亚太地区之研发重镇的愿景。具体发展策略和措施包括以下方面。

一是建构良好的研发服务业发展环境：①进行研发服务业与学术研究机构公平竞争之可行性研究，发掘最佳解决方案。②推动研发服务策略联盟。③吸引国外企业来台设立研发部门与研发公司，以吸引高端技术人员与研发人员来台工作。④鼓励公民营创业育成机构，协助研发服务业创业。⑤鼓励企业内研发部门，衍生成立专业研发服务公司。⑥加强促进学校教授与研发服务业人才之流通。⑦推动研发服务业与学术机构合作，培育研发服务业所需人才。⑧研拟运用国防训储制度，强化研发服务业人才供给。⑨建立研发服务人才支持中心，提供资深研发服务人才。⑩培育跨领域研发服务产业人才。⑪运用行政院农委会科技计划产学合作实施要点，加强农业科技研发产学合作计划。⑫辅导农业科技创新育成中心筹设。⑬拟订《植物种苗法》增修条文，强化对植物品种智财权保护。

二是建立研发服务交易机制：①建立研发服务业之业务范围、研发能量、研发人才及业绩等登录制度，使研发服务业相关信息透明化，并协助业者提升服务能量。②整合技术交易相关信息网络，强化技术交易市场整合机制。③建立技术经纪制度，培育技术交易经纪人才，促进研发服务业交易活动。④协助研发服务业成立产业团体，增进产业网络关系。

三是促进研发服务业国际化：①推动建立我国研发服务业之国际网站，以增进其国际能见度。②举办或参加国际性之研讨会、展览或论坛，辅导并促成国内研发服务业者与国际知名大厂进行合作研发或接受委托研发。③加强与国际技术交易机构策略联盟，促进拓展国际业务。④协助研发服务业及产业团体加强与国际交流与合作。⑤协助排除国外研发服务业障碍，开拓研发服务业国外市场。

四是强化研发服务业发展配套措施：①强化研发服务业对于研发人员薪资、研发软硬件及智慧财产等投资抵减之适切性研究。②运用政府科专计划鼓励研发服务业协助企业进行研发活动，或参与业界科专研发计划之执行。③强化专利权检索数据库及加值服务，并推动实施专利申请之前案检索制度。④加强评价、信用保证及融资等制度间的配套措施。⑤推广智财管理及运用策略，促进研发服务需求。⑥建构"农业生物技术产业信息网络系统"，增进农业生技研究服务业之发展。

台湾地区对研发服务业的重视，研发服务业的成长速度很快。由2001年的24.9亿美元，到2012年的41亿美元，复合年均成长率为5%

为鼓励研发服务业发展，台湾地区研发服务提供的多项政策优惠包括如下内容[①]。

一是促进产业研究发展贷款计划：为鼓励企业投入经费从事研究发展，以促进产业创新，强化企业竞争力，经济部特制定《促进产业创新或研究发展贷款要点》，提供企业贷款资金。而适用产业范围包括因特网业、制造业、技术服务业、流通服务业及文化创意产业。

二是技术研发之相关辅助：为鼓励业界执行产业技术之研发，经济部技术处推动多项科技项目，补助比例视项目性质与计划内容，最高不逾50%。

三是针对研发投抵部分，《公司研究发展支出适用投资抵减办法》于2011年12月27日修法，针对高度创新研发活动相关事项可提出申请研发投抵。所

---

① 台湾经济部投资业务处研发服务业招商说帖：http://www.dois.moea.gov.tw。

定之研究发展包括公司研究发展单位所从事之①为开发或设计新产品或新服务之生产程序、服务流程或系统及其原型所从事之研究发展活动；②为开发新原料、新材料或零组件所从事之研究发展活动等。

五　加快发展研发服务业的政策建议

（一）　对既有政策的总结和评述

与工业和制造业相比，服务业在中国起初并未得到足够的重视。故早期与研发服务业有关的政策，多以科技政策和创新政策的面貌出现，直到 20 世纪 90 年代，才出现了与生产性服务业相关的提法，逐步奠定了研发服务业发展的制度与舆论基础。

1992 年，国家科委发布了《关于加速发展科技咨询、科技信息和技术服务业意见》，明确指出，"与科技进步相关的新兴行业，主要是咨询业（包括科技、法律、会计、审计等咨询业）、信息业和各类技术服务业等"是发展第三产业的重点之一。进入 21 世纪以来，服务业得到了较大的重视，又陆续发布了《国家中长期科学和技术发展规划纲要（2006～2020 年）》、《国务院关于加快发展服务业的若干意见》以及《国务院办公厅关于加快发展服务业若干政策措施的实施意见》等等。

2010 年，我国通过了《第十二个五年规划纲要》。规划中不仅提到要把推动服务业大发展作为产业结构优化升级的战略重点，而且提到了生产性服务业与制造业的融合。在生产性服务业中，高技术服务业的发展是其中重点："以高技术的延伸服务和支持科技创新的专业化服务为重点，大力发展高技术服务业。加快发展研发设计业，促进工业设计从外观设计向高端综合设计服务转变。加强信息服务，提升软件开发应用水平，发展信息系统集成服务、互联网增值服务、信息安全服务和数字内容服务，发展地理信息产业。积极发展检验检测、知识产权和科技成果转化等科技支撑服务。培育发展一批高技术服务骨干企业和知名品牌。"并且，规划中也把营造有利于服务业发展的政策和体制环境作为发展重点，例如，建立公平、规范、透明的市场准入标准，打破部门分割、地区封锁和行业垄断，以及完善服务业相关的土地、税收融资攻策，等等。

为进一步贯彻落实以上各规划，科技部于 2012 年印发了《现代服务业科技发展"十二五"专项规划》，目的在于大力改造提升生产性服务业，积极培育发展新兴服务业，着力做大做强科技服务业。

2013 年，第十八届三中全会通过了《关于全面深化改革若干重大问题的决定》。该决定虽然没有专门讨论服务业改革问题，但是从战略和政策上决定了我国服务业未来可持续发展的基本取向和思路。这个政策取向可以概括为服务业的"对内对外开放"。决定提出建立统一的市场准入制度。在制定负面清单的基础上，让各市场主体平等地进入清单以外的领域。统一内外资法律法规，保持外资政策稳定、透明、可预期。推进金融、教育、文化、医疗等服务业领域有序开放，放开育幼养老、建筑设计、会计审计、商贸物流、电子商务等服务业领域外资准入限制。另外，在改革的路径上，选择建立上海自由贸易区作为试点，为全面深化改革和扩大开放积累经验。

（二）进一步的政策建议

根据现阶段的发展状况，本文认为促进研发服务业发展的政策措施主要有：加强服务业对内对外的开放，塑造公平有利的投资环境，包括法律制度的完善、加强知识产权保护以及税收政策和金融政策等等；推动研发服务业国际化；促进人才的培养和流动；促进和保护研发服务业创新；以及发挥研发服务业在创新系统中的作用等。政府在其中首先要明确，随着市场经济的发展，政府的职能也应当逐渐转型，一方面逐渐建立有效的法治环境确保竞争，另一方面则主要提供财政、税收等优惠政策。

1. 继续推进服务业对内开放，放松管制

影响各种服务业发展的首要问题就是过强的管制问题。沿袭十八届三中全会《关于全面深化改革若干重大问题的决定》的思路，对内开放服务业的主要措施是促进竞争、打破服务领域的垄断、放松市场进入管制以及加强各项激励监管的制度安排。这应当是发展各种类型的服务业的前提。首先，对于能够引入竞争的行业，引导民间资本进入；对于目前难以开放的行业，推动现有国有企业的市场化改革，引入内部的竞争机制，提升生产效率，逐渐实行政企分离。其次，优化对服务业民间资本的经营环境，放宽对民间资本不合理的市场化准入限制，加强对服务业企业的融资支持，逐渐消除对民间资本的歧视和不公平待遇，允许各种性质的企业进入市场。在管理方式上，推行"负面清单"

的准入管理方式；最后，强化对于企业的非进入管制（如服务质量等），完善相关法规、行业质量标准和竞争秩序的制定，发挥行业协会及其他社会组织的作用，以维护有效的公平竞争，随着法治建设水平的推进，逐步为服务业健康发展提供有力的保障。

2. 积极推动服务业对外开放，促进研发服务业全球化

长期以来，我国开放的主要领域是制造业，通过加入全球价值链的方式，我国的制造业取得了长足的发展。而相对于货物贸易，我国服务领域的开放程度远远落后。服务贸易规模不仅远远小于货物贸易，而且长期存在逆差。知识密集型的高端服务发展不足，严重依赖于进口，和发达国家存在较大差距。支持打破服务贸易壁垒的观点认为，全球化可以为知识密集型服务业提供更大的推力，因为开放市场使得知识密集型服务有更多的出口机会；其次，外来企业的竞争压力迫使国内企业使用新技术和方法、服务产品以及质量改进等创新，进一步提高了生产效率。

目前，中国促进研发全球化的政策主要有四个取向：吸引能够推动中国产业结构优化和升级的外商研发投资；通过鼓励加强本地企业、高校、科研院所等机构与外企研发的互动，促进外资企业的知识转化和溢出；吸引全球优秀人才来中国服务；鼓励有实力的中国企业到海外设立研发中心和并购国外具有研发能力的企业。而在这之中，主要又以吸引跨国公司来华设立研发中心为主。现有政策存在的问题是，过分强调给外资优惠，而忽视国内研发机构（陈衍泰等，2010）。另外，现有的研发政策只鼓励"引进"，而忽视"消化吸收"。针对这两个问题，除了应对本国研发企业进行激励、鼓励有条件的本国企业"引进来"和"走出去"外，还应着重于提高本国企业的消化吸收能力。

3. 加强知识产权保护体系建设

服务创新更多是在组织、流程等方面进行非技术创新，如新服务、新市场、新商业模式等，因此，相较于技术创新，服务创新的可复制性更强，一旦被复制抄袭，创新者不但无法从创新中受益，反而要承担创新的成本。研发活动是高风险、高前期投入的智力劳动，只有采取有效的知识产权管理体系和规范，使创新者的权益受到保护，才能鼓励研发企业和人员的主动创新。知识产权保护的政策对于创新的主要意义，就在于它为创新提供了一定的制度保障，能够激发创新者的积极性，并使研发成果市场化。为此，需要建立完善的知识产权评估体系，营造尊重知识产权的法制与舆论环境，提高专利和发明审查方式的效率，缩短专利审查周期，通过知识产权保护的带动，将创新成果进一步推向市场。

但应当注意的是，过于严格的知识产权保护制度又会阻碍技术和知识的扩散。知识产权保护因为保护创新者而促进了技术进步，但有些时候，对于技术落后地区，过强的知识产权保护也会增加他们的学习模仿成本，从而不利于技术水平提升。有研究就认为，在竞争较弱和高度保护的市场中，知识产权保护对技术创新的影响较小。在这方面，日本的例子可以作为参考。在经济起飞时，日本通过较弱的知识产权保护制度使国内企业吸收消化国外技术，提升了国内的技术水平。另外，也有可能出现这样一种状况，先前的创新者控制了核心技术，使后来的创新者处于被动地位，最终也会妨碍更多新创新的发生。因此，在制定知识产权保护政策时，需要根据发展阶段来决定合适的知识产权保护政策。

4. 制定有利于研发服务业创新的税收政策

税收是经济政策的重要组成部分，对经济增长有着作用。从税收角度促进研发服务业发展，其政策的主要着力点是激励研发服务企业创新。

在税制设计上，要考虑研发服务业高人力资本投入的特点。服务业企业尤其是生产性服务业，主要投入是人力资本，固定资本占比较低。在缴纳企业所得税时，服务企业的固定资本折旧较少。而人力资本成本较高，工资、奖金、分红等个人收入都要征收个人所得税。企业所得税方面，可以允许研发服务企业人力资本折旧，使其成本在税前扣除，从而鼓励人力资本的投入。个人所得税方面，可以通过税收政策加强对研发人才的激励、鼓励企业对人力资本投资，例如个人所得税扣除教育、研发等费用，给予研发人才较高的免征额，对研发人员在技术成果和技术服务方面的收入实行减征等等。增值税与营业税方面，要对增值税和营业税进行调整。允许企业将研究开发费用、技术转让费用等无形资产以及科技咨询费用的投入在计算增值税税基时全额予以抵扣。在营业税方面，对企业技术转让、技术咨询及培训取得的收入免征营业税。借鉴国际经验对科研活动使用的先进设备、专用装置实行加速折旧，从而减轻企业税负，加快科技发展步伐。

税收优惠的方式方面，大多数研发服务业，在研发投入阶段不仅没有收益，还存在较大的风险，需要适时适度的税收激励。我国现阶段的税收优惠政策仅存在于科技成果的产业化阶段，强调对最终成果的补贴，忽视研发阶段的优惠。我国目前还处于技术发展的起步阶段，本应考虑优惠那些处于研发起步期的企业。而事实上，我国对那些已经获得研发收益不急需支持的企业优惠较多。因此，对于一些成功率较低，社会收益较大的项目应加强研发阶段的税收优惠政策，允许将研发中的部分损失冲抵应纳税所得额。

5. 完善适合研发服务业的金融政策

研发投入需要大量金钱作为前期投入，因此对金融服务有着迫切的需要。但同为生产性服务业，金融业也面临着诸多限制，融资难几乎是各种中小型服务企业的难题。在金融政策方面，应该鼓励建设各种自主创新的金融支持体系，比如建立科技银行或中小企业银行。设计适合中小型服务企业的金融产品，为中小型科技企业整合外部融资渠道，提供新的融资资源。积极引导社会资金进入，完善风险投资体系、投融资担保体系。在运行过程中，为了使资金得到有效运作，银行需要应用各种方法，提升风险识别能力，降低企业信贷风险。

6. 建立有利于研发服务业发展的人才培育和流动体系

人是服务业的首要生产要素。而高端人才又是知识密集型的研发服务业发展的关键。因此人才的获取和培养是发展研发服务业面临的紧迫问题。与培养人才相关的政策主要是教育和培训政策。这方面政府可以做的是：在企业和科研机构，加强对在职研发人员的培训，选送专业人才到国内外知名高校攻读博士；在高校，革新教育和科研模式，提高教学质量。

与直接获取人才相关的政策主要是人才引进和人口流动政策。由于培育具有高级知识储备的人才需要很长的周期，仅仅着力于培育，在短期内成效不大。故发展引进和留住人才的政策更为重要。一方面，注重给引进人才和研发人员提供良好的生活工作环境、薪资待遇，另一方面，鼓励企业和机构引进人才，建立与此相适应的人才引进政策。在人才流动方面，应逐渐淡化户籍的作用，从实际上取消户籍对人才使用的限制。

7. 加快推进产学研合作，填平科学研究和产业发展的鸿沟

研究发现，与强调内部研发的制造业创新相比，服务业创新更强调从外部获取创新资源。大学既可以看成研发服务企业获取创新资源的外部单位，也可以看成是研发服务业的一种。在推动产业升级方面，它将扮演越来越重要的角色。美国的大学就在国家创新系统中，行使着连接政府和企业的作用。在80年代，美国就通过了一系列旨在促进产学互动法案，例如，允许学校将国家经费资助的研究成果授权给产业界，大学和产业界组成的技术转移联盟不受反托拉斯法规范等等。在这种模式下，大学需要外部资金，通过给政府、企业提供高技术服务，获得专利收入。企业取得技术，受益于大学等研究机构的知识积累，形成了一种双赢的局面。而现实情况是，很多研发服务企业得不到大学的支持，而大学的研究成果也无法投入应用，两者之间缺乏紧密的联系。

要加强政府、业界和学界的合作，就要求政策以加强产学研合作的匹配度、鼓励高校等科研机构的成果向业界转移为目的。例如，鼓励设立沟通企业和大学的科研中介服务机构和平台。研究成果的转化需要市场眼光和技术兼备的人才，研究人员专精于研发，一般无法兼备市场眼光，这就需要中介机构发挥作用，填平科学研究和产业发展的鸿沟。企业自中介机构从大学取得研究成果加以发展，并将利润继续投给大学进行下一阶段的研究。在具体措施方面，企业可以和高校等科研机构联合成立研究中心，第一时间获得大学的技术成果。

8. 树立与发展服务业相匹配的"服务"思维模式

虽然我国对于激励服务业发展的政策措施不断得到优化，但与发达国家相比，发展服务业尤其是生产性服务业的政策相对落后。不仅对生产性服务业发展的政策模糊而实用性差，而且很多人依旧用发展工业的旧的思维观念在发展服务业。比如，服务的生产和消费同时产生，客户同样是服务的生产者，他们的知识背景和创新能力对服务项目创新起着非常重要的作用。服务的过程一个复杂的知识传递过程，服务企业一方面提供服务、传播知识，另一方面也在生产中学习、吸收知识，从某一客户那里吸收的知识也会被应用于其他客户，从而形成创新。因此，市场导向是新产品或服务成功至关重要的因素。如果不以市场为导向，只想提升技术水平，这样的政策既无法取得良好的效果，也会因为没有利润支持而失败；服务没有消费也就没有生产，如果产业政策偏重于鼓励投资、抑制消费，本质上就遏制了服务业的发展。又比如，服务作为一种无形的产品，受到无形的约束最大，对制度环境也最敏感。发展服务业的政策如果不首先从各项制度改起，可能也得不到显著的进展。

参考文献

Grubel, H. G. &M. A. Walker, 1989, Service and the Changing Economic Structure, Services in World Economic Growth Symposium Institute.

John A. Alic, David C. Mowery, and Edward S. Rubin. U. S. technology and innovationpolicies: Lessons for climate change. Report, Pew Center on Global Climate Change, 2003.

Oulton, Nicholas, 2001. "Must the Growth Rate Decline? Baumol's Unbalanced Growth Revisited," Oxford Economic Papers, Oxford University Press, vol. 53 (4), pages 605 – 27, October.

〔美〕威廉·J·鲍莫尔：《作为引领者的服务业与服务业中的引领者》，《服务业的生产率、创新与知识》，第 7 章，格致出版社，2012。

陈衍泰、林泽梁、梁正：《促进本国从研发全球化获益的政策体系及对中国的启示》，《科学学与科学技术管理》2010 年第 5 期。

高传胜、刘志彪：《生产者服务对制造业发展与升级的支撑作用——基于长三角案例的分析》，《上海经济研究》2005 年第 8 期。

侯庆辰：《论促进我国研发服务业发展之商业机制与法律制度》，国立政治大学智慧财产研究所，硕士学位论文，1984。

刘丹鹭：《服务业生产率与服务业发展研究》，经济科学出版社，2013。

台湾经济部：《研发服务业发展纲领及行动方案》，2004。

张士运、李功越：《生产性服务业与研发服务业关系探讨及发展的思考》，《中国科技论坛》2009 年第 6 期。

工业设计推动产业
升级的机理与对策

王晓红　张立群　于　炜[*]

摘　要：工业设计是生产性服务业的重要组成部分，是提高企业自主创新能力、提升制造业核心竞争力，推动产业优化升级的关键环节和有效途径。与发达国家相比，我国工业设计发展仍处于初级阶段，设计服务水平还不能满足产业、技术快速发展的需要，设计服务能力迫切需要提升。发展我国工业设计，需要从以下几个方面着手：完善国家工业设计创新体系，建立和规范国家工业设计中心、工业设计示范基地、工业设计企业、工业设计师等资质认定工作规范标准；加强工业设计与制造业深度融合，形成工业设计与制造相生相伴、融合发展的产业形态；加强对工业设计的财税金融政策支持，鼓励条件成熟的设计公司上市，鼓励社会资本进入工业设计领域。

关键词：工业设计　创新驱动战略　产业升级　核心竞争力

一　引言

工业设计是生产性服务业的重要组成部分，是实现科技成果转化为现实生

---

[*] 王晓红，中国国际经济交流中心《全球化》副总编、教授，研究方向为服务外包与创意设计产业；张立群，上海交通大学设计管理研究所所长、副教授，研究方向为工业设计；于炜，华东理工大学艺术设计系主任、副教授，研究方向为工业设计。

产力、提高企业自主创新能力、提升制造业核心竞争力，推动产业优化升级和发展方式转变的关键环节和有效途径。当前我国已经进入世界工业大国的行列，2013 年我国装备制造业产值规模突破 20 万亿元，占全球比重超过 1/3，居世界首位。但仍然存在工业大而不强、快而不优，产业链以加工制造为主，国际分工地位处于全球价值链低端，以资源能源消耗为代价的粗放型增长模式突出等一系列问题，迫切需要走出一条通过创新驱动，提高全要素生产率，提高资源能源利用效率，具有中国特色可持续发展的新型工业化道路。

"十三五"是实现产业结构优化升级、全面打造经济升级版、实现工业强国梦的关键时期，创新设计将成为创新驱动产业转型升级的重要路径。加快发展工业设计，对于推动我国制造业转型升级、优化出口产品结构、提高产业国际竞争力、推动中国制造向中国创造转变，以及促进大学生就业、提高消费品质、建设资源节约与环境友好型社会，实现可持续发展的目标都具有重要战略意义。

二　工业设计的内涵与发展趋势

（一）关于设计的概念

路甬祥认为，设计是人类对有目的创造创新活动的预先设想、计划和策划，是具有创意的系统综合集成的创新创造。设计也是将信息、知识、技术、创意转化为产品、工艺装备、经营服务的先导和准备，并决定着制造和服务的价值，是提升自主创新能力的关键环节。[1] Bonsiepe 认为，设计活动的目标既不是知识生产，也不是 know-how 生产，而是对人与人造物界面关系的定义。[2] Brown 认为"设计或更宽泛意义上的设计思维，可以看作是一个创造性的问题求解工具，应用于多类产业的产品、服务和流程创新，也越来越普遍出现在面对社会问题的求解过程中"。[3] 设计过程所形成的产品、服务或流程，通常能够实现其满足用户需求的目标。

---

① 路甬祥：《设计的进化与面向未来的中国创新设计》，《全球化》2014 年第 6 期。
② Bonsiepe, G. (1995) "The Chain of Innovation. Science. Technology. Design", *Design Issues*, Vol. 11, No. 3, p. 35.
③ Brown, T. (2009) "Change by design-How design thinking transforms organizations and inspires innovation", HarperCollins, New York, USA.

（二） 关于工业设计驱动创新

工业设计是一种多学科广泛交叉的集成创新。创新设计并不是单一方面的创新，它广泛整合科学技术、文化艺术、资源环境、用户服务、商业模式等创新活动，融技术、制度、管理、市场、环境等多种创新要素于一体，包含了技术集成、服务集成、资源集成、平台集成等集成创新模式。

根据创新动力的不同，Dosi 提出了两种创新途径：市场拉动型和技术推动型。[①] 市场拉动创新把新产品开发活动作为对客户需求的反应，市场是创新的核心资源；技术推动创新把新技术的可用性作为推动器，创新源自企业的 R&D 行为，企业通过新技术创造新产品。传统的产品开发企业主要关注产品的功能、效率与样式，而后者在此基础上贡献更多的创意，即企业进行新产品开发时先考虑技术突破，然后再给产品添加语言元素，不仅局限于对产品功能、样式的追求，通过色彩、线条、材质、外形构架等所表现的情感价值和象征性价值（即产品意义）更能满足用户深层次的需要。

Verganti 提出了第三种创新途径：设计驱动型创新。认为创新的动力是理解、获取和影响新产品意义出现的能力。[②] 设计驱动创新是产品语言和意义的突破性创新，技术推动创新是技术功能的突破性创新，市场拉动创新则是技术功能和产品语言的渐进性创新。产品语言知识与技术知识存在耦合互动性，即"技术与设计耦合区"，如新产品语言的出现往往受技术的影响。从创新的程度来讲，技术推动与设计驱动两种创新方式存在明显的区别，技术推动创新是新产品功能与方式的诞生，设计驱动创新是新产品语言和意义的产生。创新途径从技术推动创新到市场拉动创新到设计驱动创新的拓展与演进是生产力不断发展，并与生产关系互动过程中形成的产物，是从工业经济时代向知识经济时代转化所引发的人工物类型与内容的延伸。

上述三种创新途径，市场拉动创新是以消费者为中心的创新，技术推动创新注重产品功能性能的提升，而设计驱动创新通过创造新的产品语言，设计者可以提供突破性的新产品。技术推动创新与设计驱动创新存在耦合区，也就是

---

① Dosi G. "Technological paradigms and technological trajectories: A suggested interpretation of the determinants and directions of technical change". *Research Policy*, 1982, 11: 147 - 162

② Roberto Verganti, *Design Driven Innovation Changing the Rules of Competition by Radically Innovating What Things Mean*, Harvard Business Press, 2009。

说，发现突破性技术蕴含的新语言可以引发突破性的设计，而设计产生的新产品也将为技术研发提供新的方向和依据。

表1　不同创新模式与创新路径的比较

不同创新路径	创新特点	关注焦点
技术创新路径	关注可能产生颠覆性创新的技术，并进行产业化实施	大数据、云、移动机器人、物联网、新材料、自动汽车、知识工作自动化、3D打印等
艺术创新路径	艺术作为知识和思维的主要部分搭建创新设计平台	艺术思维对创新设计的影响
文化创新路径	文化与设计的深度融合	文化品牌、文化价值
商业模式创新路径	网络知识经济为用户提供不同层次需求带来的营销模式创新	网络众包、大数据、互联网、电子商务、3d打印、自媒体等催生的新模式
设计创新路径	由价值创造驱动的创新设计包括：品牌价值、服务价值、商业价值、体验价值以及文化创意价值。	创新设计对社会经济价值创造（Value Creation）的四个方面：为个人（用户）的价值（愉悦和健康的生活模式）；为组织的价值（更多收入、正面形象）；为生态系统的价值（更好的环境影响、较少的废弃物）；为社会的价值（社会环境和健康生活、提高居民收入和财富、有效率的服务系统）。

（三）关于工业设计发展的主要趋势

从设计发展与应用的前景来看，路甬祥认为，今天和未来的设计创新将适应和引领知识网络时代的经济社会和文化需求，促进引发新产业革命，将导致网络化、智能化、绿色低碳、全球共创分享、可持续发展。设计致力于创新资源能源和新材料开发利用；致力于创新交通运载、制造装备、信息通信、农业生物、社会管理与公共服务、金融商业、生态环保、公共与国家安全等装备与服务；致力于设计低碳高效，具有可再生、可回收、可存储、可控制、可分配、自适应、分布式的能源和动力系统。①

从设计的战略地位来看，在产业变革背景下，工业设计从最初作为造型手段到设计作为创新流程再到设计作为策略工具，其战略地位一直在不断提升。设计创新内涵、设计对象、设计目的也随之不断演进。工业时代的设计是科技、文化艺术与市场的融合推动，而知识经济时代的现代设计则体现为以知

---

① 路甬祥：《设计的进化与面向未来的中国创新设计》，《全球化》2014年第6期。

识、信息、智能、材料、技术、文化、艺术、环境等多方面融合为条件的个性化创造应用。

表 2   不同时期设计创新内涵演化*

	1950 始	1980 始	1990 至今	未来
设计特征	工业经济	体验经济	知识经济	转型经济
产业特点	大规模制造	市场与品牌	知识平台	价值网络体系
关注焦点	产品功能	品牌体验	创造力的提升	意义的提升
供给成果	产品	产品＋服务	开拓创意力的工具	包容性价值网络
实施路径	说服性购买	品牌化生活方式	参与和分享	平衡与合作
目　标	利润	增长	发展	转型

注： * Elke den Ouden. Innovation Design-Creating Value for People, Organizations and Society. Springer-Verlag London Limited 2012.

三　工业设计是实施创新驱动战略和打造产业升级版的重要路径

（一）全球创新设计、智能制造带来新的产业革命将为中国制造带来机遇

金融危机之后，全球经济正处于工业革命的转型期，新一轮科技和产业革命呼之欲出，不仅推动技术基础、生产组织和生活方式的变革，也将引发管理变革和社会资源配置机制的变革，世界各国都在竞相调整与之相适应的创新战略与发展战略。

关于转型期的表述，主要是以美国为代表的第三次工业革命时代和以德国为代表的工业 4.0 时代。美国第三次工业革命主要体现"能源基础观"和"结构性技术基础观"两个视角，前者强调可再生能源、分布式能源生产和配置、氢能存储、新能源汽车等技术变革带来的影响；后者强调大数据、人工智能、机器人、数字制造等技术对未来制造范式带来的影响。随着大数据、智能制造、3D 打印机等新技术的加速应用，由资源、信息、物品和人相互关联所构成的"虚拟网络－实体物理系统（Cyber-Physical System，CPS）"将实现产品全生命周期的整合和基于信息技术的端对端集成。德国"工业 4.0"计划，

认为未来工业生产形式的主要内容包括：在生产要素高度灵活配置条件下，大规模生产高度个性化产品，顾客与业务伙伴对业务过程、价值创造过程广泛参与，生产和高质量服务的集成等。物联网、服务网、数据网将取代传统封闭性的制造系统，成为未来工业的基础。其业态可归结为智能制造、互联制造、定制制造、绿色制造及信息民主化、工业民主化、管理民主化、金融民主化。

上述工业革命的主要驱动因素则是创新设计。各种新技术、新材料、新工艺通过设计创新与整合实现智能制造不断产生新产品。与此同时，信息技术革命推动工业设计正在从 2.0（现代设计）时代向 3.0 时代（创新设计）转变的过程之中，[①] 设计呈现出绿色、智能、网络化、个性化与可分享、和谐协调等新趋势，设计范式、设计实施者、设计内容的不断创新，成为未来工业设计发展的显著特征。当前我国正处于工业经济时代和知识经济时代的转型期，也是自主创新和产业转型升级大有可为的战略机遇期。一方面，面临着工业经济时代的技术升级、传统产业升级迈向后工业时代；另一方面，面临着知识经济时代，包括信息控制技术、计算机、新材料、新能源、生物技术等战略性新兴产业的迅速崛起，使我国与欧美发达国家站在第三次工业革命的同一起跑线上，加快发展工业设计将为中国制造走向中国创造带来大好机遇。

（二）设计已成为创新经济时代国家创新战略的重要组成部分

近年来，越来越多的国家和地区将设计纳入创新政策体系之中，把设计作为获得竞争优势的重要资源。Hobday 认为，创新政策是引发推动企业开发新的产品、服务和流程的政策。[②] 美国、丹麦、芬兰、瑞典、日本、韩国等国家都已经将设计纳入国家创新体系中，并在促进设计应用、设计研究、设计专业化等方面进行了大量投资。在都市创新体系规划方面，赫尔辛基、柏林、斯德哥尔摩、米兰等已经开始在创新政策方面纳入设计要素。政府的设计政策从面向工业设计、服务设计到策略设计。一些主要国家都有明确的设计支持计划来落实设计政策。如，英国的"设计要求计划"、丹麦的"破冰计划"等。英国设计委员会在《重启不列颠 2：设计与公共服务》报告中明确提出，将设计应

---

① 路甬祥：《设计的进化与面向未来的中国创新设计》，《全球化》2014 年第 6 期。

② Hobday, M., Boddington, A., and Grantham, A. (2012) "Policies for design and policies for innovation: Contrasting perspectives and remaining challenges", *Technovation 32*, pp. 272 – 281.

用于公共服务设计的规划与工作线路。① 根据国家设计创新能力建设的需要，英国、丹麦的设计政策经历了几个阶段的调整后，已经发展到推动设计进入企业和公共事业机构的战略制定过程阶段（表3）。②

表3 欧洲主要国家的设计政策

第一层级	第二层级	第三层级	第四层级
无明确的设计政策	面向工业设计的政策	面向服务设计的政策	面向策略设计政策
奥地利	法国	斯洛文尼亚	丹麦
比利时	爱尔兰	西班牙	爱沙尼亚
德国	意大利	瑞典	芬兰
希腊	葡萄牙	—	英国
荷兰	—	—	—

需要说明的一点是，一些拥有深厚设计文化传统的国家如德国和荷兰，其政府政策主体中并没有明显的设计相关内容，因此虽然这两个国家的设计政策处于第一层级，并不表示其设计创新竞争力不强。

（三）工业设计是打造产业升级版的重要立足点

工业设计是打造中国产业升级版的重要立足点，对推动产业升级有着极为重要的作用。

一是工业设计通过对新技术、新材料、新工艺的整合创新应用，引领未来高端制造及新兴产业发展，提高制造业的附加值和国际竞争力，是推动中国制造从 OEM 向 ODM、OBM 转变的重要手段。

二是工业设计推动信息化、网络化与工业化、城镇化、现代化的深度融合发展，提高能源利用效率，建设清洁低碳、安全智能、可持续的能源体系，从源头上促进节能、降耗、减排，为可持续发展提供重要支撑。

三是工业设计通过吸收中华先进文化，融合世界人类智慧和文明成果，推动人类工业文明、知识文明的繁荣进步，达到满足物质需求，引领精神需求，创造美好生活，促进社会和谐的目的；四是工业设计的观念意识和能力培养，有利于涌现更多创新创意创业人才，使全社会形成尊重和激励创新的环境氛围。

---

① Design Commission："Restarting Britain 2：Design and Public Services"．UK Design Council 2013.
② SEE PLATFORM："Reviewing Innovation and Design Policies across Europe"．SEE Report 2011.

"十二五"规划纲要明确提出，工业设计从外观设计向高端综合设计服务转变的任务，这一时期我国工业设计取得了快速发展。2010 年国家出台了《关于促进工业设计发展的若干指导意见》；2014 年 3 月在《关于推进文化创新和设计服务与相关产业融合发展的若干意见》中，设计产业已经成为"支撑和引领经济结构优化升级"的重要抓手。① 2014 年 7 月国务院印发《关于加快发展生产性服务业促进产业结构调整升级的指导意见》，明确提出了大力发展工业设计，培育企业品牌、丰富产品品种、提高附加值，促进工业设计向高端综合设计服务转变的目标，并提出支持体现中国文化要素的研发设计产品，鼓励建立专业化、开放型的工业设计企业和工业设计服务中心，促进工业企业与工业设计企业合作，发展研发设计交易市场，加快研发设计创新转化为现实生产力。同时，从财税、金融、人才等政策方面对发展工业设计给予支持。② 这些政策出台表明，工业设计已经成为推动产业转型升级的重要战略之一。

（四） 工业设计是企业走创新驱动和转型升级道路的重要战略路径

设计的核心是以用户为中心的创新过程，因此是架设在技术、服务、用户为中心和社会创新之间的桥梁。随着信息技术的快速发展，企业创新已经不再局限于技术开发，而是越来越多地涉及服务、用户体验和社会创新，这要求设计在创新中担当重要角色。苹果公司成功的关键因素在于其设计整合多领域技术的能力和对用户体验的执着追求。英国 NESTA 创新指数 （2009） 显示，对于创新而言，设计比研发更为重要：英国私营机构产出的 2/3 源于创新，设计创新贡献 （17%） 高于研发 （11%）；③ 英国设计理事会的设计价值实证报告（2007） 表明，商业活动每 100 英镑的设计投资回报为 255 英镑。④

---

① 《国务院关于推进文化创意和设计服务与相关产业融合发展的若干意见》，中国政府网 2014 年 4 月 24 日。
② 《国务院关于加快发展生产性服务业、促进产业结构调整升级的指导意见》，国发〔2014〕26 号，国务院 2014 年 7 月 28 日。
③ National Endowment for Science, Technology and the Arts (2009) "Innovation Index 2009; Measuring the UK's investment in innovation and its effects", London.
④ Design Council (2007) "The Value of Design Factfinder report", London http: www.designcouncil. org. uk/Documents/Documents/Publications/Research/TheValueOfDesignFactfinder_ Des.gn_ Council. pdf.

设计作为技术研发之外的创新途径，尤其对于不具备持续投资技术研发实力的中小型企业而言，以设计驱动的创新至关重要。丹麦商业管理部的设计经济效用研究（2003）显示，"设计的使用和企业的经济表现及宏观经济增长之间有着明显的相关性"，且采购过设计服务的企业营业总收益超出平均值22%以上。[1]

芬兰把设计作为传统产业转型升级的重要路径。芬兰80%的传统产业使用设计，出口企业全部都有自主设计的产品。主要包括纺织服装和皮革业、家具业、玻璃和制陶业。这些产业80%以上使用设计师。此外，金属制造、机械制造、电子设备、计算机相关产业，以及电器零部件、橡胶和塑料制造、汽车制造、健康、食品、建筑、木材等产业，有50%的企业使用设计师。

（五）工业设计是提高制造业自主创新能力的关键环节

创新能力是决定企业在全球价值链竞争中获得高附加值的关键因素。从制造业演进过程来看，创新能力、产业规模是衡量一个国家究竟是世界工厂还是全球制造业中心的决定性指标。据统计，美国制造业研发投入占所有企业研发投入的71%，研发经费占总经费的66%，申请获得专利的数量占全年美国申请总数的90%。目前我国虽然制造业规模名列世界前茅，但以加工制造为主、缺乏核心技术、产品竞争力不强、附加值不高、技术含量较低等问题比较突出，产品设计研发等高端服务主要由跨国公司提供，多数企业仍停留在模仿制造阶段，尤其是研发投入、创新能力不足，成为制约产品结构升级的主要因素。2010年我国大中型工业企业研发经费占主营业务收入比仅为0.93。企业长期从事生产代加工获得微薄利润（处于低端加工制造环节的企业收益，一般不超过产品销售价格的10%），无法进行研发设计创新活动，有的企业甚至为了现有利益而放弃原有的研发能力，由此产生分工"锁定效应"。随着劳动力、土地等各种要素成本上升，资源能源约束加剧，我国传统加工制造业逐渐失去了竞争力，制造业转型升级任务十分紧迫。

---

[1] Danish Business Authority (2003) "The Economic Effects of Design", Copenhagen http: www.ebst.dk/file/1924/the_ economic_ effects_ of_ designn.pdf.

表4 主要国家（地区）创新能力和竞争力排名

国别或区域	创新能力排名	竞争力排名	国别或区域	创新能力排名	竞争力排名
中国大陆	65	26	新加坡	6	2
中国香港	16	11	印度	85	56
中国台湾	13	13	日本	15	9
美国	3	5			

资料来源：《2011~2012全球竞争力报告》，《2009~2010创新发展报告》。

（六）工业设计是降低制造业资源能源消耗和环境污染的关键环节

长期以来，我国制造业"高投入、高消耗、高污染、低效益"的粗放增长方式仍然突出，制造业的发展带来了能源的巨大消耗和环境的严重污染。我国单位GDP能耗是世界平均水平的2.5倍，美国的3.3倍，也高于巴西、墨西哥等发展中国家。我国工业能源消费占能源消费总量的70%，远远高于世界平均水平（约33%），制造业能源消费占我国一次能源消费的63%，工业污染排放量是发达国家的十倍，我国能源利用率仅为33%，落后于发达国家20年的水平。此外，环境污染、废气废水固体废弃物和二氧化碳排放量大等问题也很严重。据测算，2020年我国将消耗55亿吨标煤，2030年将消费75亿吨标煤。2010年我国50%以上的石油依靠进口，预计到2020年，对外依存度将达到60%。据中科院报告显示，我国资源绩效水平在世界排名第54位。这些严峻的形势，都迫切需要我们通过创新设计走出一条低碳、绿色、可持续发展的工业化道路。

（七）工业设计是提高我国出口产品竞争力的关键环节

根据国家商务部新闻发言人沈丹阳（2014）的介绍，1978~2013年中国货物进出总额从206亿美元上升到了41600多亿美元，增长了201倍，占世界总量比重从不足1%上升到12%左右；出口商品结构明显优化，2013年工业制成品出口超过了95%，机电产品进出口突破2万多亿美元，占比接近60%；机电产品中的仪器设备出口占比高达95%左右，汽车、机车、飞机等技术和附加值较高的产品成为新的增长主体；加工贸易由占我国进出口的半壁江山减少到目前的只占 1/3。但由于我国在装备制造、新能源、新材料等新兴产业领域以及纺织、家具、玩具等传统制造业领域设计创新能力不足，严重制约了我国产品出口结构升级、出口国际竞争力的提升。我国虽然已经成为世界货物贸易大国，但出口商品结构以劳动密集型产品为主、以中低端产品为主的状况一直没有改变。从服务贸易来看，高附加值服务出口成为服务贸易结构调整的重要推动力。2013 年我国服务贸易进出口总额 5000 亿美元，居世界第三位。保险、金融、计算机和信息服务、专利权使用费和特许费、咨询等服务出口占比为 30.8%，但设计服务出口尚未形成规模，反映出我国设计服务的国际竞争力较弱，同时借助设计传播中华先进文化更是任重而道远。

四 工业设计推动产业升级的国际经验

（一）美国的经验

美国对全球工业设计的发展产生了深远影响。20 世纪 20 年代末，美国开始陷入经济危机，为了刺激销售，美国大企业特别是汽车企业相继成立了设计部门，并出现了独立的设计事务所，美国第一代工业设计师也由此诞生。第二次世界大战后美国成为世界经济强国，商业模式和市场竞争机制使美国工业设计得到更广泛的应用，成为服务商业社会的工具。美国工业设计更注重通过设计产生令消费者愉悦的产品以达到扩大销量的目的。商业化、以市场为导向是美国工业设计最显著的特征，工业设计在满足消费者需求的同时，帮助企业获得更多的市场份额。伴随第三次科技革命的到来，美国成为进入信息时代最早、最发达的国家，新型经济和文化背景下的美国工业设计发生了巨大变化。一些老牌的设计事务所被新型的独立设计事务所取代，这些新型设计事务所把欧洲观念、欧洲历史文化传统与美国先进的技术紧密地结合，使信息时代下的美国工业设计又有了一次巨大的飞跃。工业设计给美国带来了巨大商业效益和社会发展。美国在高技术产品设计领域独占鳌头，美国政府、教育界、产业界、协会组织、设计公司等为整个美国设计文化和设计产业的发展做出了巨大的贡献，使美国成为世界多元设计文化的集大成之地。然而美国工业设计也面临着巨大挑战，人性化设计和重视用户体验的交互设计反映了人们对于人性化回归的诉求；资源短缺、能源危机、生态环境恶化等一系列问题，迫使美国更加注重在改善人与自然关系方面的设计探索。在应用新兴技术于设计创新方面，生发于美国的众筹模式为创意阶层整合科技、设计、文化和商业资源，引领第三次工业革命的创新突破，重返下一代制造业提供了路径、强化了竞争优势。

（二）韩国的经验

韩国实施利用工业设计促进产业转型升级的战略可以追溯到 20 世纪 60 年代。韩国设计振兴战略是从 1970 年韩国设计包装中心的建立开始的，2000 年开始确立把韩国建设成为设计领域一流国家的目标，2001 年韩国成立了"韩国设计振兴院"，韩国各地也建立了专门的"设计革新中心（DIC）"，促进地方设计产业发展，鼓励企业和高校合作。韩国设计振兴政策系统是以政府为中心，企业、大学、研究机构及振兴机构互相关联。工业设计政策的实施分为三个层次：第一层次是增强设计能力，强化产业竞争力和提高国民生活质量；第二层次是推行全民化的新设计（New Design）运动，确保设计产业的国际竞争力；第三层次是成为东北亚设计中心区，强化设计品牌的力量和提高国家品牌印象。

韩国设计振兴院负责实施政府推动工业设计的主要职能。为了更有效率地促进设计产业，韩国设计振兴院建立了很多下属设计机构。主要有：①韩国设计中心（KDC：Korea Design Center），其定位是国际设计交流和设计信息服务基地；②韩国设计振兴院（KIDP：Korea Institute of Design Promotion），其主要功能是通过政策制定、设计开发及支援、评奖及资质认证、展览及设计活动、出版及宣传、开发研究及调查、教育等，促进韩国设计竞争力的提升，增强韩国商品的竞争力及附加价值。③地区设计中心（RDC：Resion Design Center），其目的在于提高地区设计的基础设施的结构水平及设计文化意识，帮助小型企业提升设计竞争力。④设计革新中心（DIC：Design Innovation Center），其目的是强化地区设计产业的竞争力、构造提高产业国际竞争力的基础。韩国设计振兴院的主要活动涉及设计调查研究及政策开发、国际合作及国家影响力提升、人才培养、企业支持、设计文化培养、设计合作等方面。

（三）日本的经验

第二次世界大战后，工业设计对于推动日本经济腾飞，促进日本产品迅速在几十年时间占领世界商品市场使日本跻身于世界强国之列，充当了重要角色。日本政府在整个设计的发展过程中起到了非常重要的作用。日本工业设计从起步到成功的背后，是政府制定的独特经济贸易政策与科技发展方针的影响。从 20 世纪 50 年代开始，日本把工业设计现代化作为日本经济发展的战略导向和基本国策，政府了解到好的设计、好的质量是使日本产品赢得国际商业竞争的唯一途径。这一时期，他们频繁邀请欧美著名设计师传授设计知识，日本的很多产品设计具有明显模仿欧美的痕迹。1953 年之后，为了刺激日本工业发展，日本产业振兴会与东京都共同拟定三年计划，通过经济产业省、通产省的共同促进，达成工业设计环境调查、标准确定和设计培训、优化工业设计产业政策推广并形成广泛的国际合作。其突出成果包括 G-Mark 设计大奖的运行推广，东京六本木 DESIGN HUB 的艺术文化中心运营等。80 年代日本成立了设计基金会，组织国际设计双年大赛和大阪设计节，日本已经成为新的国际设计中心，日本设计也得到国际工业设计界的认可。

日本用了很短的时间成为世界设计大国之一，不但日用品设计、包装设计、耐用消费产品设计达到国际一流水准，汽车设计、电子产品设计等需要高度技术背景和长期人才培养的复杂设计类别，也达到国际一流水平。在产业升级过程中，日本借助工业设计发展出一种现代与传统双轨并行的独特策略，很好处理了现代设计与传统文化、传统设计的关系，既没有因现代发展而破坏传统文化，也没有因传统的博大精深而阻碍现代设计。使得传统手工艺的产业价值和现代工业化的生产力优势得到了融合共生。

21 世纪日本又一次将"设计竞争力"作为法宝，他们用全新的设计理念，在策划、制定"太阳经济"战略中，由致力于开发设计智能建筑、地下城市、空间城市、模糊汽车等全新工业设计系列项目，力争使日本的工业设计在未来的全球竞争中重新占领制高点[①]。就日本工业设计发展的趋势而言，日本经济由外需主导向内需主导转变，服务型经济成为主要形态，信息经济时代、服务经济时代的 IT 等新型产业设计，将成为日本未来经济的新增长点。人性化设计、节能化设计、无障碍设计等将是日本设计未来发展的趋势。

（四）台湾地区的经验

20 世纪 60 年代中期，台湾逐渐从来样加工（OED）转向自主设计

---

① 雷芳：《日本经济强国兴起中的工业设计角色研究》，湖南大学硕士论文，2007。

（ODM），形成从"台湾制造"转向"台湾设计"的格局，由设计带动的产业模式转型使台湾成为亚洲新型工业化地区之一。台湾拥有深厚的制造业基础和坚实的科技产业基础，从而为工业设计提供了有效支撑，地区多元的文化氛围、设计人才的涌现，促进了设计能力的快速提升。在这一过程中，工业设计在台湾经济发展中扮演了越来越重要的角色，地区政府在推动设计产业发展中发挥了重要导向作用。台湾行政院经济部在 20 世纪 80 年代后期就提出了《全面提升产品质量计划 1988~2003》、《全面提升工业设计能力计划 1988~2004》、《全面提升产品形象计划 1988~2005》三项计划。在《挑战 2008：国家发展重点计划书》中，地区政府将台湾设计发展重点定为创意家居设计、创意生活设计、商业设计、防治与时尚设计、建筑设计。在《设计产业发展旗舰计划 2009~2013》中，地区政府计划在五年间投入新台币 11.62 亿，从运用设计资源协助产业发展、协助设计服务业开发市场、强化设计人才与研发能力、加速台湾设计与国际接轨四个方向落实计划①。地区政府为推动台湾设计产业的发展于 2003 年成立了台湾创意设计中心，不断推动台湾工业设计走向国际化。

台湾工业设计面临的主要问题是产业外移所造成的设计市场萎缩，市场规模太小，同业竞争日趋激烈，设计从业者的经营管理水平、国际行销能力需要提高，设计产业缺乏足够的资金支持，缺乏世界知名品牌和世界顶级的设计大师，这些都制约了台湾设计业的进一步发展。近年来，随着两岸产业交流合作不断拓展、优势互补，将带来经济结构的优化和提升，台湾设计产业面临着经济转型的历史机遇。

五　工业设计推动产业升级的机理

（一）设计创新意识普遍提升

"十二五"时期，国家和地方政府都加强了对设计创新驱动产业升级的重要性、战略性的认识。近年来，政府开始加强对工业设计的规划引导和产业政策支持（图1），各省市出台的工业设计相关政策文件约 150 个左右、北京、

---

① 张慧：《台湾设计产业的觉醒》，《中国社会科学报》2012 年 5 月 7 日。

上海、广东、浙江、江苏等设计服务业较为发达地区都纷纷制订了促进工业设计发展的相关规划，在财政补贴、融资担保、税收优惠、教育培训、人才支撑等方面实施鼓励扶持政策。

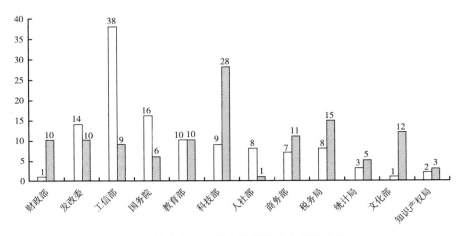

图1　国家各部门颁布的设计产业相关政策

（二）设计创新能力不断增强

1. 工业设计在推动传统产业升级和战略性新兴产业发展方面发挥了重要作用

"十二五"时期，神舟飞船上天、蛟龙号潜海等都反映出我国重大领域的设计创新突破。工业设计推动了轻工、纺织服装、电子信息制造、机械及装备制造、交通运输装备等产业转型升级。我国家电行业工业设计年产值为30亿元，企业对工业设计的投入平均占研发费用的比重达30%。2013年工信部认定的国家级工业设计中心主要集中于家电、纺织服装、日用化学品制造等传统产业领域。近年来，我国在手机、电子产品、汽车等领域也涌现出一批具有国际竞争力的设计公司。

2. 工业设计在推动经济增长以及企业开拓国际市场、创建品牌等方面的贡献显著提高

根据中国电子信息产业发展研究院2014年一份研究报告提供的数据：近年来广东制造企业对工业设计投入达到50亿元/年，工业设计对全省经济增长的贡献率达28%；在实施工业设计战略的企业中，80%开拓了新产品市场，

70% 降低了产品成本，企业有 40% 的利润和 25% 的销售增长来自工业设计；企业运用工业设计开拓国际市场、创建品牌的能力显著增强，比如美的、TCL、康佳、创维等大型企业平均设计研发投入占销售额的 2.5%。海尔、联想、一汽、吉利、奇瑞等一批制造企业通过设计创新使产品进入了国际市场；海尔集团在全球建立 18 个设计中心，平均每天申请 2.6 项专利，外观设计近2000 件；上海家化（集团）有限公司设计中心完成了包括佰草集、六神、高夫、美加净等知名品牌的设计开发，2011 年带动企业营业收入突破 35 亿元；上汽集团 2010 年投资 4770 万元在英国设立海外汽车设计中心，推出"荣威W5"、新"MG3"等新车型，提升了自主品牌建设、新能源汽车产业化的水平。

3. 企业运用工业设计提高了自主创新能力

近年来，企业专利拥有量快速提高。2013 年我国外观设计专利、实用新型、发明三项专利授权量分别为 412467 件、692845 件和 207688 件，分别相当于 2001 年的 8.46 倍、11.75 倍和 11.74 倍。外观设计专利是保护工业设计产品的最主要途径之一。过去 10 年，外观设计专利申请量年增长率为 21.47%。2012 年外观设计申请量逾 65 万件，同比增长 26%；其中国内申请量超过 64万件，占比 97.7%，国外申请量为 1.5 万余件，占比 2.3%；2012 年国内专利权人的有效专利突破 100 万件，占比 92.3%；国外专利权人的有效专利近 9万件，占比 7.7%。外观设计专利申请主体以沿海发达地区的企业为主，申请类型主要集中在包装和服装类产品，通信设备、装备制造业等产品的申请量日益提高。通过问卷调查了解，绝大多数企业认为设计创新十分重要，我国大约70% 的工业设计活动在制造企业内部进行，企业使用外观设计占全部工业设计比重通常在 50% 以上，使用实用新型专利通常在 40% 以下。

（三）设计产业化发展呈现加速态势

1. 工业设计已经形成了一定的产业规模，初步形成了较为完善的产业体系

"十二五"时期，我国工业设计在总体规模、企业数量、从业人员、教育机构、中介服务机构等方面都呈现出快速发展态势，设计产业规模和增速加快，反映出市场对设计服务的需求快速增长。截止到 2011 年，全国工业设计机构数量超过 6000 家（含企业内设计部门），专业工业设计企业数量已超过2000 家。从主要城市来看，北京设计业规模居国内领先地位，目前北京拥有各类设计院所、设计公司约 2 万家，从业人员 25 万人，设计产业总产值 1000 亿元。广州拥有各类专业设计企业 2000 多家，从业人员 5 万多人，2010 年全市设计产业产值约 150 亿元。深圳 2012 年工业设计产值达 31 亿元，同比增长 25.8%，拥有各类设计机构近 6000 家，从业人员 10 万人以上。① 目前我国工业设计专业的招生规模已经超过美国等一些发达国家，设置工业设计专业的高校已达 349 所。近年来，全国共有工业设计协会 20 家以上。目前广东省已经形成了以政府为指导，以制造企业、设计公司为主体，以产业园区、基地为依托，以各类公共服务平台为支撑，以院校、研究培训机构为人才培养载体的综合服务体系，初步形成了"设计产业化，产业设计化，设计人才职业化，设计成果市场化"的发展模式。2012 年 12 月中国设计交易市场正式开业，提供国内外设计交易信息、咨询、结算及设计交易技术合同登记、展览展示、投融资等服务，预计全年实现设计合同登记额 180 亿元。目前北京产权交易所产权经纪会员有 79 家，上海有 71 家产权中介机构，深圳联交所旗下有 8 所交易平台，已经开始为市场提供设计交易服务。

2. 工业设计园区既是设计服务机构聚集的载体，又是推动制造企业设计创新的服务平台

近年来，一些有条件的地区陆续建立了设计产业园。如：深圳田面设计之都、上海市 8 号桥设计创意园、北京 DRC 工业设计创意产业基地、顺德北窖国家工业设计示范基地、无锡（国家）工业设计园等。目前广东工业设计城已经聚集了 70 多家国内外优秀设计企业，700 多名设计师，每年专利申请和授权量均超过 500 件，为制造业提供设计服务 3000 多项，营业收入年均增长 30% 以上。园区通过举办"广东工业设计走进产业集群"活动，组织设计企业走进江门、阳江、开平、东莞、中山等产业集群，了解制造企业的需求，加深对工业设计的认识，扩大了设计市场。过去，园区设计企业 100% 的业务都是依靠业务员，现在 1/3 以上的订单是通过园区服务平台得到的。

3. 专业设计公司已经逐步嵌入制造企业的设计创新链中，成为推动制造企业转型升级的重要支撑

越来越多的工业设计公司与制造企业形成紧密的战略性合作伙伴关系，为制造企业进行设计开发活动，成为制造业创新链、价值链的重要组成部分。专

---

① http://tech.southcn.com/t/2013-08/01/content_75209441.htm。

业工业设计机构开始从单纯提供设计服务向开发自主品牌产品发展，服务能力总体提升明显。如，上海指南与三一重工合作超过 8 年，累计为三一重工设计超过 20 款产品；北京易造设计公司与福建泉州金太阳电子有限公司合作 9 年，主要研发设计太阳能照明产品，累计设计新产品 100 多件，年出口数量 2000 万件，年出口额约 4000 万美元。

六 发展工业设计推动我国产业升级的政策建议

（一）完善国家工业设计创新体系

把工业设计发展战略作为国家创新战略的重要组成部分和打造中国经济升级版的重要抓手，进行系统规划和组织实施。加强顶层设计，制定国家工业设计发展路线图，建议由行业主管部门工信部牵头制定"十三五"国家工业设计发展规划并指导实施。"十三五"时期，应在装备制造设计、新能源设计、信息通信设计、航空航天设计、医疗器械设计、电子产品设计等重要领域取得突破，提高利用工业设计创新改造纺织、服装、机械、日用消费品等传统产业的能力，提高人民生活品质。建议设立国家工业设计创新中心负责实施国家相关政策、推动产业发展、开展产业资质认定等行业管理服务职能，设立国家工业设计重点实验室等创新机构，承担国家重大工业设计项目的研究开发。建立和规范国家工业设计中心、工业设计示范基地、工业设计企业、工业设计师等资质认定工作规范标准。

（二）加强工业设计与制造业深度融合

制造业与服务业深入融合已经成为推动全球产业转型升级的重要趋势，这一趋势将快速扩大制造企业对于设计创新的投入和服务需求，同时也将使越来越多的设计服务企业嵌入制造业的产业链，形成工业设计与制造相生相伴、融合发展的产业形态。一方面，应积极引导具备创新能力的大中型制造企业重视设计、使用设计、增加设计开发费用投入，提高设计创新能力。另一方面，通过鼓励设计服务外包等方式，快速培育和扩大国内设计服务市场。政府、中介机构通过各种展会、项目推介会等活动，积极为设计企业与制造企业对接搭建桥梁和平台，形成长期战略合作关系。

（三） 加快推动工业设计服务转型升级

与发达国家相比，我国工业设计发展仍处于初级阶段，设计服务水平还不能满足产业、技术快速发展的需要，设计服务能力迫切需要提升。应按照以信息技术驱动工业设计发展，以产业跨界融合拓展工业设计空间，以智能计算奠定工业设计基础的路径，推动我国工业设计向中高端发展。加快形成以企业为主体、市场为导向、产学研相结合的协同创新机制，发挥工业设计改造传统产业、推动新兴产业发展的带动作用。提高设计服务业的国际化水平。发展国际设计服务外包，支持具有承接国际设计业务能力的公司提高国际化运营能力，提高品牌国际影响力，成为具有较强竞争实力的国际化设计企业。加强国际合作，积极引进国外设计机构，支持建立国际设计战略联盟。支持有条件的设计公司到海外设立分支机构或跨国并购，扩大全球经营规模。

（四） 加强对工业设计的财税金融政策支持

小微企业、轻资产、智力密集是工业设计企业的主要特征。长期以来存在融资难、高赋税问题，应实行全行业享受 15%（按高新技术企业）的所得税优惠政策。加强融资担保支持，鼓励条件成熟的设计公司上市，鼓励社会资本进入工业设计领域。设立国家工业设计产业基金。用于支持重大工业设计创新项目、创新服务平台建设，支持设计企业承接国际重大设计项目、开拓国际设计市场、为中小制造商提供设计服务，以及设计培训、国际交流、重大设计创新奖励等。

互联网金融推动产业升级的机理与对策

赵京桥*

摘 要：随着云计算、大数据、移动互联网等信息技术的快速普及发展，以及中国社会、经济领域互联网化的广度和深度不断提高，互联网金融发展产生了裂变，形成了多种互联网金融服务模式，无论是交易规模还是用户规模都呈现井喷式增长，对传统金融形成了巨大的"鲶鱼效应"。互联网金融作为互联网与金融融合创新的新兴金融发展模式，对推动金融产业升级形成了强劲的动力。促进我国互联网金融快速健康发展，可从以下几方面入手：在鼓励发展的原则下进行适度规制；明确行业监管主体，实施动态跟踪和监管；加强互联网金融信息安全投入；成立行业组织，推行行业自律和互助；加快线上线下社会信用信息系统的互通共享，增强信息透明度。

关键词：互联网金融 产业升级 金融信息安全 规制与监管

近几年来，随着云计算、大数据、移动互联网等信息技术的快速普及发展，以及中国社会、经济领域互联网化的广度和深度不断提高，互联网金融发展产生了裂变，形成了多种互联网金融服务模式，无论是交易规模还是用户规模都呈现井喷式增长，对传统金融形成了巨大的"鲶鱼效应"，推动传统金融加快转型升级和继续深化金融体制改革；同时以互联网信贷，互联网众筹为代

---

* 赵京桥，中国社会科学院财经战略研究院助理研究员，研究方向为信息服务业与电子商务。

表的互联网金融服务模式便利了实体经济的资金融通，特别是小微企业的融资，提高了小微企业活力，推动了创新型企业的发展，对中国产业转型升级具有重要意义。

一 中国互联网金融发展概况[①]

（一） 中国互联网金融发展概况与特征

中国互联网金融已经从发展萌芽期进入了高速成长期，其发展状况和特征可概括如下。

一是大量非金融机构企业跨界进入互联网金融，特别是以阿里巴巴，百度、腾讯、京东商城，苏宁易购等为代表的互联网企业依托其巨量用户规模，迅速对传统金融机构形成竞争。

二是服务领域从最早的互联网支付清算服务，向资金融通、投资理财等领域发展。到2014年上半年，全国互联网P2P借贷平台已超过1000家，互联网债权融资影响范围不断扩大，交易数额日益增长，2013年全年成交额超过1000亿元，预计2014年全年成交额会超过2000亿元；以天使汇、大家投、点名时间等为代表的互联网众筹平台也如雨后春笋般迅速崛起。

三是互联网金融的用户规模和交易规模也在短短时间内呈现了爆炸式增长，远远超越了传统金融的增长水平，以余额宝为例，成立一年来，用户已经超过了1亿，资金规模超过5700亿元，依托余额宝的天弘基金已经成为国内最大，世界第四大货币基金。

（二） 中国互联网金融发展的几种模式

1. 互联网支付

以第三方支付为典型代表的互联网支付是互联网金融的基础，极大提高了互联网资金支付、结算的效率。第三方支付服务在我国起步相对其他互联网金融模式较早。从2005年发展以来，已经有近十年的发展历程。到2014年7

---

① 本文中所指互联网金融概念为狭义概念，指以互联网为业务核心，依托云计算、大数据、移动互联网等信息技术，提供金融服务的新金融业态，不包括互联网货币。

月，我国已经获得第三方支付牌照①的企业数量已达 269 家，支付市场规模在 2013 年底达到 16 万亿元②，已经成为我国电子商务发展，互联网金融服务，乃至整个经济活动中的重要金融基础服务之一。近年来，随着移动互联网和智能终端设备的快速普及，移动支付正在高速发展，逐渐替代传统支付方式。据艾瑞数据显示，2013 年中国第三方移动支付交易规模达到了 12197.4 亿元，同比增长了 7 倍。预计未来几年移动支付市场将继续保持高速发展。

2. 互联网信贷

互联网信贷在中国的发展又可以分为两种发展模式，即网络微贷和 P2P 网络借贷。

（1）网络微贷

以阿里小贷为典型代表的网络微贷是指利用云计算和大数据技术对信用评价、信贷流程进行重塑，并通过互联网投放小额贷款的互联网金融模式。相比线下小额贷款，阿里小贷具有更广阔的用户群体，更便捷的贷款流程，更丰富的贷款产品，并且在大数据技术支持下，形成了新的信用评价和风险管理体系。阿里小贷自 2010 年成立以来，截至 2014 年 3 月底，已为 70 余万家小微企业提供了 1900 多亿元的信用贷款，户均 4 万元，不良率在 1% 左右③，迅速成为中国小额贷款的主力军。

（2）P2P 网络借贷

以宜信，人人贷，拍拍贷等为代表的 P2P 网络借贷是指以互联网借贷平台为中介，实现资金供给方与需求方的点对点对接的互联网金融模式。P2P 网络借贷具有灵活、高效的特点，降低了交易成本，大大提高资金的利用效率，满足了中小微企业以及个体经营者的资金需求，同时也为闲置资金带来了更高收益率。

P2P 网络借贷起源于国外。Prosper 成立于 2006 年，是最早进行 P2P 网贷业务的企业之一，凡是具有美国合法公民身份、社会保障号、个人税号、银行账号的注册客户，均可以在 Prosper 平台内进行借贷交易。Prosper 建立一套信

---

① 按照中国人民银行《非金融机构支付服务管理办法》，必须取得央行非金融机构支付业务许可才能在我国从事第三方支付服务。

② 数据来源：《中国支付清算行业运行报告（2014）》，中国支付清算协会，2014.5.23. http：//www.pcac.org.cn/。

③ 数据来源：http：//money.163.com/14/0904/10/A59RLFKR00253B0H.html。

用评级系统，对客户信用进行记录和风险定价。到 2013 年 9 月，Prosper 已经发展了 195 万名注册会员，形成约 6.2 亿美元的个人借贷交易额。

Lending Club 是目前全球最为成功的 P2P 网络借贷公司。成立于 2007 年，最初依托于 Facebook 发展 P2P 网贷业务，与 Prosper 一样，Lending Club 也建立自己的信用评级系统和风险定价机制，在业务模式上，Lending Club 可以根据投资人的意向向投资人推荐贷款组合，并开发投资者之间的交易平台。目前 Lending Club 已经成为美国最大的 P2P 网贷平台，市值达到了 40 亿美元。

自 P2P 网络借贷模式引入中国后，逐渐受到了中小微企业以及个体经营者等资金需求者的关注。自 2012 年开始，网络借贷平台开始爆发式增长，全年借贷交易额超过了百亿元，网贷平台近 300 家。到 2014 年上半年，全国 P2P 网贷平台已超过 1000 家，影响范围不断扩大，交易数额日益增长，2013 年全年成交额超过 1000 亿元，预计 2014 年全年成交额会超过 2000 亿元，未来几年有望继续保持高速增长。同时，由于 P2P 网贷进入门槛低，乱象重生，出现了不少利用 P2P 网贷进行互联网诈骗的恶性犯罪事件，侵害了投资人的利益，扰乱了互联网金融市场。

专栏　美国 P2P 网络贷款公司：Prosper 和 Lending Club

Prosper 成立于 2006 年，是最早进行 P2P 网贷业务的企业之一，凡是具有美国合法公民身份、社会保障号、个人税号、银行账号的注册客户，均可以在 Prosper 平台内进行借贷交易。Prosper 建立一套信用评级系统，对客户信用进行记录和风险定价。到 2013 年 9 月，Prosper 已经发展了 195 万名注册会员，形成约 6.2 亿美元的个人借贷交易额。

Lending Club 成立于 2007 年，最初依托于 Facebook 发展 P2P 网贷业务，与 Prosper 一样，Lending Club 也建立自己的信用评级系统和风险定价机制，在业务模式上，Lending Club 可以根据投资人的意向向投资人推荐贷款组合，并开发投资者之间的交易平台。目前 Lending Club 已经成为美国最大的 P2P 网贷平台，并将在 2014 年下半年启动上市计划，市值达到了 40 亿美元。

3. 互联网理财

互联网理财是为广大消费者的财富管理和增长需求服务的互联网金融服务模式，主要有两种发展模式，一种是以余额宝等为典型代表的互联网理财是互联网企业与传统银行、基金合作的互联网金融模式，具有门槛低，收益高，交易便利，聚合货币投资、消费功能的特点。阿里的余额宝自 2013 年 6 月上线以来，资金规模已经超过 5700 亿元，用户超过 1 亿，与其合作的基金公司成为我国最大的基金公司。百度、苏宁等互联网企业也纷纷利用自身第三方支付渠道与传统银行和基金合作，上线百度理财、零钱宝等，对传统银行存款和理财业务形成巨大挑战。

另一种是移动理财终端，包括移动记账理财网站、软件等，可以随时随地为消费者满足财富管理需求。当前我国的移动理财终端数量众多，参差不齐，以简单的记账服务为主。而美国的理财市场，基于互联网的低门槛、自动化理财咨询/规划平台纷纷涌现，如 Mint，Sigfig，Personal Capital 等利用互联网所带来的智能化的数据分析能力，吸引到大量的小微用户，展现出良好的发展前景。

4. 互联网众筹

互联网众筹是指通过互联网发起资助项目，以众多小微资金满足资金需求的互联网金融模式，包括了互联网实物众筹和股权众筹。尽管在中国的法制、信用环境下，众筹模式发展受到诸多障碍，包括投资人的权利保障、项目信息披露、投资退出机制等等，但是巨大的市场需求空间推动了中国各类众筹平台在 2013 和 2014 年迅速成长，天使汇、大家投等众筹平台，已经帮助大量小微企业实现融资。

从总体发展来看，中国互联网金融抓住了中国金融体系不完善，整体效率不高的机遇，实现了快速发展，推动了金融的普惠，提高了资金融通效率，加强了金融和实体经济的联系。

二 互联网金融推动金融产业升级的动力

互联网金融是互联网时代金融发展、创新的重要趋势和必然产物。从金融发展历史来看，金融创新是推动金融产业升级的重要推动力。特别是从 20 世纪 90 年代开始，信息技术高速发展，经济全球化进程不断加快，各国金融管制逐步放松，金融创新推动了金融业的快速发展。进入 21 世纪，互联网及相关技术的普及和深化应用为金融创新带来了更为巨大的空间，互联网金融作为互联网与金融融合创新的新兴金融发展模式，对推动金融产业升级形成了强劲的动力。

1. 用户需求是推动金融产业升级的基础动力

需求动力又可以从四个层面来看，第一，互联网拥有巨量的活跃用户群，这是产生需求的基础。从我国互联网用户发展来看，经过 20 多年的发展，网民已经达到了 6.32 亿，规模位居世界第一，互联网普及率达到了 46.9%①。

2. 传统金融服务需求的互联网化带来巨大产业升级动力

尽管从网民增长趋势来看，"十二五"期间，网民增长速度趋缓，但网民的"互联网化"程度越来越高，一方面互联网对用户行为习惯的转变越来越深入，网民的互联网应用不断深化，以网络购物、网络支付为代表的个人商务交易应用保持快速增长（见表1），另一方面，互联网用户群体的活跃程度越来越高，特别是移动互联网和移动终端的普及，使得用户随时随地"在线"成为可能。伴随搜索引擎，电子商务，社交网络，移动互联网，智能手机等大量商务、生活应用的发展，用户传统的线下行为习惯会转为线上，或者被注入强烈的互联网因素，互联网已经成为生产、生活不可分割的一部分。不仅仅是个人用户，企业用户的"互联网化"程度也在不断提高。这意味着，在生产、生活中，越来越多的信息流和资金流都通过互联网应用来完成，从而产生了大量金融服务需求，尤其是 70 后，80 后的网民主体已经成为社会财富的主要创造者，网民群体财富的积累和财富增长需求的不断提高，带来了天量规模的潜在金融需求。对于这种用户行为习惯转变所导致的需求变化，传统金融服务需要适应"互联网化"，必须依托互联网进行创新，以满足用户需求。

表1 个人互联网商务交易应用

	年份	网络购物	网上支付	网上银行	旅行预订	团购
网民规模（亿人）	2013	2.7	2.44	2.41	1.321	
	2012	2.42	2.20	2.21	1.12	0.83
比例（%）	2013	45.9	41.4	40.8	22.4	17.1
	2012	42.9	39.1	39.3	19.8	14.8

数据来源：《第 32 次中国互联网络发展状况统计报告》，中国互联网信息中心。

---

① 数据来源：中国互联网络信息中心（CNNIC）《第 34 次中国互联网络发展状况统计报告》，2014 年 7 月 21 日。

3. 新兴商业模式带来新金融服务需求，催生新型金融服务模式

信息技术特别是互联网及相关技术与商业的结合诞生了大量新兴商业模式，引领全球互联网应用和商务活动的发展，与此同时也带来了基于互联网的新金融服务需求。特别是以亚马逊、eBay、阿里巴巴、天猫商城、京东商城、淘宝为代表的全球电子商务的快速发展，带来大量互联网支付、跨境支付需求，拉动了第三方支付的发展；以 Facebook 为代表的社区网络的发展与成熟，催生了社区网络间的融资需求；移动商务的快速发展使得移动支付需求爆发。总之，新兴信息技术与商务的结合对传统信息流、商流、物流进行变革的同时，也会对传统资金流带来深刻影响，产生新的金融服务需求。

4. 个性化和碎片化金融需求爆发

在互联网这个开放、平等、去中心化的环境中，个体的个性化、碎片化需求得到了充分释放和满足。因为互联网具有的庞大用户群体带来的规模优势以及较低的交易成本优势，可以降低个体个性化和碎片化需求的边际成本，从而满足个体的个性化、碎片化需求。

因此在传统金融体系中没有得到满足的金融需求会在互联网中爆发，比如中小微企业、个人的小额融资需求、小额理财需求。这种需求在理论上可以在互联网中实现点对点的配对，从而摆脱传统金融中介，实现资金供给的平衡。这些个性化、碎片化金融需求尽管单体很微小，但在互联网中聚集成规模庞大的金融需求，而且呈现爆发式增长。

这种突破传统金融体系的互联网金融需求成为诸多非金融企业进军互联网金融的重要领域，也正是这种以"大众金融"、"自金融"为特点的互联网金融发展，对传统金融体系带来了冲击，也迫使传统金融机构进行变革，通过互联网满足个性化和碎片化金融需求。

因此，规模不断增长，应用持续活跃的互联网用户群是当前互联网金融推动金融产业升级发展的最大动力源，特别是随着互联网用户金融需求不断增长、线上化，互联网金融市场潜在规模是巨大的，无论是金融机构还是非金融机构都有十足的动力去发展互联网金融，获得互联网金融市场份额。

5. 信息技术进步及其与金融业的深度融合

金融与信息技术具有天然的契合性。金融是货币流通和信用活动以及与之相联系的经济活动的总称。在信用货币时代，金融活动大多可以用数据和电子信息来表示。因此，同样以信息为主要处理对象的信息技术一经出现便与金融紧密结合在一起。

从金融发展来看，信息技术的发展极大地推动了金融的发展和创新。自20世纪50年代开始的信息技术革命，对全球的各行各业已产生了深远的影响，其中金融业是受信息技术革命影响最为深远的行业。以数字内容为基础的金融业与信息技术是天然的契合。在信息技术创新的支撑下，特别是计算机和互联网的普及应用，使金融业实现了质的飞跃，各种金融产品创新不断涌现，服务方式更加多元化（见表2）。信息技术与金融业已经具有不可分割的关系。金融产品的定价、风险控制、服务方式，金融机构的运营管理，金融行业的运行监管等等都依赖于信息技术。

表 2　银行业务创新与技术发展的历史沿革

时间	业务创新	市场划分	所用核心技术
20世纪50年代	信用卡	零售业务	磁条
20世纪60年代	自动转账	零售业务	电话
	ATM机	零售业务	机电一体化技术
20世纪70年代	POS机	零售业务	计算机、通信
	信用打分模型	零售业务	数据库技术
	自动付款技术（ACH）	批发业务	计算机、通信
	SWIFT系统	零售、批发	计算机、通信
20世纪80年代	家庭银行	零售业务	计算机、通信、安全机制
	企业银行	批发业务	计算机、通信、安全机制
	EDI	批发业务	通信、安全机制
20世纪90年代以后	网上银行	全方位	互联网络、信息技术、安全控制
21世纪初	手机银行	零售	移动互联网、智能手机

互联网与金融的结合是顺应时代潮流的，现代技术行业与传统行业的结合是行业升级发展的大方向，在传统行业的本质保留的前提下，结合之后其提供服务的方式将会改变，二者的结合本身就是一种创新，创新是金融业得以不断发展的不竭动力。

从互联网及相关信息技术的发展趋势来看，云计算技术、物联网技术、大数据技术、移动互联网技术等等，将对未来金融创新带来强劲的推动力，比如基于云计算技术的"云"金融服务，基于物联网和移动互联网的移动支付，基于大数据技术的智慧金融服务、社会信用评价模型等等。

（三）互联网金融可以降低交易成本、提高金融资源配置效率，转嫁金融风险

金融中介功能是当前金融体系主要功能之一，主要目的就是降低资金供需双方的信息不对称性，提高资源配置效率。因此，对于整个金融体系来说，如何降低交易成本，提高金融效率是金融创新的永恒动力。互联网金融创新利用信息技术提高了金融市场供需的信息对称性，降低了道德风险和逆向选择可能性，通过资金供需双方的直接配对，在理论上可以以极低的交易成本实现资金供需平衡，从而实现金融市场的帕累托改进。此外，互联网金融还可利用互联网的网状、分散特征，把金融风险分散到互联网的庞大用户群体中。

（四）非金融机构跨界创新是互联网金融发展带动金融产业升级的重要外部动力

互联网金融创新有一个不同于以往金融创新的特点就是非金融机构进行互联网金融的跨界创新，从而为整个传统金融体系带来"鲶鱼效应"，进而迫使传统金融机构积极探索互联网金融创新。就目前来看，互联网企业的跨界金融创新已经给传统金融业带来一定的冲击。互联网企业的优势集中体现在创新性技术优势、商业模式优势、信息优势以及平台占据领先优势。互联网企业对于技术和寄托于技术的商业模式创新非常敏感，这种创新的基因是传统金融机构不具备的。此外，互联网企业往往能够绕过传统监管限制，这使得它们从事某些传统业务时面临更低的监管成本，例如阿里小贷无须满足拨贷比、存贷比、资本充足率等一系列指标监管要求。互联网企业进行的跨界金融创新削弱了传统金融机构所拥有的优势，使得传统金融机构必须依托互联网相关技术进行创新、升级。

综上，在推进金融改革，鼓励金融创新的宏观制度环境下，互联网金融创新发展推动金融产业升级具备了强劲的动力基础，特别是在互联网金融需求爆发和互联网技术普及的推动下，多种动因交织在一起，将使未来基于互联网的金融创新空前繁荣。

（五）互联网金融催生了传统金融业的互联网化，带动了金融业与互联网的高度融合

在互联网金融快速发展所产生的"鲶鱼效应"下，传统金融机构互联网

化程度也在不断提高，进一步加深了互联网相关技术在金融系统中的应用，加快与互联网企业的合作，以互联网为核心优化整合内部业务流程及对外销售渠道，建立基于互联网的新核心竞争优势。

传统金融业的互联网化大致可以分为两个阶段。第一个阶段为传统业务的线上化，即业务核心仍然依托线下，互联网成为产品和服务提供的渠道，这在传统金融业已经基本实现。从银行业来看，自20世纪90年代末，招商银行推出中国第一家网上银行以来，网上银行已经在银行业普及，并且整体来看，银行业的网上银行业务规模远远大于非金融机构从事的互联网金融业务。从证券业来看，同样也在20世纪90年代末开始推出网上交易，并在2000年以后，伴随《网上证券委托暂行管理办法》的推出，征求交易完成了从实体交易所到虚拟网络交易的转变。

第二个阶段为互联网化业务阶段。金融业在新时期的互联网化，并不是简单地把互联网作为一个渠道或者工具，把传统业务从线下服务转为线上服务，而是要以互联网为核心，依托云计算、大数据技术、移动互联网技术，重塑业务流程，创新产品和服务，比如利用大数据技术改造传统信用评估体系，在降低不良率的同时实现快速信贷；利用电子商务平台提供消费信贷，等等。

传统金融业的互联网化并不是全部发展互联网金融的过程。互联网金融发展是推动金融机构升级，实现"再中介"的过程，而不是消灭金融机构的过程。金融机构的优势在于金融服务专业能力，并且在现阶段拥有远为强大的客户基础、信誉、金融业务通道和资金实力，但技术和商业模式创新力较弱。未来互联网金融与传统金融的共生生态将是这样：互联网企业专精于新技术和新模式探索，并在模式逐步趋于成熟的过程中获得超额利润。而当该模式逐步趋于成熟时，金融机构便会依据其来改造既有业务体系。在互联网金融时代，中国银行业的未来发展或将呈现全新的图景，商业银行正迎来经营模式转型的重要战略契机。互联网金融的挑战将推动商业银行在经营理念、组织架构、管理流程、运营模式、IT架构等领域进行全面调整和深度整合，以互联网企业的思维方式和理念，融入新技术、新生活和新商业模式。中国银行业已经开始提出打造智慧银行、实施智能转型的战略主题，尝试运用先进的互联网技术，致力于建设灵活快速反应的、高度智能化的金融商业形态，敏锐洞察客户需求，创造最佳客户体验，提供随时、随地、随心的金融服务。同样，中国证券业、保险业也正在积极拥抱互联网，深入应用互联网技术，与互联网企业合作，实现优势互补。

三 中国互联网金融发展的问题

（一）互联网金融野蛮生长

互联网金融是金融创新的重要方式，也是金融服务规避管制的重要方式。近两年来，大量非金融机构企业开始通过互联网跨界进入金融领域提供金融服务，互联网金融呈现野蛮生长之势。尤其是P2P网络借贷领域，由于行业监管缺位，进入门槛低，导致行业鱼龙混杂，上千家网络借贷平台自由成长，既有宜信、人人贷、拍拍贷等优秀企业为我国P2P网络借贷的模式创新和中小微企业融资创新做出了重要贡献，也有大量不法企业或个人利用网络借贷平台进行非法集资和金融诈骗，滋生诸多不法融资行为。

（二）互联网金融监管难度大

由于互联网金融具有无边界、动态化和强大的集聚能力，因此互联网金融的野蛮生长，给当前金融监管带来巨大挑战，同时也给我国金融风险带来不可预知的不确定性。

同时，在当前我国的分业监管体制下，对于互联网平台上出现的多类金融机构和非金融机构以及多种业务交叉融合的现象，难以实施有效监管。

更为重要的是，在监管与鼓励发展之间很难找到合适的平衡点。互联网金融作为金融创新的重要内容，代表了未来金融发展的趋势之一，因此如何在鼓励其发展的同时，实施有效监管，防范金融风险是需要解决的重要难题。

（三）互联网金融法律法规缺失

金融是对契约要求很高的经济行为。互联网金融的发展需要完善的与之配套的法律、法规，尤其是与电子合同、电子签名、电子证据相关的法律法规要尽快修订、补充。

（四）个人投资者互联网金融风险意识淡薄，权益缺乏保护

由于互联网金融具有更广的参与人群，整体来看，个人投资者的互联网金融风险意识淡薄。消费者在利用互联网参与金融交易时，也同时暴露在风险之

下，往往会出现追求高投资回报而忽略风险。

而在个人投资者权益遭受侵害时，如何更好地维护自身权益，依然是难点。在过去半年中，大量 P2P 网络借贷平台发生侵害网贷投资人事件，轻者以暂停经营为由退还本金，或以流动性问题拖欠投资人本息，重者则侵占投资人账户资金，携款逃跑。除了侵害投资人财产权外，有不少平台还侵害投资人隐私权。当这些侵权行为发生时，由于网贷投资人分布地域广，涉及资金规模较小，很难得到有效的权益保护，但由于网贷平台涉及人数较多，在正常权益得不到保护的情况下，很容易引发群体事件。

（五）互联网金融信息安全堪忧

互联网是互联网金融的核心，当前互联网面临的信息安全问题，也同样存在于互联网金融当中。从宏观层面来看，互联网金融爆发式增长会对国家金融信息安全带来一定的威胁；从微观层面来看，已经有大量进入互联网金融领域的企业和个人发生了黑客袭击、数据丢失，资金被盗事件，整个行业的信息安全问题亟待解决。

四 加快发展互联网金融的政策建议

（一）在鼓励发展的原则下进行适度规制

互联网金融是互联网与金融结合的重要创新领域，具有巨大的发展潜力，从本质上来看，互联网金融是对传统金融中介功能的"再中介化"，通过其更有效率的信息功能，更低的交易成本，提高金融行业的中介效率。因此政府规制必须建立在鼓励发展的基本原则上进行适度规制。

（二）明确行业监管主体

鉴于互联网金融的发展趋势、技术特点和监管需求，在中央层级应联合央行、银监会、证监会和保监会，成立互联网金融发展协调机构，协调一行三会在监管互联网金融发展中的分工与协作，以及组织和协调地方金融办实施监管及跨地区协作。

（三） 实施动态监管

加大监管科技设备投入，对互联网金融经营主体进行动态监管，并接受社会监督，同时研究建立互联网金融风险预测和预警机制，做好互联网金融风险应急预案。

（四） 进一步完善互联网金融发展环境

一要加快互联网金融发展的相关法律法规体系建设，完善法律、法规环境，使互联网金融发展有法可依；二要加强互联网金融消费者的风险教育和权益保护，完善互联网投资和消费环境，对于互联网金融违法行为，给予严厉打击；三要进一步完善互联网基础设施，加快实施宽带战略和发展移动互联网；四是优化互联网金融企业的营商环境，支持各类互联网金融企业依法设立，合法经营。

（五） 加强互联网金融信息安全投入

一方面，加强我国互联网信息安全的基础投入和研发；另一方面，鼓励互联网信息安全企业发展，提高信息安全防范水平。

（六） 成立行业组织，推行行业自律和互助

鼓励企业成立行业组织，设立行业自律条款，引导行业规范经营，防止恶性竞争。

（七） 加快线上线下社会信用信息系统的互通共享，增强信息透明度

一方面要重视对互联网信用的记录，并纳入社会征信体系中，提高网络借贷人的违约成本；另一方面，在保护个人隐私的前提下，逐步开放共享征信信息，降低互联网融资信用成本。

参考文献

〔英〕迈尔·舍恩伯格、〔英〕库克耶：《大数据时代》，浙江人民出版社，2013。

陈敏轩、李钧：《美国 P2P 行业的发展和新监管调整》，《金融发展评论》2013 年第 3 期。

第一财经新金融研究中心：《中国 P2P 借贷服务行业白皮书》，中国经济出版社，2013。

黄海龙：《基于以电商平台为核心的互联网金融研究》，《上海金融》2013 年第 8 期。

李晓海：《阿里巴巴小额信用贷款探秘》，《中国城乡金融报》2010 年 8 月 4 日。

马云：《金融行业需要搅局者》，《人民日报》2013 年 6 月 21 日。

芮晓武主编《中国互联网金融发展报告（2013）》，社会科学文献出版社，2014。

孙浩：《金融大数据的挑战与应对》，《金融电子化》2012 年第 7 期。

陶娅娜：《互联网金融发展研究》，《金融发展评论》2013 年第 11 期。

谢平、邹传伟：《互联网金融模式研究》，《金融研究》2012 年第 12 期。

电子商务推动产业
升级的机理与对策

李勇坚[*]

摘　要： 随着我国经济进入新常态，产业转型升级将成为发展的一个重要方向。而电子商务对社会经济生活各个层面的渗透，使我国产业转型升级的路径与历史上发达国家走过的道路有着巨大的区别。本文重点研究电子商务推动产业转型升级的机理与实现路径。研究表明，电子商务将通过实现供应商与需求方之间的信息快速交互，改变产业竞争模式；电子商务为生产经营过程的全程信息化与互联网化提供了基础与支撑，对企业生产模式产生巨大的影响，从而影响到供给结构。通过需求与供给两个方面的作用，电子商务将成为产业转型升级的重要动力。

关键词： 电子商务　经济增长　产业升级　政策建议

一　电子商务在产业升级中扮演重要的角色

2013 年，按市场汇率计算，中国人均 GDP 接近 6500 美元。按世界银行标准，中国已步入中等偏上收入国家行列，已处于向高收入国家迈进的关键阶段[①]。从未

---

　*　李勇坚，中国社会科学院财经战略研究院信息服务业与电子商务研究室副主任、副研究员，研究方向为电子商务与服务业增长。

①　根据世行 2013 年提出的标准，人均 GDP 低于 1035 美元为低收入国家；人均 GDP 为 1035 ~ 4085 美元为中等偏下收入国家；人均 GDP 为 4085 ~ 12616 美元为中等偏上收入国家；人均 GDP 不低于 12616 美元为高收入国家。

来经济发展看，产业转型升级将直接影响着中国能否跨越"中等收入国家陷阱"，跻身高收入国家行列。

从产业转型升级的背景看，与其他国家经历的不同，中国的转型升级将在信息社会全面来临的背景下进行，互联网深入影响到社会经济的各个方面[①]。中国互联网信息中心（CNNIC）发布的第 34 次《中国互联网络发展状况统计报告》显示，截至 2014 年 6 月，我国网民规模达 6.32 亿，较 2013 年底增加 1442 万人；互联网普及率为 46.9%。其中手机网民达 5.27 亿，较 2013 年底增加 2699 万人，网民中使用手机上网的人群占比提升至 83.4%，手机网民规模首次超越传统 PC 网民规模（80.9%）。随着互联网对经济模式转换的影响不断加深，电子商务作为互联网影响经济生活的重要手段，为社会的生产生活提供了极大的便利，网络购物使网民能够利用碎片化时间进行多样化的采购，移动金融、移动医疗等新兴领域方便了居民生活的方方面面，推动网民生活迈向全面"网络化"。

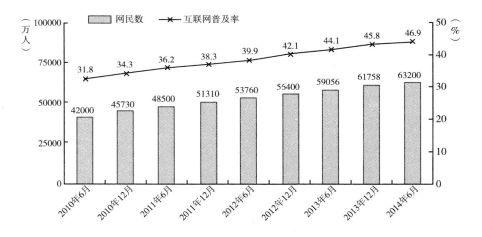

图 1　中国网民规模和互联网普及率

资料来源：CNC 中国互联网络发展状况统计调查。

---

① 麦肯锡研究院（2014）在其报告《中国的数字化转型：互联网对生产力与增长的影响》中指出，在当前，就互联网经济对 GDP 而言，中国已超过美国。考虑到互联网的发展速度和各行业的运用程度，预计 2013 年至 2025 年，互联网将帮助中国提升 GDP 增长率 0.3~1.0 个百分点。这就意味着，在这十几年中，互联网将有可能在中国 GDP 增长总量中贡献 7%~22%。到 2025 年，这相当于每年 4 万亿~14 万亿元的 GDP。

从经济发展阶段看，我国经济发展进入"新常态"，增长速度换挡期、结构调整阵痛期、前期刺激政策消化期'三期'叠加，因前期高速经济增长而被掩盖的问题与矛盾正在不断地凸显。从增长动力看，我国人口红利、开放红利等前期支撑经济增长动力削弱。截至 2014 年二季度，中国经济增速已连续八个季度在 7.4% ~7.8% 的区间窄幅波动，给产业转型升级带来外部的压力与动力。我们认为，经济发展新常态的出现，使产业转型升级的目标出现了大的变化，也就是说，产业转型升级的目标不再是保持高速的经济增长，而是保持可持续、高质量的中高速增长，提升经济整体的竞争力；这要求我们对升级转型的指标放弃单纯以一、二、三次产业在 GDP 的占比来作为主要分析依据，而是要从提升资本利用效率、提升产业技术水平、提升经济整体竞争力、满足人民群众多样化需求等视角，实现基于资本深化和低成本劳动力的投资驱动型增长向基于创新和全要素生产率提高的增长转变；产业转型升级不但体现在宏观产业结构向"三、二、一"转变，更体现为在各个产业的内部，通过技术的提升与改革的深化，获得更为持续的增长动力。其核心包括三个方面：产业运营和资源使用效率的提升、产品和服务的业务创新、向产业链高附加价值环节转移 （IDC，2014）。

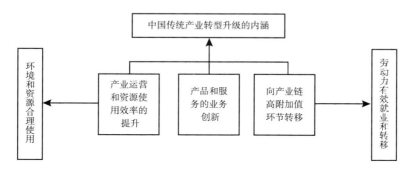

图 2　中国传统产业升级的内涵

在中国转型升级过程中，电子商务将扮演着重要的角色。从经济学视角看，电子商务是互联网影响经济的直接渠道。深入研究电子商务对产业转型升级的强大推动作用，并厘清其作用机理与路径，对我国产业转型升级具有重要的战略意义。从本质上看，电子商务的高速发展及其商业模式的不断创新，正在颠覆工业时代的一切，使电子商务不单纯是一种全新的营销渠道，而是消费市场、品牌认知、思维模式、产品设计、技术创新、生产方式的颠覆性变化，是推动需求结构与供给模式进行变革、促进产业效率不断提升的一种新模式。在广义上，天猫、京东、小米手机、菜鸟物流、余额宝等一系列基于电子商务的业态创新，对传统产业的生产模式、经营模式、创新模式等带来了巨大的影响，产业生态规则不断变革，使企业的市场竞争模式、竞争手段、竞争压力等发生了革命性的变化，从而倒逼着传统产业不断适应电子商务的创新与发展，持续进行各方面的革新。因此，电子商务将在需求与供给两个方面全面推动产业转型升级。

二 中国电子商务发展现状与趋势

（一） 电子商务发展现状

我国电子商务自上世纪末开始起步以来，获得了高速发展。以狭义的电子商务（即网络营销，包括 B2B，B2C，C2C）为例，自 2003 年来，我国电子商务交易额年复合增长率达到 120%（麦肯锡，2013），其增长速度远远超过了 GDP；而且，不但与居民生活相关的网络营销获得了快速发展，电子商务更是渗透了社会生产生活的方方面面，如互联网金融、互联网创意、数字化健康管理等。

截止到 2013 年底，中国电子商务市场交易规模达 10.2 万亿元，同比增长 29.9%，占 GDP 的比重超过 18%。其中，B2B 电子商务市场交易额达 8.2 万亿元，同比增长 31.2%。网络零售市场交易规模达 18851 亿元，同比增长 42.8%。中国网购的用户规模达 3.12 亿人，同比增长 26.3%，而 2012 年用户规模为 2.47 亿人。

中国网络零售市场的增长已超越了诸多发达国家。2013 年，中国网络零售占全年社会消费品零售总额的比重达到 7.93%，该比重已超过电子商务发达的美国的 5.8%；从网络零售总额看，网络零售规模在 2010 年超过英国，跃居全球第三，2011 年超过日本跃居全球第二，2013 年与美国的差距缩小到百亿美元，预计到 2014 年将超过美国，成为世界第一大网络零售市场。2013 年 11 月 11 日"光棍节"当天，线上购物平台仅淘宝和天猫的销售额就超过了 362 亿元人民币（约合 60 亿美元），占我国日均社会消费品零售总额的 56%。

除了网络交易之外，电子支付等相关产业高速发展。据统计 2013 年支付机构累计发生互联网支付业务 153.38 亿笔，金额 9.22 万亿元，同比分别增长 56.06% 和 48.57%。其中，仅支付宝交易笔数达到 125 亿笔，接近同期全国银行卡刷卡消费（129.71 亿笔）。

在电子商务高速发展的同时，电子商务相关服务业发展迅速。据统计，截止到 2013 年底，国内 B2C、C2C 与其他电商模式企业数已达 29303 家，较 2012 年增幅达 17.8%，预计 2014 年将超过 34000 家。而 B2B 电子商务服务企业达 12000 家，同比增长 5.7%。电子商务服务企业直接从业人员超过 235 万人。目前由电子商务间接带动的就业人数，已超过 1680 万人。

（二）电子商务发展趋势

从未来发展趋势看，我国电子商务仍保持较快的增长速度。

第一，电子支付以及手机端应用将获得极快增速。以 2014 年 1~6 月的数据为例，支付应用在整体层面及手机端成为增长最快的电子商务应用。手机支付用户规模半年增长率达 63.4%，使用率由 2013 年底的 25.1% 增至 38.9%。移动网上支付与消费者生活的紧密结合催生了众多应用场景和数据服务功能，也带动了手机端商务应用的迅速发展。相比 2013 年底，手机购物、手机团购和手机旅行预订的用户规模增长率分别达到了 42.0%、25.5% 和 65.4%。随着移动网络的不断发展（如 4G 全面投入运营），预计移动电子商务及支付业务将保持高速增长。

第二，电子支付的发展将支持互联网金融的快速发展。以互联网理财产品为例，2013 年推出的余额宝，截至 2014 年 6 月 30 日，余额宝规模 5741.6 亿元，居国内最大、全球第 4 大货币基金。用户突破 1 亿人，客单量（人均持有金额）5030 元。用户渗透率超过 15%。而基于大数据等相关技术，将使面向中小企业的互惠金融获得快速发展。据阿里巴巴小微金服集团（筹）发布的《基于互联网的普惠金融实践》报告显示，截至 2013 年末，阿里小贷累计服务客户 64.2 万家，累计放款金额 1722 亿元，每笔贷款不足 4 万元，坏账率在 1% 左右，体现了真正的普惠金融特征。而利用大数据、云计算等先进技术，可实现低成本、批量化处理贷款需求，每笔贷款处理成本仅为 2~3 元，远低于商业银行的平均水平。

第三，电子商务交易额将保持较快的增长趋势。从未来发展趋势看，中国电子商务仍将保持较高的增长速度，但将低于 2003~2013 年的增长速度。以网络零售为例,各个机构预测 2014～2020 年,我国电子商务仍将保持 20%～30% 的增长速度①。我们认为,2014～2020 年间,中国电子商务零售额按照年 25% 的速度增长,到 2020 年,电子商务零售额将达到 78708 亿元(李勇坚,2014)。

三 电子商务推动产业转型升级的途径: 需求模式的变更

电子商务通过低成本的高效信息传递,实现供应商与消费者之间快速有效的信息交互,使需求模式产生颠覆性的变革,从而对产业转型升级产生巨大的影响。

(一) 电子商务将改变企业之间的竞争模式,促进产业转型升级

工业化时代本质上是供应端主导的。厂商设计制造产品,并由渠道商销售给消费者。虽然进行所谓的市场调查,也只是营销的一种手段。这导致了供应商与消费者之间的严重信息不对称。我国企业倾向于将供应商与消费者之间的信息不对称予以放大,并获得短期的巨额利润,因此,热衷于广告竞争、概念竞争、营销竞争、渠道竞争。这也是中国企业缺乏核心竞争力、研发创新能力不强的重要原因,并导致中国企业长期在国际产业低端徘徊。

电子商务的兴起,使消费者对产品的信息获得更为容易,也更为全面,供应商与消费者之间的信息不对称得到了极大的消除。这倒逼企业必须不断地适应与挖掘客户需求,在研究与开发方面投入更多,创造出更符合用户的产品。同时,由于消费者转换成本降低,使企业必须不断提升成本控制能力、品质控制能力、综合管理能力等。

以小米为例,依托于其高性价比的产品,在 2013 年全年销售小米手机 1870 万台,增长 160%,含税销售额 316 亿元,增长 150%;而 2014 年米粉节,小米官网共接受订单 226 万单,售出 130 万部手机,销售额超过 15 亿元,配件销售额超 1 亿元。

---

① IDC(2014)预计到 2017 年中国网络零售市场交易规模将达到 39847.4 亿元,2012～2017 年的复合增长率为 24.8%,远高于全球市场的 16.7% 和美国市场的 9.2%。阿里研究院(2014)认为,保守估计,中国网络零售规模在 2020 年将超过 10 万亿元,在社会消费品零售总额中的占比将超过 16%。

（二）电子商务实现消费者主权，倒逼产业转型升级

电子商务的出现，使消费者购物成为一种极为便利的事情。由于搜寻成本的降低，使差异化产品成为日用品，因此，电子商务发展，将交易赋权（empowerment）于个人，提高了人们控制交易的能力（爱德华·J.迪克，2006，P4）。电子商务对消费者主权的推动，推动整个产业生态规则的变化，并使产业升级不断发生。正如 IDC（2014）所指出，电子商务所带来的产业革命本质上是消费者利用互联网技术实现自身消费权力最大化的过程。

社会学研究表明，当一个社会的人均收入在 1000~3000 美元①时，这个社会便处在由传统社会向现代社会转型的过渡期，而这个过渡期的一个基本特征就是社会的"碎片化"②。碎片化的一个重要方面就是时间的碎片化。这种碎片化使消费者难以通过去消费现场的模式进行大规模的商品搜寻以及花费时间去进行自身的维权，因此，消费者主权虽然在法律上不断完备，但在实践中，仍受到较多的限制。

而电子商务的发展，使消费者能够利用碎片化的时间进行商品搜寻，并通过电子商务获得其他客户关于商品的评价，这令消费者通过自力救济的方式，获得更多的消费者主权。因此，企业无法利用其强势地位忽略消费者的诉求。

消费者主权的实现，使企业必须通过持续的科技研发、精细化的产品设计、完善的售后服务，获得消费者对产品与服务的认可。在信息接近于透明的环境，消费者将不但关注于产品与服务本身，而且对产品与服务背后的环境因素、资源因素、人文关怀、社会责任等更为关注，这也迫使企业战略全方位进行变革。企业战略的变更，将带来产业生态规则的变化，产业发展的主导力量将发生根本性的变化。这一情况，将为产业升级转型带来了巨大的动力与压力。

以淘宝交易平台为例，成千上万、种类繁多的商品集中在这个平台上，大大降低了消费者的信息成本和搜寻成本；在这样一个充分竞争、明码标价的市场中，消费者与供应商之间的信息不对称明显减少，消费者的议价能力大幅度增加；对消费者而言，信用评价体系的建立使供应商必须高度重视消费者的需

---

① 相当于 2013 年美元 3100~9300 美元。
② 所谓"碎片化"，英文为 fragmentation，原意为完整的东西破碎成诸多零块，在 20 世纪 80 年代末常常见于"后现代主义"研究文献中。

求，不断开发出符合消费者需求的产品。在这种大环境下，持续的创新能力、不断提升的低成本化能力、降低资源环境消耗、提升企业社会责任、良好的消费者关系管理能力等，都成为企业发展战略，这将从微观层面推动产业整体转型。

（三）推动流通产业转型，提升产业效率

改革开放以来，流通产业作为我国市场化较高的产业，在 30 多年间，将发达国家几百年发展起来的各种业态不断引入我国。但是，整体上看，我国流通产业仍处于较低的水平。例如，2012 年，美国 1 元的批发零售业增加值所支撑完成的最终居民消费值是 6.04 元，其交易效率是中国的 1.56 倍（阿里研究院，2014）[①]。

从流通产业发展看，由于城市化的快速推进、生产规模的不断扩张、居民消费需求的高速增长，对流通产业的需求旺盛，导致流通渠道相对稀缺、供应商缺乏品牌影响力。在这种背景下，我国的流通模式在很大程度上仍然是一种短期营运资金支撑下的简单规模增长的循环模式[②]，在市场竞争下，这种模式已演变为场地出租模式，即类房东模式，零售企业的营业利润其实主要来源于供应商的费用支持（销售毛利率仅能和营运费用相抵）（普华永道，2010）。这种模式表面上使流通终端压低了进货费用并降低了运营风险，但是，其核心是把主要的经营风险转移给上游的商品供应商，导致整个流通过程费用极高[③]，推高物价。尽管中国劳动力成本便宜，生产了遍及全球的物美价廉的商品。但是，由于流通成本高，中国很多商品（包括原产自中国的商品），其销售价格已远远高于美国等发达国家[④]。批发零售企业并没有完全发挥其规模化采购与运营的

---

① 如果考虑到批发零售业属于劳动密集型产业，而中美之间存在着的巨大工资差异，中美之间流通产业的效率实际差异将更大。

② 中国流通产业的这种增长模式来源于家乐福的通道费模式，其核心是以向供应商收费作为主要盈利来源，以拖欠供应商货款为主要融资来源（即通道费营利模式与供应商欠款融资模式）。

③ 综合有关报道及研究，可以发现，这种模式至少在以下几个方面推高了流通成本：零售终端拖延货款，导致上游企业的财务费用增加；延期结算也迫使制造企业增加坏账准备；品牌单独促销的模式也增加了供应商的卖场成本；销售量的不可预期性，使得仓储成本等大幅度增加；生产的不稳定性，使供应商运营成本增加等。

④ 参见《中美物价对比 美国 50 元皮鞋中国卖 1500》，http：//finance. qq. com/a/20111104/006527. htm。以及其他相关报道。

成本优势，造就了流通产业对终端销售价格、稳定的供应渠道、产品质量等方面的控制力下降，极大地损害了流通业的长期成长能力。

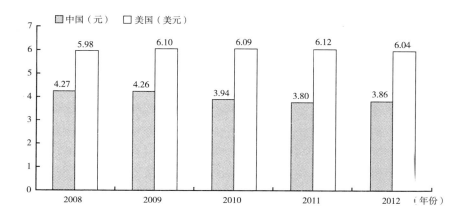

图 3　中美批发零售业效率对比

资料来源：阿里研究院，2014。

　　电子商务的不断演进，将促进流通产业升级转型，将重新构筑产业转型的基础。从本质上看，电子商务使时空变得不再重要（OECD，2000）。通过网络，可以将地理上分散的企业组织连接在一起，从单纯的地理空间进入地理空间与虚拟空间复合叠加的一个新空间。在这个新空间，信息流和资金流通过互联网可以畅通无阻地流动，对传统商业媒介会产生脱媒（"disintermediation"）效应（OECD，2000），极大地拓展了商业空间和交易效率。麦肯锡的研究表明，电子商务可以提升零售业 14% 的生产率（麦肯锡，2013）。

　　首先，电子商务将改善落后地区的流通渠道。网络经济是没有时空、地域限制的生产者和消费者直接联系的经济，即社会化了的直接经济。电子商务的出现，使距离不再重要，即距离的消失（"death of distance"，OECD：2000）。这种距离的消失，将使落后地区的流通渠道得到更为明显的改善。有研究指出，中国中西部的商业基础设施明显发展不足，西部人均收入只比东部差 1 倍左右，但其商业基础设施比东部差 2~3 倍（阿里研究院，2014）。

　　其次，丰富消费者与供应商的渠道选择空间。在传统的商业模式下，受到物理空间的限制，消费者与供应商对流通渠道的选择非常有限。

　　电子商务平台的出现很好地改善了实体流通渠道资源分配不均衡的问题，

以淘宝平台的交易数据为例，绝大部分的交易都是跨省交易，从 2011 年的 79% 提升到了 2012 年的 82%，而 2012 年县城及农村地区的网络消费同比增长 121%。

四　电子商务对供应端的推动：以数据为导向的深度转型

（一）从 B2C 到 C2X：对产业转型升级的持续推动

在电子商务 1.0 时代[①]，电子商务作为一种全新的营销渠道，不但相对于传统营销渠道具有较大的成本优势[②]，而且，由于能够通过网络聚合小众长尾需求市场，扩大企业的需求，促进企业销售不断增长。这是一种典型的 B2C 模式[③]。但是，随着市场的不断扩张，平台上汇集的商家越来越多，电子商务商家获得海量用户资源的成本越来越高。因此，以消费者为中心，发挥电子商务特点，不断进行业务创新，将是电子商务持续推动产业升级的重要动力与模式。

从电子商务发展趋势看，其对产业转型升级推动的一个重要方向就是 C2B（由客户到企业）。C2B 是一种通过大规模定制满足消费者个性化需求的新商业模式。在工业化时代，以低成本、高效率为追求的大规模标准化生产，建立了一个大规模的分销系统，这个系统中，生产者与消费者的距离遥远，产品主要是满足一般性的需求，个性化的需求很难满足。C2B 则利用电子商务庞大的数据基础，完全立足于用户需求，满足于用户的个性化需要。这种模式大大缩小生产者与消费者的距离，实现个性化消费和柔性化生产的有效对接，尽可能地释放市场消费能力。

---

①　我们将电子商务 1.0 时代定义为将电子商务作为一种新型的营销渠道的时代，而电子商务 2.0 时代定义为将电子商务作为一个消费者互动与数据化驱动时代。电子商务 3.0 时代定义为在消费互联网向产业互联网推进过程，将消费者全程导入产品与服务的设计、制造、营销、售后服务的全过程中。而将消费者导入这个过程的重要工具，就是产业互联网。

②　当然，也有人认为电子商务相对于传统渠道，并不具有成本优势。国内知名的鞋类 B2C 电子商务网站乐淘网 CEO 毕胜曾指出，电子商务比传统渠道更消耗成本。我们认为，如果考虑到电子商务的规模效应，其成本优势还是非常明显的。

③　从本质上看，淘宝虽然号称是做 C2C，但是，淘宝上的买家职业化特征非常明显，已演进为一个 B2C 平台。"产消双方"在交易过程中存在空间障碍、时间障碍、金融支付障碍和沟通障碍等导致交易成本很高，因此消费者和生产企业退而求其次，以牺牲个性化交换工业化生产的低成本，这就是以生产企业为中心、少品种大批量的 B2C 模式。

　　以消费者为中心、消费者参与设计与生产、消费者主导等属于 C2B 的特征，但这些特征不是 C2B 区别于其他模式的关键因素。真正的 C2B 的核心含义就是其名称所提示的，即从消费者（consume）开始，再到商家（business）。具体而言，C2B 模式就是利用互联网庞大的信息汇聚能力，集合消费者的需求，为消费者量身定制产品和价格，并让消费者主动参与产品设计、定价，甚至营销①。例如，2013 年 8 月，阿里巴巴和海尔公司举行了家电定制活动。通过 C2B，海尔甚至可以生产只有十几个用户喜欢的产品，消费者的个性需求得到了充分满足。海尔通过 C2B 模式，实现了从现货到期货的零库存供应链升级。

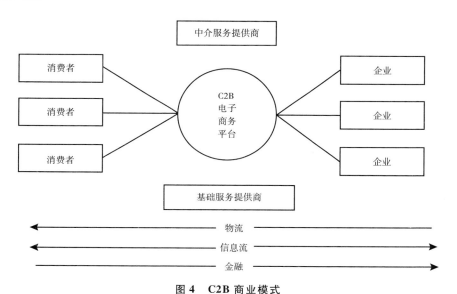

图 4　C2B 商业模式

　　从上面的分析可以看出，C2B 模式并不是简单一种定制化生产方式，而是一种利用电子商务形式，将现代柔性生产技术、信息化管理手段、高效供应链、敏捷设计等多种经营模式进行深度整合的新型商业模式，这种模式将从社会整体生产方面推动从工业化时代的大规模标准化生产向信息化时代的个性化、柔性化、多样化生产转型，将加快传统产业转型升级的步伐。通过小米手机与诺基亚手机商业模式的比较（图 5、图 6），可以看出，传统模式中，消

---

　　①　例如，消费者利用微信等自媒体进行小范围的营销。

费者与供应商之间冗长的链条、供应商完全主导的封闭研发体系、巨大的产品库存，是诺基亚最终失败的重要原因。而小米手机基于 C2B 的商业模式，正是其成功的重要商业基因。

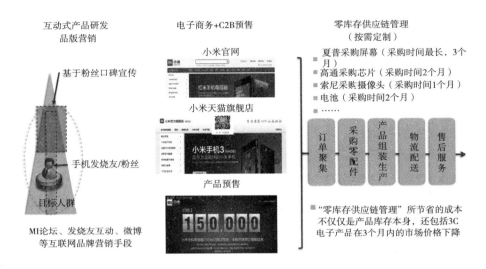

图 5　小米手机的商业模式

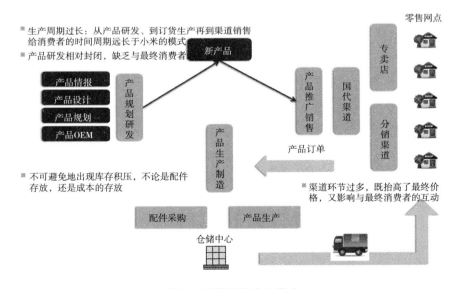

图 6　诺基亚的商业模式

在 C2B 模式大规模发展的情况下，甚至会对传统的政府调节理论产生巨大的影响。在传统的市场机制中，由于供应与需求双方的能力不匹配，产生周期性生产过剩与生产不足，是各个产业乃至整体经济周期性波动的根本性原因。而 C2B 实现了供求的高度契合，将改变产品的销售周期与生命周期，并缩小经济周期波动。

从未来发展看，C2B 并不是电子商务的终极模式，以消费者为中心的各种商业模式创新层出不穷，因此，我们可以称之为 C2X。具体的模式包括以下几种。

C2B2C（消费者到商家再到消费者），即由消费者参与产品的创意、设计、价格制订等，商家制造产品，并配送到消费者手中。

C2M2C（消费者到厂商再到消费者），即由消费者参与产品的创意、设计、价格制订等，再由其采取众筹①等模式委托厂商代工生产，再配送到消费者手中。

（二）微观推动：以数据为导向的业务优化

产业转型升级不是单纯的技术进步，而是依托消费者需求，整合各个方面资源的一个系统工程。电子商务立足于消费者需求，以数据为导向，将成为整合各个方面资源促进产业转型升级的重要手段。可以预期，电子商务将在产业层面使社会化协作大生产成为新的产业规范（IDC，2014）。

在微观方面，电子商务应用以数据为中心，将企业的各个环节信息化，实现电子商务与企业内部信息系统的高度集成，使管理机构轻型化网络化、管理组织柔性化。因此，电子商务改变了企业的运营模式、重新定义了后台运营，如产品设计研发、采购、生产、储存、售后服务，甚至市场营销（UN，2002）。电子商务还对企业外部合作（包括企业、战略联盟、扩展企业、生产

---

① 众筹（即面向大众筹资，译自 Crowd Funding）是指中小微企业家、艺术家和个人利用互联网和社交网络，向公众展示他们的公司、创意或项目，争取公众的关注与支持，进而获得所需要的资金完成融资目标。众筹作为互联网金融三大模式之一，颠覆了传统投资模式，有着面向庞大网上个人用户筹集较小数额资金的特点，现阶段主要通过众筹平台来实现。众筹模式降低了创业者的门槛、缓解了中小企业融资成本高、筹集资金难的问题；同时使普通的投资者也能参与到投资活动之中，在大数据的环境下，投资者还可以同时比较多个项目的风险和收益，选择一个或多个优质项目，实现跨地区跨产业投资。在 C2M2C 的模式中，众筹解决了制造环节的资金问题。而前期消费者参与的设计环节，以及商业模式本身不存在营销问题，使这种模式更具有意义。

外包、服务外包）模式带来了影响，使企业生产率快速提升。

当以数据为导向的业务优化扩展到产业领域之后，企业将利用电商丰富的数据资源，实现运营体系的优化和产业上下游之间的协同合作。电子商务将成为一种新型资源优化配置平台，将在更大范围内调动社会各方资源助力传统产业的转型升级。例如，利用电子商务平台，可以集聚设计研发能力（如创客网站）、生产能力（如淘工厂）、营销能力（如微信营销）等，将研发、制造、营销等环节的资源进行整合，最终实现资源优化组合，提升产业竞争能力。

当微观层面的创新不断扩散时，产业技术创新加速，整体效率不断提升，将推动产业持续升级转型，并带来巨大的经济效益（见表1）。

表1　电子商务带来1%效率提升所带来的效益

行业	环节	节省类型	未来15年预计节省支出（10亿美元）
航　空	商用航运	1%燃料支出	30
电　力	燃气发电	1%燃料支出	66
医疗保健	系统流程	系统效率增长1%	63
铁　路	运输	系统效率增长1%	27
油　气	勘探与开发	1%资本支出	90

资料来源：GE研究报告。

（三）消费者导向的智能制造平台：电子商务支撑产业转型的载体

自2013年开始，中国的制造业增加值就已超过了美国，成为世界第一大制造业大国。但是，从制造业的竞争力来看，以出口加工为核心，以高资源消耗、低附加值为特征，依托于廉价劳动力的中国制造业，在未来的发展过程中将面临越来越多的挑战。尤其是当前国际经济形势尚不稳定的情况下，订单不足、低端领域竞争激烈、研发能力短板等，将进一步制约中国制造业的转型升级。

依托电子商务提供的消费者个性化需求信息，将为构建智能制造平台建立需求基础。而智能制造，将成为制造业升级的重要方向。在电子商务深入发展的背景下，满足消费者个性化需求将成为企业竞争的利器。个性化需求对制造业提出了更高的要求，倒逼制造业以智能化生产设备，实现柔性化生产。同时，电子商务还能通过整个产业过程的信息化，提升装备的联网能力。电子商务通过消费者的信息反馈，将实现对生产装备的实时调整。

在装备智能化、联网化的趋势之下，智能制造平台将不断推进，从而使制造业的水平不断提升，推动产业持续转型。而在电子商务的推动下，将有助于中国传统制造业通过挖掘国内需求，形成产业闭环。中国传统制造业附属于国际跨国巨头产业全球布局，大多处在其全球产业链的某一环节，在大部分制造业领域，中国企业擅长的是生产领域，其对研发、营销等高附加值环节参与很少。而通过电子商务平台，则可以让本土企业与消费者共同成长，并在国内形成从研发到生产再到营销与物流等完整的产业链，并通过适应消费者的需求，推动产业链不断向高端攀升。

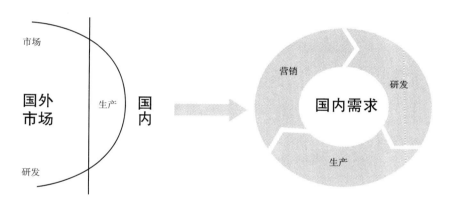

图7　电子商务推动中国传统制造业升级：从开环到闭环

（四）从消费互联网到产业互联网：电子商务对产业转型升级的深度影响

正如麦肯锡研究院（2014）所指出的，到目前为止，中国的互联网发展仍然是消费者导向的，而非产业导向的。而电子商务的进化，将促使消费互联网向产业互联网转型，这是电子商务推动产业转型升级的深层动力。

产业互联网区别于消费互联网，泛指以生产者为用户，以生产活动为应用场景的互联网应用。体现在互联网对各产业的生产、交易、融资、流通等各个环节的改造。产业互联网化体现为互联网的技术、商业模式、组织方法将成为各个行业的标准配置。一方面，电子商务为产业互联网化提供最为基础的消费者需求数据，另一方面，产业互联网将生产场景数字化、互联网化，也将极大地推动电子商务向纵深发展。而产业互联网与电子商务的深度融合，将使消费者与产业的距离进一步拉近，在产业层次上，以消费者为导向的技术创新、业态创新、模式创新将层出不穷，在企业层次上，企业将在极速增长的数据处理能力支撑下，通过产业互联网化，不断地实现虚拟化。

在产业创新化、企业虚拟化的支撑之下，产业互联网将为产业升级转型打开新的思路，带来新的方向与模式。

（五）电子商务的大数据应用：互联网金融对产业转型的资金支持

融资难是产业升级转型面临的最大问题。融资问题在本质上是一个信息不对称的问题，也就是资金所有者与资金需求者之间的信息不对称，因此，资金供应者无法获得足够的信息，来甄别资金需求者所提供的信息。信息不对称使得银行采取设计抵押品和利率的传统信贷模式放贷。而这种信贷配给的模式，对产业转型升级是非常不利的，因为转型升级过程中，充满了风险与不确定。

电子商务能够通过交易的透明化，进一步延伸到企业经营过程的信息化，为融资提供充分的资金，从而解决转型升级的融资难问题。赵岳、谭之博（2012）的研究表明，引入电子商务平台后，其在增大企业违约成本、采集企业信息、实现风险共担等方面的优势可以在一定条件下帮助企业展示自己的信用类型。即使在没有抵押品的情况下，传统模式中受到信贷约束的低风险中小企业在新模式中也可以获得银行贷款。他们提出，如果能把企业长期积累的信用资本转化为一种企业看重的资产，中小企业抵押品不足的问题即可得到很大程度的缓解。因此，借助电子商务平台，通过银行与电商合作，创新信贷模式，将在根本上解决转型升级过程中的融资难问题。这一发展方向，已有银行与电子商务平台进行尝试。例如，2012年11月27日，京东便与中国银行合作，推出了"供应链金融服务"。在这一过程中，京东扮演的是一个类似于中介的角色：供应商凭借其在京东的订单、入库单等向京东提出融资申请，核准后递交银行，再由银行给予放款。

电子商务还为金融本身的创新提供充足的资源，如互联网金融。互联网金融在本质上是金融的电子商务化。利用电子商务产生的海量数据，运用大数据技术，可以不断地进行金融创新，从而为产业转型升级提供更多样化的资金支持。一方面传统的金融业务更为丰富化。例如，2014 年 6 月 12 日，兴业银行与百度签署战略合作协议，在互联网金融创新、大数据、金融产品营销等方面合作。同时，在互联网的带动之下，各种新的融资模式不断兴起。以众筹为例，2009 年，美国众筹网站 kickstarter 创建之后，众筹在全球范围内兴起。据世界银行发布的《发展中国家众筹发展潜力报告》显示，截止到 2013 年 10 月，众筹模式已经在全球 45 个国家成为数十亿美元的产业。全球众筹网站中成功融资项目个数突破 100 万，总金额突破 51 亿美元。预计到 2025 年，中国众筹规模将达 460 亿～500 亿美元，将占到发展中国家众筹规模的一半左右。而源于国外的 P2P（点对点融资），也在中国获得了长足的发展空间。据测算，2013 年整个 P2P 行业线上平台的交易额在 1100 亿元左右，线下的交易额在 700 亿～800 亿元左右，较 2012 年有着 700% 以上的增幅。预计在未来几年中，通过对行业的整顿与规范，P2P 仍将保持 300% 的增长速度。

可见，这些借助于电子商务技术或数据的新兴金融手段，为产业转型提供了更多的金融支持，而金融是所有产业发展和效率提升的助推器。

（六）电子商务为中小企业创新创业带来新动力

产业转型升级不但是大企业的使命，而且，需要大批中小企业的成长予以支撑。建立良好的企业规模结构，保持一个具有活力的中小企业群体，是保证经济长期持续增长的基础。在我们提到的结构调整中，对产业结构调整提得比较多，而对企业规模结构调整讲得比较少，这是一个误区。

电子商务平台对促进中小企业发展具有显著的作用。通过电子商务平台，中小企业能够通过网络获取原本大企业才能获取的信息和资源，能够接触跟大企业同样的客户群体，促进其扩大业务范围，进入全球市场。Sherah Kurnia and Fei Peng（2008）指出，电子商务促进了弹性生产，有利于缩小信息鸿沟。电子商务的这种特性，使创新创业的成本与难度持续降低，大量的创意、设计、创新成果能够更加快捷地进入实际领域，为生产力的持续提升发挥作用。通过电子商务平台，一个好的创意设计产品，能够以众筹的模式获得资金，并借助网络平台进行大规模销售，并且，通过 B2B 等平台，迅速扩大生产能力，使企业能够更快地成长。这种模式，通过中小企业的快速成长，为产业升级转型打下坚实的基础。

电子商务有利于企业切入国际市场。电子商务的出现，使距离不再重要，即距离的消失（"death of distance"，OECD：2000）。这种距离的消失，使国际贸易越来越简单。传统的国际贸易方式非常的复杂，需要交易双方不断进行谈判，反复进行交流方可达成一致，而且贸易活动的地理位置等客观因素也会受到限制。在网络经济时代，基于网络基础上的电子商务的诞生，为国际贸易的发展创造了更多便捷的条件，也使国际贸易日趋呈现出网络化的趋势。

电子商务对我国中小企业参与国际市场起到了巨大的促进作用。来自电子商务平台的数据显示，十年间我国进出口规模增长超6倍；而由于借助电子商务，国内外贸中小企业在过去十年实现了百倍的增长。来自国外的实证研究也证实了电子商务对国际贸易的促进作用。Joseph Johnson（2013）使用互联网接入数据（表示电子商务）作为外生变量，利用1998～2011年的季度数据进行的实证研究表明，电子商务应用有利于对外贸易的快速增长。

（七）电子商务促进低碳经济发展

从目前的经济发展模式看，中国的经济增长仍建立在高资源消耗基础上。近年来，中国消耗了全球一半的水泥，接近1/2的煤炭，1/3的钢铁，1/4的铝。而且，这些资源还大量依赖于国外进口，2013年全年中国累计进口原油2.82亿吨，原油进口依存度已超过50%。因此，降低资源消耗，选择绿色发展道路，是中国产业转型升级的一个重要方向。

电子商务对降低资源消耗有着重要意义与作用。直观地看，电子商务通过网络的交易形式，在进行商务活动时，销售方不需要建立实体店铺和商场，只需要简单的网络终端设备，因而也就消除了实体店铺在经营过程中对社会能源，尤其是电能的消耗[①]，从而对降低资源消耗做出了巨大贡献（于帅，2011）。电子商务还可以通过售前售后环节来减少能源消耗。根据计算，通过互联网每完成一次网购所产生的二氧化碳约为0.2克，主要由电能消耗所产生。印刷一份纸张所产生的二氧化碳是进行信息检索产生二氧化碳的800倍，而且还浪费了树木资源。电子商务还在支付结算、交通等各个方面节省了资源消耗。中国社会科学院中国循环经济与环境评估预测研究中心的研究显示，

---

① 传统的商贸企业（商场）属于高碳排放领域。一平方的卖场，每年因空调、照明等消耗的电力高达200度。

"网络零售能耗"相当于每亿元交易额减少393吨标准煤，按2013年网络零售交易总额1.85万亿元计算，仅零售环节，就相当于减少了727万吨标准煤能耗。

更为重要的是，电子商务还能够通过减少商品积压，从而达到实现降低消耗的目的。以服装为例，我国每年服装消费约为1.7万亿元，而产品库存积压达到了5000亿元以上。如果通过电子商务的定制化生产、预售等多种模式，减少这部分积压，则有利于减少资源的消耗。如果考虑到电子商务在产品设计、生产信息化等方面的作用，则电子商务对降低资源消耗的作用更大。

五 电子商务促进农业产业转型升级

农村农业问题是我国产业转型升级的一个核心问题。农产品价格的周期性波动、质量安全等问题，都成为农业产业转型升级的硬伤。这是因为农产品与工业品不同，其供给区域性特点十分明显：部分产品只能在特定区域才能生产或者保证品质和质量，但是其需求则是全国性的。如果产品供需得不到有效对接，则容易出现市场和价格大幅波动的情况，打击农民的生产积极性。电子商务为解决农业升级问题提供了一个新的思路。

电子商务平台的出现，能够更好地实现农产品的产销对接，使订单农业落到实处，并减小农产品的价格波动。近几年，网上销售农产品的势头发展迅猛。2010～2013年，淘宝平台的农产品交易额从37.35亿元上升至420亿元，三年间增长了10倍多，2013年阿里平台上经营农产品的卖家数量为39.40万个。其中淘宝网（含天猫）卖家为37.79万个，B2B平台上商户约为1.6万个。预计未来几年中，网上农产品销售仍将保持100%的增长速度。同时，各大电子商务平台开始出现了以地方特色农产品专卖为特征的地方馆，为农产品电子商务平台寻找了一条新的出路。以淘宝为例，截至2014年5月，淘宝网特色中国已正式开通省级、地市级和县级各级地方馆34个，其中，内地开通的地方馆是33个。另有几十个地方已经向淘宝特色中国团队正式提交了申办材料，排队等待开通。

电子商务平台也极大缩小了农村与发达地区在消费及创业方面的发展距离。Prasenjit Nath（2013）指出，在印度，57%的电子商务售卖来源于小城镇，其余部分来源于八个都市区。他据此提出，电子商务最重要的一个好处是其具有帮助发展中农村社区"蛙跳"进入知识范式的潜力。针对一些特定地区的实证研究表明，电子商务增加了小微企业（Micro and Small Enterprises，MSE）的竞争力。在中国，借助电子商务平台，农村开始出现了大量以电子商务网店为特色的创业基地。据阿里研究中心统计，截止到 2013 年 11 月 30 日，淘宝网（含天猫）上正常经营的注册地在农村（含县）的网店数为 203.9 万家，比 2012 年底增长了 24.9%，其中注册地在村镇级的为 105 万家，比 2012 年底增长 76.3%，净增了 46 万家农村网店。农村网店为农民创业提供了新的出路，并带动了物流等相关产业的增长①。在一些地区，出现了电子商务网店集聚于农村地区的现象，这就是"淘宝村"现象②。截止到 2013 年底，国内已经发现的淘宝村数量增加到 20 个，涵盖网店 1.5 万个，带来直接就业岗位 6 万个，并且带来了物流快递、包装等服务业的大量间接就业岗位。

六 加快发展电子商务的政策建议

在我国经济进入新常态之后，不仅表现为经济增速的放缓，更表现为增长动力的转换、经济结构的再平衡，复杂的系统转型意味着产业升级转型成为未来经济发展的新主题。电子商务对我国经济转型升级的意义不仅意味着运用一种全新的营销渠道，更意味着以数字化为基础的产业全面信息化与互联网化。这与电子商务初期的作用发生了巨大的差异。在电子商务发展初期，由于其规模很小、商业模式尚不成熟，其核心是发挥其对海量客流的集聚作用，使初期使用者获得渠道红利。在这一阶段，电子商务对转型升级的作用在于为新产品提供一种新的营销渠道。当电子商务不断进化，渗透社会经济生活的各个方面，则其将从需求与供给两个方面全面改造经济结构，为转型升级提供了有力的支撑。正如本文所分析的，电子商务将全面渗透经济转型升级的每一个环节。为了将电子商务对产业升级转型的作用发挥得更为全面，在政策层面应采取有力措施，确保电子商务快速健康发展。

---

① 2013 年在淘宝网（含天猫）平台上，从县域发出的包裹约 14 亿件，增长 133.83%；发往县域的包裹约 18 亿件，增长 105.68%；同样，2013 年农产品的包裹数量达到 1.26 亿件，增长 106.16%。

② 按照阿里巴巴的定义，网商数量达到当地家庭户数 10% 以上，年电子商务交易规模超过 1000 万元的村庄才能被叫作"淘宝村"。

1. 积极鼓励电子商务业态创新与商业模式创新

电子商务的创新，大部分表现为业态创新与商业模式创新，这种创新很多是综合性与集成性的，不但需要相关的前期技术基础，也需要在思路、模式设计、创意等诸多方面进行创新。由于商业模式创新与业态创新大多表现为"软创新"，缺乏具体的产品载体，因此，在创新成果出来之后，难于得到知识产权保护。在另一方面，电子商务的业态创新与商业模式创新的模仿成本非常低，这会导致率先从事创新的企业，反而面临着更多的问题。例如，团购、O2O（线上线下联动）等商业模式创新，创新者早已无法在市场上生存了。

2. 对电子商务垄断问题进行深入研究，并出台相应的管制政策

我国的反垄断政策主要集中于实体经济领域。而从电子商务发展看，大型的电子商务平台企业与互联网领头企业，依托庞大的用户基础，已形成了电子商务领域的新型垄断势力。这些大型平台企业，事实上已形成了以其垄断势力为基础的虚拟领域的新的商业地产供给者领导地位。这一事实，不但给中小企业进入电子商务领域带来了巨额的成本，并导致大部分企业面临着亏损的风险①。从另一方面看，大型电子商务平台与互联网领先企业，他们依托着巨大的用户优势，在对业态创新与商业模式创新的模仿方面，有着创新企业无法企及的优势。一个业态创新刚出现，一旦领先企业界入，则创新企业就面临着巨大的经营风险，业内中小企业的生存环境将弱化。以团购为例，截至 2013 年12 月底仍正常运营的团购网站共 213 家，仅相当于团购网站数量峰值（2011年 6 月，5058 家）的 1/25。即使在 2013 年内，也有超过 700 家团购网站消失，缩水近 8 成（据年初统计，当时处于正常运营的团购网站数量为 943家）。而即使团购行业领先的大众点评，也已被腾讯收购，美团网也被阿里巴巴收购。从未来发展看，如何出台审慎监管政策，对电子商务领域的垄断问题进行规制，是需要在政策上重点着力的。

3. 创新电子商务的税收政策

电子商务税收问题是一个影响电子商务未来发展的重要问题。一方面电子商务由于交易数据透明化，使征税更为容易；另一方面，如果按照现有的税收

---

① 例如，一份调查显示，在淘宝上开店的卖家，亏损率高达 80%。参见《淘宝开店亏损率高达80% C2C 面临生存困境》，创业资讯 – 51 资金项目网，http：//cy.51zjxm.com/chuangyezixun/20130826/32195.html。

法律对电子商务进行征税，则会导致电子商务税收负担比实体经营更重①。这对电子商务发展极为不利。因此，应对电子商务税收进行通盘考虑。例如，可以对电子商务经营者的起点征税额进行提升，实行简化的综合税率等，使电子商务税收纳入正常征管范围，同时，也不额外增加企业的税收负担。

4. 加快电子商务人才培训

电子商务的高速发展，带来了大量的人才需求。而且，电子商务人才的需求，与传统的人才培训专业存在着差异，这导致了巨大的人才缺口。据淘宝统计，目前仅针对在淘宝平台上的电商企业，人才缺口就高达百万，而整个电商行业未来三年的人才缺口将达到 445.7 万②。为了推动电子商务的快速发展，政府应在电子商务人才方面出台相关的政策，支持各类培训机构、电子商务平台企业、高等院校等加快电子商务人才培训进度，为电子商务快速健康发展提供人力资源支持。

参考文献

OECD，"Economic and SocialImpactof E-commerce: Preliminary Findings and Resarch Agenda"，2000.

Andrea Goldstein and David O'Connor，eds，"Electronic Commerce for Development"，OECD，2002.

Sherah Kurnia and Fei Peng，"Electronic Commerce Readiness in Developing Countries: The Case of the Chinese Grocery Industry"，The University of Melbourne

Ziaul Hoq and A. H. M. Ehsanul Huda Chowdhury，"The Economic Impact of E-Commerce"，*BRAC University Journal*，Vol. II，No. 2，2005.

United Nations，Electronic Commerce，"International Trade and Employment: Review of the Issues"，April 8, 2002.

David L. Barkley，R. David Lamie，Deborah M. Markley，"Case Studies of E-Commerce in Small and Medium-Sized Enterprises: A Review of the Literature"，UCED Working Paper 10 -

---

① 在实际操作过程中，由于实体经营中存在着现金交易等因素，税收并不会完全得到征收。而电子商务交易实现数据化，使其税收更为透明。因此，如果按照现有的税收法律征税，将会导致电子商务的税收负担比实体经营更重。
② 参见《未来三年电商人才缺口将达 445.7 万》，浙商网 – 浙江在线，http://biz.zjol.com.cn/05biz/system/2013/04/20/019292938.shtml。

2007 – 01.

Joseph Johnson，"Role of E-Commerce in Foreign Trade Promotion：Some Evidence from Pakistan"，*European Journal of Innovation and Business*，ISSN（paper）2668 – 313X ISSN（online）

Prasenjit Nath，"E-Commerce：Socio-Economy Impact"，*The Echo*，2013.

麦肯锡全球研究院：《中国的数字化转型：互联网对生产力与增长的影响》（"China's digital transformation：The Internet's impact on productivity and growth"），研究报告，2014。

IDC：《电子商务驱动传统产业转型升级》，白皮书，2014。

阿里研究院：《新基础：消费品流通之互联网转型》，研究报告，2014。

张媛媛：《2012 年我国电子商务发展现状、趋势与社会贡献》，《现代电信科技》2013 年第 7 期。

张帅：《B2B 电子商务交易与经济增长的相关性研究》，《长春大学学报》2012 年第 7 期。

李勇坚：《电子商务与宏观经济增长的关系研究》，《学习与探索》2014 年第 8 期。

赵岳、谭之博：《电子商务、银行信贷与中小企业融资——一个基于信息经济学的理论模型》，《经济研究》2012 年第 7 期。

于帅：《电子商务对低碳经济的促进作用及对策研究》，青岛大学硕士论文，2011。

〔美〕爱德华·J. 迪克：《电子商务与网络经济学》，杨青、郑宪强译，东北财经大学出版社，2006。

麦肯锡全球研究院：《中国的电子零售革命（China's E-tail Revolution)》，2013。

中国电子商务研究中心：《中国电子商务市场数据监测报告 2013》，研究报告，2013。

戴国良：《C2B 电子商务的概念、商业模型与演进路径》，《商业时代》2013 年第 17 期。

节能服务业推动产业
升级的机理与对策

张颖熙[*]

摘　要： 发展节能服务业不仅有利于民生，更是带动传统行业转型提升、调整产业结构、淘汰落后产能的必要手段。本文在对我国节能服务业发展的宏观经济、政策背景、发展现状、趋势和推动因素总结分析基础上，拟从构建完整产业链、攀升全球价值链角度，探讨以节能服务业推动我国产业升级的路径与机制，针对当前制约节能服务业发展的困境和因素，提出了相应的对策建议。

关键词： 节能服务业　合同能源管理　产业链　产业升级

我国"十二五"规划纲要明确提出："综合运用调整产业结构和能源结构、节约能源和提高能效、增加森林碳汇等多种手段，大幅度降低能源消耗强度和二氧化碳排放强度，有效控制温室气体排放"。尽管"十一五"以来我国的节能减排工作取得了很大的成绩，但是，面对新形势和新要求，挖掘节能减碳潜力和难度正逐渐增大。发展节能服务业不仅有利于民生，更是带动传统行业转型提升、调整产业结构、淘汰落后产能的必要手段。当前，在我国不仅是二氧化碳，废气、废水的排放也有显著增长，节能减排的国际、国内压力倍增，重要原材料和能源需求迅速增加所产生的能耗和环境问题越来越明显。在这种背景下，加强节能服务业的研究，有着重要的理论与现实意义。

---

* 张颖熙，中国社会科学院财经战略研究院副研究员，研究方向为服务经济与产业政策。

一 发展节能服务业的经济与政策背景

（一）工业化进程和产业结构升级决定了发展节能服务业的重要性和紧迫性

1. "库兹涅茨曲线"表明了节能减碳工作的紧迫性

"倒 U 形曲线"是著名的库兹涅茨曲线（如图 1 所示），最初是描述收入分配状况随经济发展过程而变化的曲线。随后，人们发现它也可描述在工业化进程中，一个区域社会对自然资源的依赖性和环境质量呈现出的"倒 U 形曲线"特征，即在工业化初期，区域社会对自然资源的依赖不断增强和环境质量下降；在工业化中期，区域社会对自然资源的依赖性和环境质量下降达到峰值；而进入工业化后期，区域社会对自然资源的依赖性又逐步减弱，环境质量上升。总体来看，我国正处在工业化的中期，资源环境的压力处在接近峰值，是资源环境的压力最大的时期。因此，节能减碳重要性和紧迫性日益凸显。

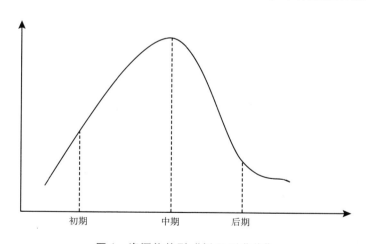

图 1 资源依赖型"倒 U 形曲线"

2. 产业价值链"微笑曲线"说明了发展节能服务业的重要性

微笑曲线（Smiling Curve）形象地表明在产业链中，附加值更多体现在两端，能源效率高，处于中间环节的制造环节附加值最低，能源效率低，相对而言处在产业价值链低端的制造环节的节能减碳难度最大。据统计，2012 年我国一次能源消费量 36.2 亿吨标煤，消耗全世界 20% 的能源，单位 GDP 能耗是世界平均水平的 2.5 倍，美国的 3.3 倍，日本的 7 倍，同时高于巴西、墨西哥等发展中国家。中国每消耗 1 吨标煤的能源仅创造 14000 元的 GDP，而全球平均水平是消耗 1 吨标煤创造 25000 元 GDP，美国的水平是 31000 元 GDP，日本是 50000 元 GDP。由此可见，产业结构和能源总量、能耗强度、环境污染状况、污染物排放之间有着明显的相关性。据专家测算，结构节能对总节能量的贡献率为 60% ~ 70%，说明产业结构转型升级是推动节能产业发展的主导因素。努力提升产业价值链层次，改造传统产业，大力发展以节能服务业为代表的战略性新兴产业，促进经济发展方式转变是我国实现节能减排的重要手段和主要方向。

（二） 节能服务业发展宏观政策背景分析

近年来，中国政府相继出台了一系列推动节能降耗的行政措施、法律和经济政策，为节能服务企业创造了前所未有的市场前景和发展空间。

例如，2010 年 4 月 2 日，国务院办公厅下发了《关于加快推行合同能源管理促进节能服务产业发展的意见》，提出了加大资金支持力度，实行税收扶持政策，完善相关会计制度，进一步改善金融服务等四个方面的政策措施。作为中国节能服务产业发展史的里程碑，该意见的出台解决了合同能源管理在运作过程中多年积淀的财税问题。

2010 年 6 月上旬，中国政府又出台了《合同能源管理项目财政奖励资金管理暂行办法》，2010 年以财政出资 20 亿元，奖励节能服务企业实施节能改造项目。这些优惠政策，极大地促进了中国节能服务产业的持续快速发展。

2013 年 8 月，国务院印发《关于加快发展节能环保产业的意见》（下简称《意见》），明确提出到 2015 年，节能环保产业产值达到 4.5 万亿元，行业年均增速在 15% 以上，并成为国民经济新的支柱产业。《意见》还明确规定了节能环保产业的四大重点领域：一是加快节能技术装备升级换代，二是提升环保技术装备水平，三是发展资源循环利用技术装备，四是壮大节能环保服务业。这次节能环保产业发展意见的出台意义非同寻常。首先，《意见》会直接促进节能环保产业的发展，因为《意见》本身制定了一系列的具体政策和措施，包括财税、金融等鼓励政策，这些政策落到实处会形成一股推动力，促进节能环保产业的快速发展。其次，《意见》具有规范引导产业发展的作用。《意见》强调了要在法治化的轨道上发展节能环保产业，通过法律、标准的引导，推进节能环保产业持续健康发展。最后,《意见》会推动节能环保产业的相关产业发展。毫无疑问,《意见》会直接促进节能技术装备和循环技术装备等制造业、节能环保高新技术产业、节能环保服务业等的快速发展,同时还将带动节能环保产业上下游相关产业的发展。

表 1 "十一五"以来中国出台的有关节能服务业的重要政策文件

时间	政策	相关内容
2006 年 6 月	关于引发节能减排综合性工作方案的通知	加快推行合同能源管理,重点支持专业化节能服务企业
2006 年 8 月	国务院加强节能工作的决定	加快推广合同能源管理,推进企业节能技术改造
2007 年 6 月	国家发改委关于做好中小型企业节能减排工作的通知	健全节能减排服务体系,鼓励专业化节能服务企业为中小型企业开展节能减排咨询
2008 年 10 月	公共机构节能条例	公共结构可以采用合同能源方式,委托节能服务机构进行节能诊断、设计、融资、改造和运行管理
2010 年 4 月	关于加快推行合同能源管理,促进节能服务产业发展意见的通知	对节能服务业采取适当的税收扶持政策
2010 年 6 月	财政部、国家发展改革委联合出台《关于印发合同能源管理财政奖励资金管理暂行办法的通知》(财建〔2010〕249 号)	中央财政决定 2010 年安排 20 亿元,用于支持节能服务企业采取合同能源管理方式在工业、建筑、交通等领域以及公共机构实行节能改造。
2012 年 8 月	国务院印发《节能减排"十二五"规划》	大力发展合同能源管理推广工程;引导节能服务企业加强技术研发、服务创新、人才培养和品牌建设;鼓励大型重点用能单位利用自身技术优势和管理经验,组建专业化节能服务企业;支持重点用能单位采用合同能源管理方式实施节能改造;公共机构实施节能改造要优先采用合同能源管理方式;加强对合同能源管理项目的融资扶持,鼓励银行等金融机构为合同能源管理项目提供灵活多样的金融服务;积极培育第三方认证、评估机构。
2013 年 8 月	国务院《关于加快发展节能环保产业的意见》	发展节能服务产业。落实财政奖励、税收优惠和会计制度,支持重点用能单位采用合同能源管理方式实施节能改造,开展能源审计和"节能医生"诊断,打造"一站式"合同能源管理综合服务平台,专业化节能服务企业的数量、规模和效益快速增长。积极探索节能量交易等市场化节能机制。

二　中国节能服务业发展现状、动力与趋势

（一）我国节能服务业发展现状

最近 10 年来，我国节能服务行业迅速发展，节能服务行业的总产值从 2004 年的 33.6 亿元增长到 2013 年的 2155.6 亿元（如图 2 所示），复合增速 58.78%。合同能源管理作为节能服务产业发展的主要模式，2004~2013 年，总投资额从 11.0 亿元增长到 742.3 亿元，复合增速 59.71%；截止到 2012 年底，我国共实施合同能源管理项目 3905 个，投资总额为 505.72 亿元，同比增长 22.62%，形成节能量 2559 万吨标准煤，占 2013 年全国节能能力目标（6000 万吨标准煤）的 42.65%。从地区分布看，东部、中部、西部地区节能服务产业总产值贡献率分别为 59.2%、26.7% 和 14.1%。随着节能服务市场空间的不断拓展，中国已经成为世界最大的节能服务市场。

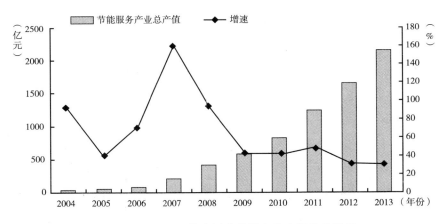

图 2　2004~2013 年中国节能服务业产值及其增速

资料来源：《2008~2013 年度中国节能服务产业发展报告》。

（二）哪些因素推动了节能服务业发展？

1. 政府环境政策与环境标准

节能环保产业是一个法规和政策引导型产业或者说是"自上而下"驱动

型产业,这是该产业区别于其他产业的一个十分突出的特点。

从政策方面来看,节能环保产业具有强烈制度驱动型特征,主要表现在以下三点:一是政府不断提高的能效、环境标准和有效的规制,这是节能环保产业需求的重要推动力;二是节能环保产业发展初期需要政府的直接鼓励政策,如财政补贴、税收优惠、金融支持、配额交易、绿色采购等;三是节能环保产业具有混合经济的特征,一些节能环保服务具有准公共物品性质,私人部门介入需要政府授权。

从法律法规方面看,纵观世界各国环境保护的历史,环境保护法规越健全,环境标准与环境执法越严格的国家,节能环保产业也就越发达,也就越具有在国际市场占有优势的环保技术。因此,可以说,政府的环境法规、环境标准与环境执法因素是节能环保产业发展的首要驱动因素,也是节能环保产业发展的基础。

2. 社会经济发展水平

节能环保产业主要是以适应本国环境保护需要而发展起来的,因此,一个国家的社会经济发展水平对节能环保产业发展的规模、速度以及技术水平等都有着重要影响,成为节能环保产业发展的原动力。这主要表现在国家对能源利用和环境保护的资金投入上面,即在经济发展水平低下的阶段,用于能源环境的投入比例较小;只有在经济达到一定水平后,这种投入不仅在总量而且在比例上才会有效地提高。

3. 公众的环境意识

公众的环境意识是促进节能环保产业发展的又一大驱动因素。这主要表现在:首先,由于公众环境意识的提高,使得人们对环境质量提出了更高的要求,从而形成了强大的社会压力,这将促使政府提高环境标准,完善环境法规和政策,促使企业承担更大的环境责任,从而形成对节能环保产品和服务巨大、持续的市场需求;其次,由于公众环境意识的提高,也将促使人们改进自己的生活方式,特别是消费方式。随着各国环保运动的发展,公众自发的环境保护行动对消费品市场的影响力越来越大,资源节约与环境友善型产品赢得消费者喜爱,具有市场竞争力,在这种力量的作用下,节能环保产业的发展与市场形成将不仅依赖政府直接或补贴性质的投入,而且企业也将主动投入环保运动中,从而形成一种推动节能环保技术和产业发展的重要力量。

4. 技术进步与创新

一个产业的形成与发展及结构的演变，取决于多方面的因素，其中，技术进步与创新起着决定性的作用，这一点对于新兴产业尤其重要。节能环保技术日益向高新技术领域发展，不仅为环境保护提供了强大的技术支持，而且也使治理污染、保护环境成为一项有经济效益和经济产出的活动，从而改变了人们长期以来形成的环境保护只产生社会效益而不创造或很少能产生经济效益，是一项社会公益事业的思维定式。

（三）中国节能服务业发展趋势与特征

1. 节能服务市场竞争将进一步加剧，行业集中度有日益提高的趋势

节能市场的快速发展使节能行业受到越来越多的关注，行业中的参与者越来越多。根据国家发改委公布第五批节能服务企业备案名单，目前，进入国家认可的"正规军"行列的节能服务企业已达3210家，考虑到未进入备案名单的公司还有近1000家，这意味着国内节能服务企业总数已突破4200家。这中间既有专业的节能服务企业，也有央企背景的行业巨头及大型用能单位成立的节能服务企业，如目前中国神华、中海油集团、南方电网、上海宝钢、湖北宜化、上海汽车等企业就纷纷成立了自己的节能服务企业。此外，中国迅猛发展的节能市场也引起外资节能服务企业的注意。如国内集中供热领域的首个能效管理项目——山西晋中市城区集中供热（一期）管网工程就是由法国施耐德电气、晋中瑞阳供热公司和财务支持方——法国开发署合作完成。其他节能领域的大型跨国公司如西门子、飞利浦也都以各自的方式介入中国的节能服务市场。未来，随着节能市场的不断发展，竞争也会愈加激烈。

从节能服务业的商业运作模式——合同能源管理来看，目前，合同能源管理行业的竞争格局有集中化的趋势。其中，投资超过5亿元的有12家，超过1亿元的有46家，更多的企业规模偏小；从结构上来看，专业的节能服务企业数量居多；从2012年节能服务企业的节能量来看，前100家企业的节能量为653万吨标准煤，前20名企业的节能量为477万吨标准煤，占百强企业节能量的73%，前10名企业的节能量占比为56%，节能量超过10万吨标准煤的企业仅16家（参与评选3000家），行业集中度有提高的趋势；从节能领域来看，钢铁依然是主要行业，其次是电力、石化、建材。由于节能服务行业的资本密集型效应越来越突出，未来可能会出现节能行业向大型节能服务企业集中的现象。

2. 合同能源管理市场需求空间广阔，未来 2 年投资额有望超过 2000 亿元

对比我国节能减排"十二五"规划目标及现阶段完成情况，我们发现，根据《工业节能"十二五"规划》的目标，"十二五"期间，除了淘汰落后产能之外，节能重点工程的节能量目标是 23500 万吨标准煤，总投资需求为 5400 亿元，主要工程包括工业锅炉窑炉节能改造工程、内燃机系统节能工程、电机系统节能改造工程、余热余压回收利用工程、热电联产工程、工业副产煤气回收利用工程、企业能源管控中心建设工程、两化融合促进节能减排工程、节能产业培育工程等。截止到 2013 年底的实施情况，从能耗标准来看，火电行业和石化化工行业的乙烯和电石生产两个子行业已经提前完成"十二五"规划的目标，但是钢铁、有色金属冶炼、化工部份子行业离目标任务还较远。由此，我们认为，"十二五"余下的两年里，企业迫于节能减排的压力，合同能源管理的市场需求空间还非常广阔。

根据《节能减排"十二五"规划》，"十二五"期间通过合同能源管理方式实现的节能能力为 6000 万吨标准煤，但是 2011～2013 年，合同能源管理实际形成的节能能力为 6036 万吨标准煤，已经超过规划的目标。假设 2014～2015 年合同能源管理的新建节能能力保持过去 4 年的平均增速 34%，到 2015 年将形成 14063 万吨标准煤的节能能力，占工业节能量（23500 万吨）的 59.8%。假设每吨标准煤投资额 2800 元，那么 2014、2015 年合同能源管理投资额分别为 960 亿元和 1287 亿元。

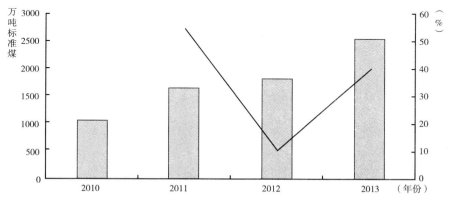

图 3　2010～2013 年合同能源管理每年形成的节能能力和增长率

资料来源：《2013 年中国节能服务产业发展报告》，信达证券研发中心。

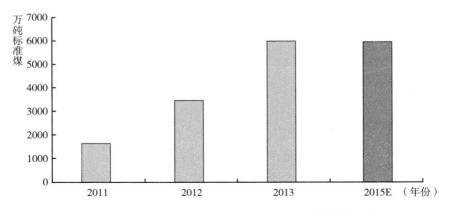

图 4　"十二五"期间合同能源管理累计形成的节能能力

资料来源:《2013 年中国节能服务产业发展报告》,信达证券研发中心。

3. 节能服务将呈现"电子商务""节能超市"等多种服务模式

随着信息技术产业的飞速发展,节能服务与电商的融合已经初步实现:一是节能服务企业服务窗口将呈现"节能全程服务演示厅"的电子商务服务模式,即节能客户通过"电子商务服务平台",可清晰地再现各类节能服务模型、流程、节能产品和技术、节能率和盈利分享模式等内容;二是"节能超市",将为节能用户量身订制服务模式。"节能超市"是针对"一对一"模式的重大创新,它有效整合了国内外节能服务领域的优质资源,可以提供全产业链的集成服务,与耗能单位实现无缝对接,是目前节能服务机制的延伸与升级,它集合了众多项目,具备与资本和金融机构合作的前提和条件,可较有效地解决节能服务企业的资金瓶颈制约。

三　节能服务业推动产业升级的发展机制与路径

不同国家和地区由于各自产业发展基础、产业发展阶段和产业政策等因素的差异,各自节能产业发展的路径和机制也是不同的。一般来讲,发达国家和地区较早实现了工业化,对资源和环境的利用与保护日益关注,从而较早地孕育了节能产品与服务市场,为此建立了节能产业的规模经济优势,并在国家标准的制定中享有较多的发言权,从而形成了产业垄断地位。而落后地区,由于产业起步晚、各种硬件和软件环境薄弱,自然在产业分工中处于了弱势地位。

基于这些，我们拟从构建完整产业链、攀升全球价值链角度，进一步探讨以节能服务业推动我国产业升级的路径与机制。

（一）引进国际节能品牌制造商与服务商，嵌入全球价值链，集聚配套企业

与其他产业一样，世界节能产业的分工已经深入产品内分工。按照格里芬的分类方法，节能服务业属于生产者驱动型的价值链。随着节能产品和节能服务在世界范围产业内分工逐步深化，我国巨大的节能产业市场正吸引全球节能产品和装备制造商投资建厂。在经济全球化的背景下，每个开放区域的企业都可以直接面向全球企业和消费者，能够利用全球的技术、人才等高端资源。各地可以根据自身条件，有选择地吸引国际节能产品的品牌制造商投资建厂，集聚配套本土企业，形成外向型的节能产业链。近年来，我国很多地区已建立节能产业工业园区，吸引全球节能产品和装备制造商投资建厂，如世界风机制造巨头等纷纷在我国投资建厂。以这种方式形成的节能产业，能接受跨国公司的技术指导和人员培训，并实施工艺升级和产品升级，但很难实现价值链条升级。

西门子是世界上最大的电气和电子公司之一，也是最早进驻中国和在中国最有影响力的外企之一。目前，西门子的全部业务集团都已进入中国，并且活跃于中国的自动化控制、电力、交通、医疗、信息和通讯、照明以及家用电器等各个行业中。西门子作为世界领先的节能环保企业，所提供的节能业务组合不仅是世界上最大，而且涵盖了整个能源供应链条。凭借在传统行业运营的丰富经验以及在中国行业布局日臻完善，西门子在中国节能环保行业已成为优秀的"服务供应商"，占据整个产业链的核心关键地位。

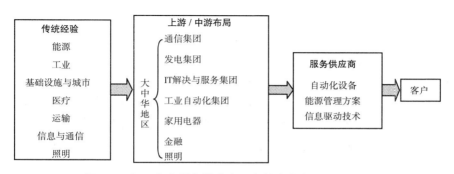

图5　西门子作为服务供应商具有整合全产业链的能力

（二）扶持本土节能制造企业向服务供应商转型，构建完整产业链和国家价值链，努力攀升全球价值链

目前，我国节能产业呈现了"产业链前端强、后端弱"的问题，也就是说，中国目前的节能环保公司大部分集中在产业链上游，具体扮演设备或材料提供商的角色。据调查，北京拥有的13家合同能源管理公司中，有7家是设备提供商，6家服务提供商，设备提供商发展成熟，仍然占据合同能源管理公司的主导。设备提供商处于合同能源管理产业链的前端，而服务提供商处于合同能源管理产业链后端，整个合同能源管理产业链呈现"前端强，后端弱"的特点。这恰恰说明，我国合同能源管理的发展还处在初级阶段，很多合同能源管理公司，实质是传统的环保设备提供商，并没有真正践行合同能源管理的相关业务，没有将保险机构、金融机构、施工机构、审计设计机构等功能单位联系起来。对于节能环保产业链来讲，核心角色是服务供应商，要从这个产业链中站出来，上游提供商必须产业链下沉。结合欧美等发达国家的经验，从长远的发展来看，只有真正实施了合同能源管理的整个流程，才能做到节能服务企业及其协作机构以及用户的多方利益的共同实现。在未来的发展中，合同能源管理公司应该提高服务的完整性，做到理念与技术并重，构建完整的产业链。

技术以及知识产权一直是国内节能环保产业发展的硬伤。我国本土节能企业主要的问题是缺乏核心技术，如在复合式实时滤波、半导体瞬流控制、远程跟踪诊断技术等代表目前最高水平的全球节能技术上，其与发达国家的节能企业尚有较大的差距。据分析，在我国节能环保设备（产品）中，达到国际20世纪80年代水平的约占1/5，我国90%以上节能环保水平距西方发达国家落后20年左右。[1] 由于技术水平落后、自主创新能力不足，目前国内很多节能市场基本上被外资企业占领。例如，变频器作为一种新兴的高技术产品，由美、日、欧等国企业主导全球价值链，国内变频器市场基本由这些主导企业或由其控制的经销商所占领，本土企业市场份额较小。又如，与欧洲太阳能生产企业相比，我国太阳能生产企业间分工不够，导致产品不能做精做细，影响了市场的整体开发，制约了竞争力提升。为此，我们应该优先利用东部发达地区

---

[1] 中信银行：《中国节能环保行业整体分析报告》，研究报告，2012。

具有人才优势、技术优势和市场优势以及具有雄厚的制造业基础和国际代工经验，鼓励支持本土节能企业以迅速扩张的国内市场为依托，加大节能技术和产品研发，整合节能产业价值链各环节，促进产业内分工深化，构建国家价值链，并逐步与全球价值链融合并对接，向全球价值链高端延伸。实践中，东部发达地区不少传统的照明产品制造企业转向 LED 照明生产，有些企业通过跨区域投资的方式转移部分劳动密集型的生产环节，还有企业则通过"逆向技术溢出"等方式获得发达国家先进的节能技术。这些现象都预示着我国通过本土企业构建节能产业国家价值链的可行性。[①]

（三）鼓励节能服务企业不断开拓市场领域和商业运营模式创新

从业务角度看，我国早期节能服务企业的服务对象主要是工业领域，现在逐渐向物业、公共机构、建筑等诸多领域渗透，甚至包括普通终端能源消费者。在业务领域扩张的同时，其业务内容也将不断依据市场需求进行创新。可以说，只要有能耗的地方，都是节能服务企业潜在的市场。节能服务企业要积极挖掘市场潜力，扩大市场规模和范畴。就模式而言，合同能源管理不是独立且一成不变的，它将随着市场的不断完善与其他模式相融合、相链接，在运营模式上出现新的特征。不同的行业在应用该模式时，因行业特征的不同而不同，这也决定了节能服务企业还应不断地开发新的商业模式，以适应不同企业、行业的需求。

四　中国节能服务业发展困境与制约因素

我国工业化、信息化、城镇化、农业现代化正处于加速发展期，为扭转粗放低水平的发展方式，解决资源、环境约束不断趋紧，保证资源能源安全等问题，我国提出要强化创新驱动，加快转变发展方式，产业结构优化升级，更加注重推动绿色环保发展，协调可持续发展，提高自主发展能力、发展质量和效益，国际竞争力，提高生态建设效益、改善和保障民生。这无疑给节能产业发展注入了强大的动力。另一方面也要看到，中国节能产业特别是节能服务业发展仍面临着以下困难和制约因素。

---

① 钱方明：《区域节能产业发展机理研究》，《统计科学与实践》2011 年第 11 期。

（一）"融资难"仍然是制约节能服务业发展壮大的首要难题

合同能源管理是节能服务业的主要商业运作模式，采用这种模式的节能服务企业是从客户实施节能项目节约下来的能源成本中来分享收益，在整个节能项目正常运营之前，节能服务企业是没有收入的，投入的初始阶段只是净投入，后阶段继续大量投入之后才能有产出。由于收益时间过程的滞后，使其融资特征表现为资金投入的风险性高，这是节能服务企业融资与传统融资方式最大的区别。由此可见，节能服务企业融资要求与金融机构追求的资金安全性、盈利性及流动性之间存在矛盾。因此，金融机构对该领域惜贷甚至不贷款。另一方面，从节能服务企业的本质特性来看，他们在本质上属于高新技术服务企业，一般都以技术起家，内部资产以专利等无形资产为主，缺乏可以用于抵押担保的固定资产，与金融机构现有的抵押担保要求不符合，这也增大了其融资难度。

从节能服务企业发展的资金来源看，中国环境科学学会科技与产业发展工作委员会的数据显示，节能服务企业的资金来源仍以自有资金为主，占全部融资的65.2%，其次是银行信贷，占全部融资的28.1%。① 融资渠道的缺乏、对当前融资渠道利用不充分，已制约了节能服务企业的壮大。而造成节能服务业融资障碍的因素主要来自"节能服务企业自身发展不足、政府政策支持不到位和外部金融环境"三个方面。

1. 节能服务企业自身发展不足

第一，合同能源管理运行机制具有内在缺陷。"合同能源管理"需要由节能服务企业对节能改造项目预先投资，并通过分享项目完成后所产生的节能效益来收回投资并获取利润。于是节能服务企业要想获得发展，首先就必须有足够的资金，来保证其在所实施的项目获得收益前维持生存。但是，节能服务企业大部分是中小型企业，可能实施一两个规模不大的"合同能源管理"项目后就陷入资金链断裂的困境。

第二，节能服务企业缺乏可供担保的资产，融资信用不足。传统的融资方式一般都要求相应的固定资产进行担保，以提高企业的信用等级，担保采用保证、抵押、质押的方式，但大多数节能服务企业没有充足的抵押品，资信强度低，也很少有其他机构为其提供担保。

---

① 刘学之、张树乔：《我国节能服务企业融资困境的对策研究》，《特区经济》2013年第4期。

第三，节能服务企业分布散、融资规模小、成本高。节能服务企业单笔融资规模相对大型企业较小，这使得金融机构提供贷款的交易成本相对较高；而且这些企业存在于不同行业和领域，分布比较散，导致金融机构对贷款的管理难度大。

第四，节能服务企业融资的收益难以衡量。节能服务企业的收益来自实现的节能量的市场价格，它等于节约的能源量乘以单位能源价格。我国企业的能源审计体系还不完善，节能量很难被准确衡量，导致金融机构对节能服务企业的收益前景持怀疑态度。它们常常以节能项目没有明显的增产、节能收益不明显为由，拒绝节能服务企业的融资申请。

第五，节能服务企业技术不成熟，融资风险大。作为一个新兴行业，节能服务行业技术尚不完善、规模过小，尚未形成强大的行业联盟。而金融机构发放资金时一般会选择一些技术成熟、复制潜力大的项目，以控制融资风险，它们很少涉足节能服务企业开展的节能项目。

2. 政府政策支持不到位

我国节能产业经过多年的发展，政府已制定了一些与节能融资相关的政策，但是政策的扶持对象主要针对大型用能企业的节能技改项目，财政奖励资金及补贴都有节能规模限制，一般要求项目的年节能量在 5000 吨标煤以上，这样使政策主要向规模较大的企业倾斜，政府并没有制定专门支持规模较小节能服务企业的政策、法规。另外，根据财政部、国家税务总局颁布的《关于促进节能服务产业发展增值税、营业税和企业所得税政策问题的通知》，节能服务企业所从事的节能减排项目将享受到"免营业税，免增值税，企业所得税三免三减半"三项优惠政策扶持。但是，这个政策只有合同能源管理项目适用。而能做合同能源管理项目的大多是实力较强的公司，这意味着众多处于起步阶段的节能服务企业难以享受到此项政策红利。据统计，目前我国从事节能服务的企业大致 3000～4000 家，企业数量远远高于其他国家，而这几千家节能企业中大部分都是中小企业，许多小规模节能服务企业因注册资金不足500 万元，不能通过节能服务企业备案，也被排斥在政策扶持之外，与能够享受到国家财政政策的节能服务企业相比，生存更加艰难。

从地方政府角度讲，虽然国家层面对节能环保企业非常支持，但到了地方政府层面，企业获得的支持太少。地方政府热情度不高的主要原因在于自身利益的保护而形成的政策壁垒，从而为节能服务企业，特别是中小企业的发展设置了"一堵墙"。以节能环保领域的焚烧发电项目为例，目前国内城市对于垃圾的处理办法主要是焚烧发电。垃圾焚烧对于普通中国人来说已经不是陌生的概念。由于其恶名远扬的二噁英排放污染问题，近年来，它也成为中国社会的一个焦点话题。在北京、南京、深圳、广东番禺等城市，都发生过市民集体抵制建设垃圾焚烧发电厂的事件。但还有众多不乏背景深厚的企业积极涌入该行业，其原因就是这里面有一个暴利的空间。这里我们简单地算笔账，首先，垃圾焚烧发电项目可以享受国家补贴电价，每度电高达 0.25 元，还有就是市政垃圾处理费，比如太原，填埋厂能够拿到的处理费是每吨 20 多块钱，但焚烧的数字是每吨 120 多块钱，上海焚烧的处理费甚至高达每吨 240 块钱。拥有深厚背景的垃圾焚烧发电企业和地方政府组成了强大的利益集团，为了自身的利益，必然会阻挠很多节能环保型垃圾处理项目的审批。因此，所谓节能企业面临的"一堵墙"，这堵墙实际上就是技术创新型公司很难进入政府或者国企的采购体系，而这个产业恰恰是政府（不管是中央政府还是地方政府）才是主要消费者的市场。

3. 与金融机构存在对接障碍

作为最主要的融资渠道之一，银行方面似乎也有苦衷。因为金融业对于传统产业的支持，往往通过"大贷款、大项目"来实现。而节能产业不同，需要的贷款方式更灵活、周期更长，这就增加了金融机构的运作难度和风险，因此必须要创新信贷产品、拓宽担保范围。因为银行传统的融资模式已不适应节能项目，需要关注不同类型公司的特点，配套不同的融资模式。比如工业节能分为电力、钢铁、化工等领域，各行业需求不同，针对不同客户就必须要设定不同的融资方式。浦发银行是国内较早推出绿色金融信贷服务方案的商业银行，从 2010 年开始，他们把合同能源管理作为一个新课题加以研究，初步形成了一整套对客户的融资方案。

另外，金融机构和节能服务企业之间存在信息不对称。节能服务企业普遍存在资金管理缺乏规范性，同时财务制度不健全，财务报表缺乏可靠性等问题，银行对节能服务企业运营情况缺乏了解，使得节能服务企业和金融机构关于企业真实价值或投资机会的信息是不对称的。

（二）节能服务企业的税收政策缺乏稳定性

目前，我国现行税收法律体系对合同能源管理的税收规定很不明确，不同公司在不同地区交税又有不同方式，也影响了节能产业的发展。虽然财政部、国家税务总局已经联合发布《关于促进节能服务产业发展增值税、营业税和企业所得税政策问题的通知》，明确了我国合同能源管理项目的具体税收优惠政策，但同时也强调节能服务企业实施合同能源管理项目的相关技术应符合《合同能源管理技术通则》规定的技术要求，并且要求节能服务企业与用能企业签订节能效益分享型合同要符合《合同法》和《合同能源管理技术通则》等规定，才能享有相关的营业税和增值税优惠。上海、北京等城市也制定了相关的财政补贴政策，如北京市出台了《北京市合同能源管理项目扶持办法（试行）》、《北京市节能减排专项资金支持合同能源管理项目实施细则（试行）》、《北京市能源合同管理项目节能量审核机构管理办法（试行）》等规范性文件，但是这些政策限制较多，并且目前仍在试行阶段，这就意味着政策的局限性和不稳定性，而这种政策的不稳定性往往会影响节能服务企业的市场预期。

（三）节能服务领域自主研发投入少，创新能力不足

推动节能减排降耗，提升资源能源集约节约利用、循环利用水平，提高治理污染能力，生态环境恢复和保护能力，必须依靠技术创新，技术进步。为此，必须通过提升技术创新能力，开展技术合作，推动技术进步，增强科技的基础支撑和驱动作用，大力推动节能环保产业发展，通过研发应用清洁和可再生能源技术、节能环保新材料、新产品、技术装备等低碳节能、绿色环保新技术，为加快转变经济发展方式，产业结构优化升级，促进绿色环保发展，可持续发展提供强有力的科技支撑。而我国由于节能环保、集约节约发展的意识不强，发展起步晚，技术基础差、研发投入少，科研力量、实验设备不足等原因，导致自主研发创新能力不足，缺乏核心关键技术。现状是，无论在工业领域还是在民用领域，我国节能环保产业的技术水平、技术研发和创新能力，与经济发达国家比都存在较大差距。这对增强节能环保产业自主发展能力，提高发展质量、水平和效益，提高国际竞争力，强化其对经济增长的贡献，促进协调可持续发展等都产生较大的负面影响。

另外，从运行模式创新来看，目前市场上合同能源管理运行模式比较单一，也缺乏创新。由于合同能源管理在我国发展时间相对较短，因此在合同能源管理模式选择上体现出单一特点，绝大多数节能服务企业和客户之间使用的

都是"BOT"模式：即由节能服务企业与用户公司签订能源管理合同，为用户提供节能诊断、项目融资、设备改造等服务，并以节能效益分享方式回收投资和获得合理利润，节能服务企业的节能设备在节能期限届满时为用户单位所有。然而，国外的市场却存在多元化的需求和多元化的供给，因为单一的运行模式难以适应不同领域、不同企业对于节能降耗的技术和资金等不同方面、不同层次的需求。

（四）节能服务业的相关法律体系不健全

目前，我国节能服务业的相关法律体系仍不健全，主要表现在三个方面。

1. 节能违约纠纷的实际解决出现了法律障碍

合同能源管理契约作为风险投资，其涉及的违约情形往往事后难以计算损失额，因此事先约定违约金有重要作用。但目前《合同法》中关于违约金的规定还不足以保障合同能源管理契约交易的安全。

2. 节能量的认定难题导致诉讼中的节能服务商处于弱势地位

节能量的最终认定是合同能源管理项目中的核心问题之一。依据法律，由进行节能量测量和确认的第三方机构出具的结果认定对于节能服务企业能否获得约定的节能效益意义重大，因此，第三方机构的专业性、独立性和公正性显得尤其重要。但实践过程中，很多纠纷的诉讼解决根源都牵扯到节能量的认定。但遗憾的是，我国目前对于节能量的检测没有权威的官方机构和监测制度。项目业主与节能商之间对节能量的认定经常会出现矛盾，主要原因就是某些单位的能量计量系统不齐全，造成节能量计量的量化程度不够。目前我国司法实践中第三方检测单位很少，要对所有项目进行测试根本就是不可能的。如果单位的节能量是由各方面节能工作的综合效益取得的，那计算起来就更加麻烦。

3. 节能合同的履行出现了诚信风险

由于合同能源管理项目大多采用节能效益分享型合同，节能服务企业按照合同投入巨资改造节能设施后，节能服务企业面临的最大信用风险就是用能单位能否如期分享节能效益和合理利润。通常在节能项目的实际运作中，为了开拓市场，节能公司往往和客户先订口头协议，工程运行一年见效以后，双方再签订正式合同，这样就埋下了资金回收难的风险。有时合同能源管理项目实施期短则一年、长则三五年，期间面临用能企业生产状况存在不确定性的问题，节能服务企业如果遇到不诚信的客户，巨额投资很可能血本无归。更让人担心的是，在合同能源管理的实施过程中，一些用能单位因经营管理问题和不可抗力因素导致无力支付节能效益，甚至有的用能单位只希望节能服务企业为其提供能源管理服务，却不愿意同对方分享节能效益。还有，一旦用能单位经营不善，盈利能力下降，若无其他更好的措施，势必会压缩生产规模，这样节能改造后的设备就达不到预定负荷，能耗就会减少，预计的节能量和效益就会下降，从而导致节能的利润下降。由此可见，由于市场秩序不规范，企业诚信度差，导致大多数中小节能服务企业面临着较大的市场风险。

五　加快发展节能服务业的政策建议

（一）政府部门和公共机构率先倡导采购节能服务项目，发挥示范带头作用

前面的分析已经提到，我国许多中小节能服务企业发展中都面临着无形的"一堵墙"，这堵"墙"实际上就使很多企业都无法进入当地政府的采购计划中，这无疑从源头上制约了节能服务业的市场发展空间。因此，加快节能服务业发展，首先就要破除这种体制障碍和制度壁垒，鼓励各级政府部门和社会公共机构率先采购节能服务项目，发挥示范带头作用，向所有具有规范资质和良好信誉的中小节能服务企业敞开大门。具体来说，包括：一是各级政府推行采购"节能服务"项目计划，如政府重点项目建设中，要实行"节能服务"项目采购，提交工程审核可行性研究方案，要附有节能优化方案、能耗评估等重要技术文本等；二是公共机构节能要推行强制性节能标准，解决建设项目主体的节能降耗内生性动力不足等问题，一方面要实行项目投资和建设的"节能服务"准入条件，即项目实行"节能服务"，另一方面要对公共机构建筑和设施节能潜力进行评估，提出节能改造可行性研究报告。对具有节能改造价值项目执行强制性节能改造计划，并将此项工作完成情况列入政府年度项目建设考核的内容，实施相应的节能奖惩制度。

（二）继续加大财政税收优惠力度，完善节能行业财务制度

1. 继续加大财政资金支持力度

每年从财政节能专项资金中安排一定资金，对采用合同能源管理模式实施

节能技术改造并取得明显成效的项目给予政府补贴。政府补贴包括直接补贴和贷款贴息两种形式。直接补贴政策适合于政府认定的节能示范项目和节能研发、能源审计项目等。对消费市场实行补贴，可以刺激更多的消费者选择节能降耗项目，从而拉动消费需求；对节能服务企业采用财政补贴，可以降低企业成本，增加节能服务的价格竞争力。贴息政策作为一种间接投资引导机制，不仅风险低，还可以避免或减少财政投资对社会资金的"挤出效应"，可以有效解决政府投入不足的问题。政府通过向节能投资主体提供贷款贴息，以少量的财政支出引导大量的社会资金投向节能领域，达到四两拨千斤的效果。贴息对象主要包括节能服务企业、耗能企业。贴息比例可根据项目所达到的节能标准划分不同等级，同时相应调整节能服务企业的税收制度，减轻其税负。

2. 坚定落实国家统一的税收扶持政策

对节能服务企业实施合同能源管理项目营业税应税收入，暂免征收营业税；对其无偿转让给用能单位的，因实施合同能源管理项目形成的资产，免征增值税；节能服务企业实施合同能源管理项目，符合税法有关规定的，自项目取得第一笔生产经营收入所属纳税年度起，第一年至第三年免征企业所得税，第四年至第六年减半征收企业所得税；用能企业按照能源管理合同实际支付给节能服务企业的合理支出，均可以在计算当期应纳税所得额时扣除，不再区分服务费用和资产价款进行税务处理；能源管理合同期满后，节能服务企业转让给用能企业的，因实施合同能源管理项目形成的资产，按折旧或摊销期满的资产进行税务处理。节能服务企业与用能企业办理上述资产的权属转移时，也不再另行计入节能服务企业的收入。

3. 改革财务制度，将"节能服务"列入会计核算科目，使"合同能源管理"降低的成本部分可以列支

由于现行财务管理制度中，没有"节能服务"会计核算科目，导致节能服务企业不能有效与被节能服务机构分享节能效益，从而阻碍了节能服务产业的发展。为此，一方面，要尽快推行在企业、公共机构开展"节能服务"核算科目列支的试点，将"节能服务"列入会计核算科目，鼓励政府机构、公共机构和企事业单位在进行项目节能改造和节能服务时，可以将"节能服务"科目单列，在不增加能源费用的前提下，与节能服务企业分享节能效益。同时，政府在采购"节能服务"项目时，允许节能改造费用同能源费用列入政府机构的预算和采购。另一方面，贯彻执行国家统一的会计制度。对政府机构采用"EPC"方式实施节能改造，按照合同支付给节能服务企业的支出，视同能源费用进行列支；对事业单位采用"EPC"方式实施节能改造，按照合同支付给节能服务企业的支出，计入相关支出；对企业采用"EPC"方式实施节能改造，如购建资产和接受服务，能够合理区分且单独计量的，分别予以核算，按照国家统一的会计准则制度处理，如不能合理区分或虽能区分但不能单独计量的，企业实际支付给节能服务企业的支出，作为费用列支。等能源管理合同期满，用能单位取得相关资产，作为接受捐赠处理，节能服务企业作为赠予处理。

（三）加强节能服务业与金融服务创新的融合

1. 政府要为节能服务企业构建良好的外部融资环境

政府有责任为节能服务业创造良好的外部融资环境。具体来讲，一是改善"合同能源管理"模式的信用环境，建立各级政府主导的"合同能源管理"项目登记备案制度，对那些经过第三方机构确认取得节能效益的项目，如果用户拒绝向节能服务企业支付节能效益，则应将其列入信用不良记录名单，从而形成必要的制约机制，使其承担违约的信用风险；二是各级政府应结合当地实际，建立"合同能源管理"项目资产的流通、变现渠道，如通过"能源环境交易所"这类机构，设计适合合同能源管理项目资产的交易产品，让这些资产有一个公平公正的交易机制和变现渠道；三是由政府出面担保，成立专业化节能项目基金，资金主要来源渠道除财政预算列支外，还应吸纳社会资金和国际上的政策性贷款，如国债资金、国际投资、能源消费税、超额电费加价等。

2. 鼓励金融机构加快推出和推广适合节能服务业的融资工具，打通融资瓶颈

节能服务企业要发展壮大就必须打通资金瓶颈，但目前行之有效的融资手段却非常有限，这需要节能服务企业和金融机构共同研究节能服务产业的特点，在满足金融机构风险控制的要求下，加快推出适合节能服务产业的融资工具，从而满足节能服务企业市场拓展的资金需求。

（1）探索应收账款抵押贷款方式，将"保理（保付 + 代理）"工具引入节能服务企业融资中来。2009年，央行开始在银行、用能单位和节能服务企业三方中推广"保付代理"融资业务试点。"保理"是银行为国内贸易中以信用销售方式销售货物或提供服务而设计的一项综合性金融服务。卖方（供应商）将其与买方（债务人）订立的销售合同（或服务合同）所产生的应收账款转让给银行，由银行一次性将该合同产生的所有收入，按照一定利率水平折现，在合同生效后支付给供应商。在节能服务企业确认应收账款作为债权转让的前提下，用能单位可以在没有计划审批和资金压力的条件下完成节能项目，节能服务企业也能够扩大同时开工的项目数、加速扩张。通过银行保理，节能服务企业可以提前收回应在未来服务中获得的收入。虽然这仍然需要节能服务企业有较为充足的自有资金来形成债权，但极大地缓解了营运资金被长期占用的问题。2009 年，中国节能环保集团公司下属的中节能环保科技投资有限公司已开始将其一年内到期的应收节能服务款通过光大银行提供的保理服务提前收回。但是，保理的期限通常不超过一年，这使得融资期限与节能服务合同期限（通常为 3 ~ 5 年）并不匹配；此外，保理要求申请企业具有良好信用记录，且具备完善的应收账款管理体系，财务状况良好。这一工具的推广需要节能服务企业运作规范和具备较强的实力，也需要银行创新思维，提供更为灵活的保理服务。

（2）推广融资租赁服务，缓解节能服务企业资金压力。"金融租赁"是出租人（租赁公司）根据承租人（客户）的请求，按双方事先的合同约定，向承租人指定的出卖人（节能服务商或设备商），购买承租人指定的固定资产，在出租人拥有该固定资产所有权的前提下，以承租人支付所有租金为条件，将一定时期的该固定资产的占有、使用和收益权让渡给承租人。据统计，在国外的节能服务项目中，约有 20% ~ 25% 采取金融租赁模式。在利用融资租赁工具方面，西门子、GE、施耐德等国际知名企业已经走在了前面。例如，西门子在拓展节能服务市场时，广泛与银行、财务公司、租赁公司等金融机构联系，利用各种融资工具，为客户提供融资服务，为其产品和服务迅速占领市场提供资金支持，而且西门子还设立了金融租赁公司来进一步强化其在市场拓展中的资金融通优势。2006 年，西门子（中国）有限公司、内蒙古乌兰水泥集团和南方国际租赁有限公司签署了一揽子涉及节能服务的金融租赁协议。根据内蒙古乌兰水泥集团要求，南方租赁向西门子整体购买节能设备及服务，西门子承诺最低节能量为 18%；乌兰水泥则以节能效益支付租金，该项目实际节能效果达到 35%，项目实施顺利。与银行保理一样，节能服务企业也同样面临租赁公司对其技术水平、资信能力的质疑。但租赁公司更关注的是客户（承租人）的资信能力，只要客户通过了租赁公司的信用审核，在得到客户认可的情况下，租赁公司甚至有可能在未形成租赁资产前，就可以支付节能项目资金。就融资期限而言，租赁可以提供最高达 5 年的融资，这大大突破了一般银行保理最高 1 年的融资期限。

（3）鼓励节能服务领域开展买方信贷服务，改善企业资金状况。"买方信贷"是由与银行签署有买方信贷协议的设备供应商（卖方企业）单独申请或与购买商（买方企业）共同申请，银行向符合贷款条件的买方企业发放的专项贷款，供其向卖方企业购买商品。买方信贷是围绕卖方企业开展的授信业务，一般由卖方企业提供担保或采用其他符合银行要求的担保方式。通常的，由买方企业支付一定的首付款，剩余资金全部由银行提供，买方企业按照贷款协议向银行分期支付设备款。在国内设备销售市场上，买方信贷是许多设备厂商为客户提供的信用销售工具。因为设备投资通常占了节能投资的较大份额，因此我们也可以将该工具运用于节能服务市场。买方信贷的要求是，卖方企业应是在国际、国内具有较高知名度的大型企业及国家重点发展行业中的支柱企业，符合银行信贷投向的政策要求。买方信贷通常可以为买方企业提供 1～3 年的融资。但这一工具会使节能服务企业承担一定的或有负债。从 2008 年开始，生产大型钢铁节能设备的西安陕鼓集团就与中信银行成功地开展了买方信贷的合作，这极大地提升了其产品的市场占有率，改善了企业的资金状况。

（4）探索未来收益权抵押模式，真正解决中小节能服务企业的融资困境。为打破合同能源管理项目的融资瓶颈，2013 年 4 月 20 日，上海市经济和信息化委员会、上海市发展和改革委员会、上海市财政局、上海市金融服务办公室和上海监管局在虹口花园坊举办了"上海市合同能源管理未来收益权质押 - 百亿绿色融资银企对接"活动，尽可能帮助上海中小节能服务企业解决融资贷款问题。兴业银行、上海银行、招商银行、浦发银行、北京银行等 13 家银行以未来收益权质押形式，为合同能源管理项目提供总额 130 亿元绿色信贷。节能服务企业无须额外担保，将项目未来收益权作为抵押，可获得时长不超过 5 年、额度不超过未来收益额 70% 的项目贷款，贷款利率在基准利率的基础上上浮 10%～30% 不等。

（四）构建完善的节能服务相关法律法规体系

节能减排是一项长期而艰巨的经济发展任务。当前，节能减排已经成为国家经济发展的重要目标，立法层面已经落实了节约优先战略，并全面实行了资源利用总量控制、供需双向调节、差别化管理的手段，因而大幅提高了能源资源利用效率，提升了各类资源的保障程度。在这一基础上如果针对合同能源管理的政策法律、市场孵化、能耗认定等课题进一步制度创新，一定会使目前的节能服务业走上一个新的台阶。

1. 明确用能单位和节能服务企业各自的义务

用能单位的义务包括：提供技术资料、工作条件，配合开展节能量测量和验证，审核设计、施工方案，验收项目，对设备等进行操作、维护和保养，设备等发生故障、损坏和丢失后的通知及配合维修和监管等。节能服务企业的义务包括：将必要的设计、施工、培训等资料提交用能单位确认，答复用人单位的设计、施工方案意见，对用能单位指派的操作人员进行培训，设备的安装、调试的质量保证，配合开展节能量测量和验证，项目移交前的风险承担，定期派人检查项目运行情况等。

2. 确定合同能源管理项目的所有权和相关违约责任

要明确用能单位在付清合同能源管理服务机构所有投资和收益前，项目的所有权归属，以及用能单位在付清合同能源管理服务机构所有投资和收益后，项目的所有权归属。项目所有权移交时，要明确是否应同时移交项目的技术资料；明确用能单位违约时，合同能源管理服务机构仍享有项目所有权；用能单位不得以形成添附为由主张合同能源管理服务机构设备或设施的所有权。在此基础上，明确双方的违约责任和相关赔偿细节。

（五）鼓励节能服务企业提升自身实力，加快从设备销售商品向服务供应商的转型

节能服务企业自身能力主要包括技术能力、融资能力、设计能力、施工能力、管理能力等。仅就技术能力而言，国际知名的节能公司无一不以技术创新占据产业链的高端，这类企业拥有自己的核心技术或者知识产权，多为轻资产、快增长的高科技企业。企业成立之初，规模较小，仅凭借其技术优势能够迅速做大做强，占据产业链高端。

节能公司不仅仅需要从企业内部各环节出发，更需要从企业和企业之间，从产业视角出发更好地实现节能。其核心技术优势是指该项节能技术必须由节能服务企业独立研发。同时，节能服务企业要想成功，眼光不能仅仅盯着某一项节能产品或者节能技术，更重要的是从用能单位企业工业链上每个生产工作

环节入手，通过形成配套的节能技术系统去实现节能。不仅如此，其实现在很多节能服务企业的交易仅仅停留在卖出产品的阶段，而对于节能服务企业来说，除了节能产品之外，还需要提供更优质的服务。

正因如此，民营资本进入节能服务行业，在调整好心态的同时更要有长远的眼光。节能服务行业并非暴利行业，也许项目刚开始启动之时会有很高的利润，但如果想真正做好，后期仍需要源源不断地为该项目提供优质的节能服务，这些都会吃掉部分利润。因此，从长远来看，节能服务企业必须要实现从传统的设备销售商向成熟的服务供应商转型。

随着节能服务市场空间的不断拓展，中国已经成为世界最大的节能服务市场，我国节能服务企业的发展也进入了快车时代。因此，只有具备技术优势、资金实力和系统集成能力，并拥有项目运营、管理经验以及品牌优势，才能拥有国际核心竞争力。

参考文献

Hopper, Nicole, "A Survey of the U. S. ESCO Industry: Market Growth and Development from 2000 to 2006", Lawrence Berkeley National Laboratory.

Hopper Nicole, Charles Goldman and Jennifer McWilliams, "public and Institutional Markets for ESCO Services: Comparing Programs, Practices and Performance", Lawrence Berkeley National Laboratory.

AndrewSatchell, "A Survey of the U. S. ESCO Industry: Market Growth and Development from 2008 to 2011", Lawrence Berkeley National Laboratory.

陈剑、吕荣胜：《节能服务的经济学分析》，《南京社会科学》2011 年第 6 期。

王李平等：《我国合同能源管理机制实施现状分析及对策研究》，《电力需求侧管理》2008 年第 1 期。

王璟珉、屈岩岩：《中国节能服务产业发展战略分析 - 基于利益相关者视角》，《东岳论丛》2012 年第 11 期。

叶瑞克等：《基于产业结构转型升级的浙江省节能减碳研究》，《浙江工业大学学报（社会科学版）》2011 年第 3 期。

刘学之、张树乔：《我国节能服务公司融资困境的对策研究》，《特区经济》2012 年第 4 期。

田智宇：《我国节能产业发展现状、趋势与建议》，《中国经贸导刊》2013 年第 15 期。

吕永权：《我国节能环保产业发展研究》，《经济与社会发展》2014 年第 3 期。

岳文辉、段奇楠：《合同能源管理的发展瓶颈与制度创新》，《上海节能》2014 年第 3 期。

张颖熙：《我国节能服务业发展的现状、问题和对策建议》，《中国经贸导刊》2013 年第 18 期。

夏杰长、张颖熙：《我国环境服务业发展的动力机制与路径选择》，《经济研究参考》2010 年第 54 期。

信达证券：《合同能源管理模式进入快车道——节能环保行业》，研究报告，2014 年 5 月。

中信银行：《中国节能环保行业整体分析报告》，研究报告，2012。

生产性服务业集聚推动产业升级的机理与对策

刘 奕 夏杰长 丁 楠[*]

摘 要：本文运用结构方程模型，对生产性服务业集聚与制造业升级之间的耦合机理、影响因素和路径进行了分析，并基于我国104个地级以上城市样本进行了实证检验。研究结果支持了互动论的观点，证实了生产性服务业集聚与制造业升级之间存在高度关联、相互促进、共同发展的动态内在联系；社会创新体系和综合溢出强度是影响生产性服务业集聚与制造业升级之间耦合的重要因素，两者将通过生产性服务业集聚对制造业升级施加间接的正向影响。

关键词：生产性服务业集聚 制造业升级 耦合机理 创新驱动

一 引言

根据世界经济论坛《全球竞争力报告2013~2014》，如果把经济发展分为5个阶段，从落后到发达分别是：要素驱动阶段、要素驱动向效率驱动转型的阶段、效率驱动阶段、由效率驱动向创新驱动转型的阶段和创新驱动阶段，处于这5个阶段的国家（经济体）分别有38个、20个、31个、22个和37个，

---

* 刘奕，中国社会科学院财经战略研究院副研究员，研究方向为服务经济与服务业地理；夏杰长，中国社会科学院财经战略研究院研究员、博士生导师，副院长，研究方向为服务经济理论与政策；丁楠，中国社会科学院研究生院硕士研究生，研究方向为产业经济与产业政策。

其中我国处于经济发展的第三阶段即效率驱动阶段。长期以来，嵌入外资主导全球价值链的我国制造业被锁定在低端加工和组装环节；缺失了"微笑曲线"两端服务功能的中国制造业，逐渐堕入了低成本竞争的向下螺旋。而生产性服务业具有的高产业关联、知识和人力资本密集、强辐射力等特点，使之当之无愧地成为制造业"起飞的翅膀"和"聪明的脑袋"；作为其有效组织形式，生产性服务业集聚更是人力资本和知识资本向制造业传输的主要载体。依托生产性服务业集聚区的辐射扩散作用，带动我国制造业在全球价值链治理体系下向高端跃升，将对促进我国产业集聚区的全面升级、实现经济增长模式从效率驱动向创新驱动转变发挥决定性作用。

2014 年 8 月出台的国务院《关于加快发展生产性服务业促进产业结构调整升级的指导意见》指出，"适应中国特色新型工业化、信息化、城镇化、农业现代化发展趋势，因地制宜引导生产性服务业在中心城市、制造业集中区域、现代农业产业基地以及有条件的城镇等区域集聚"，显示政策上依托生产性服务业集聚推动产业升级的思路日渐明朗。然而在理论研究层面，更多注意力集中在了制造业与生产性服务业的投入 – 产出关系上，对于生产性服务业集聚影响产业升级的机制和路径一直未能破解，一些关键要素及其相互作用关系更像是一个"黑箱"，阻碍了全方位支撑体系的有效性评价和政策措施的形成。故此，本文在梳理生产性服务业集聚与制造业升级相关影响因素的基础上，通过构建结构方程模型（Structural Equation Modeling，SEM）探寻二者互动背后的逻辑，并利用我国 104 个地级以上城市样本数据进行实证分析。研究结果将为依托生产性服务业集聚推动制造业升级的相关政策制定提供有益参考。

二　生产性服务业集聚与产业升级的耦合机理

关于产业升级，共有两种研究视角：一种是产业结构调整或产业间升级视角，指的是产业间协调发展及对应的结构提升；另一种是全球价值链视角或产业内升级视角，由低到高表现为工艺流程升级、产品升级、功能升级和跨价值链升级四个层次（Humphrey and Schmitz, 2002）。相较而言，全球价值链理论框架下定量研究产业升级的文献还比较欠缺，本文所指的产业升级，即在全球价值链中提升分工地位、获取更高附加值的含义。

传统上，引进高新技术被认为是改变我国制造业在工艺装备、管理技术与生产组织上相对落后现状的主要途径。然而，生产性服务业作为制造业人力、知识的传输纽带，是推动其他部门增长的黏合剂和推动力（Riddle，1986）；随着社会分工程度的加深，产业经济效率将越来越取决于企业生产性活动和外包服务企业的关联程度（格鲁伯和沃克，1989）。在生产性服务业与制造业耦合互动机理方面，参照波特（2002）的研究，如果将制造企业的价值链分为基本性活动（包括生产制造、营销、运输和售后服务等），以及支持性活动（如人力资源、研究发展、金融财务等），当规制放松或技术进步等发生时，原有的制造业和生产性服务业价值链将通过渗透、延伸或重组等方式，断裂分解为散落的价值链条（杨仁发等，2011），并通过服务外包、制造业服务化或"价值增值环节一体化①"等方式实现重新整合。生产性服务业与制造业价值链基本性活动的功能性融合②，将通过劳动分工的进一步细化及不同业态之间的竞争和协同达到调整优化制造业价值链的效果，在降低制造业运营成本的同时提高生产效率；而生产性服务业与制造业价值链支持性活动的结构性融合，则将使制造企业更好地共享行业内部以及价值链上各环节伙伴企业之间的溢出性知识，并通过多次性信任博弈巩固彼此合作关系，从而优化资源配置效率、增强制造业的竞争力（刘明宇等，2010）。

服务关联（Service Links）本身会产生集聚以获得规模经济效应（Jones and Kierzkowski，2005）。从产品内国际分工的角度看，企业倾向于将分散化的生产环节定位于服务关联成本较低的地方，更多制造厂商的进入将形成循环累积效应（Kimura and Ando，2005）；而上下游企业出于有效控制交易成本、共享中间投入品、获得知识外溢效应等考虑，在地理上也具有接近的意愿（Ando and Kimura，2009），进而形成生产性服务业与制造业在空间上的共聚。随着基于产品内分工的全球价值链的迅速扩散，生产性服务业集聚成为世界各国经济发展和产业空间分布的一个显著特征。功能性生产性服务业集聚对制造业升级的作用可以从上下游企业间垂直联系的角度理解：众多下游企业集中在一个地区将支持更多上游企业实现专业化，同时更多的上游企

---

① 见 B. Wirtz，2001."Reconfiguration of Value Chains in Converging Media and Communications Markets"，Long Range Planning，34：489 – 507.

② 该说法最早见于刘奕、夏杰长《以功能性服务集群策动制造业集群升级的实现路径与政策建议》，《宏观经济研究》2010 年第 3 期。

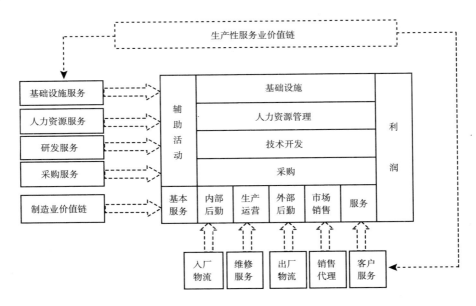

图1　两种生产性服务业与制造业融合的价值链模型示意

资料来源：杨仁发等（2011）。

业又使得下游企业的生产更有效率（Marshall，1920）；假设作为下游的制造企业对中间产品具有多样性偏好，作为上游企业的生产性服务业集聚则意味着中间投入品类的增加，故将有效降低制造企业的运营成本（Ethier，1982）。产业集群的网络结构理论则能够更好地解释支持性生产性服务业集聚与制造业升级之间的联系。集群内分工协作的生产性服务企业、科研机构、地方政府和行业协会，通过本地劳动力在企业间的流动、消费者－供应商之间的技术和组织交换、模仿过程等实现知识外溢和集体学习过程（Camagni，1991），加速技术创新和人力资本积累（Ellison and Glaeser，1997），而集群中的这些创新主体与制造企业通过不同的联结方式形成相互联系、相互作用的网络，使得集群内的制造企业能以较低成本获得运输、融资、知识技术及商务服务等高级要素投入，产生 Charlot 和 Duranton（2004）在法国案例中观察到的借由制造环节和服务环节的有效交流沟通而发生的知识溢出，从而帮助企业由低附加值的制造环节沿价值链向高附加值的位置移动；与此同时，生产性服务的集聚也将增加本地对 FDI 的吸引力，对制造业竞争力提升产生外溢效应。反过来，制造业升级所引致的对更低服务投入成本和更高要素投入品质的追求，加之制造业技术优势及更有利价值链分工地位的获得，又会带动生产性服务业的进一步发展和集聚，从而形成一种螺旋式上升的互促格局。从行业异质性看，除了对制造业转型升级的外溢机制有所不同之外，生产性服务业集聚的区位特征也因为制造业价值链承担不同功能而存在显著差异（詹浩勇，2013）。功能性服务倾向于集聚在制造业周边，是依托制造业的生产性服务业集群；支持性服务则往往体现向区域性中心城市及大城市的中央商务区集聚的趋势，显示与城市能级的强相关性，是纯生产性服务业集群（刘奕等，2009），其辐射距离也相对较远。

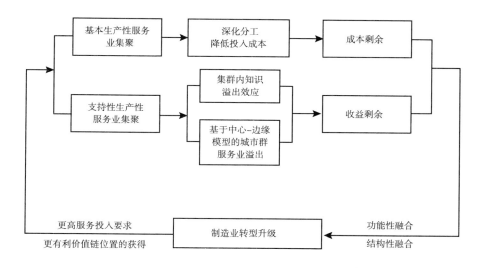

图 2　生产性服务业集聚与制造业升级的耦合机理

资料来源：参考詹浩勇（2013）进行了修改。

从研究方法上看，关于生产性服务业与制造业竞争力耦合互动关系的已有文献主要分为三类：一是有关二者关系的理论和经验研究。二是运用投入－产出分析方法对生产性服务业及其细分行业提升制造业竞争力的实证研究，如 Arnold, Javorcik and Mattoo（2011），Arnold, Mattoo and Narciso（2008）以及 Wolfmayr（2008）等运用 OECD 国家以及捷克、撒哈拉以南非洲地区企业和行业层面的投入产出数据，证明了生产性服务业的发展对于发达国家和发展中国家的制造业的升级、全要素生产率的提高和竞争力的提升均具有促进作用。陈伟达和张宇（2009）、高传胜（2008）等运用我国的投入产出数据，同样得出了发展生产性服务业有利于制造业转型升级的结论。三是基于面板数据、误差修正模型以及系统动力学方法进行的实证研究，典型的如顾乃华等（2006）、江静等（2007）对于生产性服务业及各行业对制造业竞争力的影响及其能级比较的研究，结果均揭示出生产性服务业与我国制造业效率提升之间有着显著的正向联系，其中科技研发和金融保险业的影响最大。总体上看，虽然从理论上解说生产性服务业与制造业之间的关系，存在需求遵从论、供给主导论、互动论和融合论四种视角，但在实证研究中更多学者倾向于互动论，如 Park and Chan（1989）、Guerrieri and Meliciani（2005）、Franke and Kalmbach（2005）以及顾乃华（2005）、郑吉昌等（2005），但研究结论远未达到一致。比如 Tanaka（2009）对 1980～2005 年间日本的研究并未发现服务业对制造业生产率的提升作用；而代中强（2008）对长三角 16 城市的研究也指出，大部分城市生产性服务业和制造业仅存在单向因果关系。上述争论的可能解释是，经济发展的各个阶段，生产性服务业的特性和功能是动态的，可能会经历不断凸显和强化的过程（Hutton，2004），这也说明二者在理论上的耦合关系，还需要用不同的计量方法及更大样本量做更多的实证研究。而且，已有实证文献仅止于证明生产性服务业与制造业竞争力的联系是否存在、影响方向如何、不同服务行业的影响力比较，并未揭示两者联系背后的逻辑及其影响因素，目前仅有顾乃华（2010）利用城市面板数据和随机前沿函数模型，并通过引入地理距离、政策环境、工业企业整合价值链的能力等变量，尝试对生产性服务业向工业发挥外溢效应的渠道进行分析。然而就作用机制、关键要素和影响路径而言，该研究仅仅还是初步的，特别是在影响因素的探讨上，忽视了服务递送成本、人力资源等影响生产性服务业知识溢出的重要因素，对于创新主体影响制造业升级的机理也未纳入考虑；基于面板数据的计量分析方法，也限制了文章对影响生产性服务业的软性因素特别是创新环境及其溢出强度的描画，故而降低了文章的应用价值。本文尝试弥补上述缺憾，将生产性服务业发展与制造业升级之间的互动关系纳入一个完整的理论框架中进行分析，运用结构方程模型方法，着力构建生产性服务业集聚与制造业升级之间的系统关联机制，揭示区域创新环境、城市空间体系和交易成本影响生产性服务业集聚进而诱致产业升级的内在驱动机制，并运用中国 104 个地级以上城市的数据进行实证检验。

三 生产性服务业集聚与制造业升级的 结构方程模型假设

在统计中，如何清晰界定生产性服务业仍存在较大争论，比如交通运输服务、金融、批发零售等行业的服务对象既可以是生产企业，也可能是消费者。考虑到生产性服务业的内涵、外延以及数据的可分性和可获得性，这里借鉴顾乃华（2010），用"交通运输仓储邮政业""信息传输、计算机服务和软件业""金融业""租赁和商务服务业""科学研究、技术服务和地质勘查业"代表生产性服务业，用生产性服务业的就业人数作为基准，以城市生产性服务业区位熵和生产性服务业占第三产业的比重来表示集聚程度，其中生产性服务业区位熵的计算方法如公式 1 所示，PEi 为第 i 市生产性服务业的从业人数，PE 为全国生产性服务业的从业人数；Pi 为第 i 市全部从业人数，P 为全国从业人数。为了区分基本生产服务的功能性融合与支持性生产服务的结构性融合对制造业升级的影响，我们另外引入支持性服务区位熵占生产性服务业区位熵的比重共同来衡量城市的生产性服务业集聚程度，其中结合波特（2002）的定义，将支持性服务界定为"信息传输、计算机服务和软件业""金融业""租赁和商务服务业""科学研究、技术服务和地质勘查业"这四种生产性服务行业。

公式 1：

$$A_i = \frac{PE_i / PE}{P_i / P}$$

如前所述，作为中间投入品的生产性服务业集聚及其多样化将显著影响制造业生产率，而制造业生产率的提升又会反向吸引更多中间投入品厂商的集中（Puga and Venables, 1996），生产性服务业集聚与制造业表现为相互作用、相互依赖、共同发展的互动关系。

假设 1：生产性服务业集聚与制造业升级之间相互产生正向影响。

在解释支持性服务方面，劳动力蓄水池和中间投入品共享效应具有一定的局限性（Moularet and Gallouj, 1993），知识、技术在一定地理范围内的溢出和扩散及其产生的规模报酬递增是知识密集型生产性服务业集聚的重要原因。知识的外溢效应和集体学习的互动过程，使得每个服务企业获得知识更加容易，尤其是获得隐性知识，经革新后使其显性化，创造出高于原来的新知识形态，从而使得"集体学习过程"逐渐演变为一种地区的"创新环境"（Keeble et al.，2000）。如果说技术创新是推动制造业升级的主要因素之一，生产性服务业集聚则是制造业导入人力资本和知识资本的主要途径。科研机构和高等教育机构等构成区域创新系统内的第一知识基，它们发挥着新知识、新技术的生产功能，并通过与制造企业内部原有知识相结合产生新知识，在此过程中，制造企业将外部新知识和内部现存知识进行整合升级并加以合理应用的转换能力十分重要（魏江等，2011）。生产性服务业既能够促进第一知识基创造的新知识有效扩散，又能够增进制造企业的吸收转化能力（Muller，2001），在获取知识、整合知识及传递知识三个阶段在区域创新系统中与制造业互动（Strambach，2001），因而被称为第二知识基。这里用每万人拥有的普通高等学校在校学生数和科学支出来刻画区域创新系统。此外，服务业集聚的形成和发展除了所依托的高素质劳动力和资金支持之外，还需要土地资源特别是园区载体等要素投入支持，而制造业升级也会间接受到土地资源投入的影响。基于此，我们将城市的知识创新载体纳入社会创新体系进行考虑，这里用商服用地面积以及商服用地与工矿用地面积的比重来表示。

假设2：社会创新体系通过生产性服务业集聚间接作用于制造业升级，并对其产生正向影响。

影响生产性服务业集聚与制造业融合的基础动力，除了价值链的高度相关性之外，还需兼顾关联产业的溢出强度和贸易成本。作为新经济地理学解释产业集聚的核心内容，规模收益递增和"冰山"运输成本假设虽然是针对制造业做出的，但专业化、精细化的特征决定了生产性服务业的消费替代弹性更低，因而比制造业更应具有规模收益递增的特性，贸易成本的影响也就更为突出。可贸易性促使居于中心城市的生产性服务企业与其对应等级市场区域的制造企业之间存在频繁的信息流、资金流和人才流等要素交换，而供需双方以基础设施为支撑的通达性、由多种交通与信息通信技术手段相结合的综合溢出成本将对生产性服务业与制造业的融合产生影响（方远平等，2008）。信息化水平的提高不但将促进生产性服务业的集聚（Coffey et al.，1992），还将使得生产性服务业与制造业在空间上的互动成本逐渐降低，进而极大地促进生产性服务外包；此外，不能将信息技术看作是面对面交流的替代，非标准化的生产性服务业依赖"面对面"接触来完成生产和消费的过程，参照交流外部性模型，如果以企业跟生产性服务企业之间的面对面交流为投入，则交流成本与通勤距离显著相关。而且，根据中心－边缘模型，高等级城市通常将提供更高端的生产性服务，发达地区中心城市更容易产生知识的溢出效应（詹浩勇，2013），故而所处城市在区域空间等级结构中的位置，对生产性服务业集聚与制造业的融合也将施加重要影响（O'Connor and Hutton，1998）。鉴于省会城市都是各省生产性服务业相对较发达的城市，这里用所在省的生产性服务业从业人数来反映处于不同地理位置对其吸收区域生产性服务业溢出的影响，用与北京、上海两大服务业集聚中心的距离的最小值、与所在省省会城市的距离衡量面对面服务的交易成本，用各地区人均电信业务收入来衡量信息成本。

假设3：综合溢出强度将对通过生产性服务业集聚向制造业升级的溢出产生显著的正向影响。

制造业攀升产业链，主要表现为制造业生产效率的提高以及附加值的增加；工业企业通过服务外包或制造业服务化实现与生产性服务业的融合，根本驱动力也是对利润最大化的追求。在生产效率的表征方面，采用单位劳动力的产值即全员劳动生产率，由于一些研究表明，资本有机构成与全要素生产率呈正相关（江静等，2007），这里添加人均固定资产来表示资本有机构成。在制造业附加值描述方面，相比于劳动生产率、工业增加值等非市场化的效率指标，此处借鉴美国管理学家德鲁克的研究，用"贡献价值"即企业生产的产品或提供的服务所得之总额与由外部买进的原材料或服务的采购额之间的差值表征企业的产出价值和创造最终收益的能力。由于该定义与我国统计体系中的"利税"这一指标吻合，故本文采用规模以上工业企业人均利税额来表征工业企业在价值链上的位置；此外，为反映企业综合利用资产取得盈利的效果，这里采用总资产利润率作为另外一个衡量制造业附加值的维度，用利润总额占资产总额的比例表示。

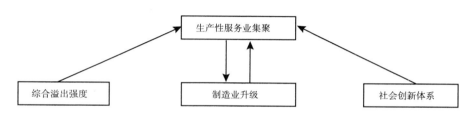

图3 结构方程模型假设

四 模型拟合及实证结果

1. 数据说明与研究方法

由于商服用地等数据可得性的限制，本文选择我国 104 个地级以上城市作为样本（不包括拉萨），数据来源于《中国城市统计年鉴 2013》《中国国土资源统计年鉴 2012》，通勤距离的数据来自 Google Maps。方程中各潜变量及描述指标的结构如表 1 所示。

表 1 潜变量及描述指标结构

指标分类	潜变量	变量	指标名称	计算方法	指标代码
外源变量 U	制造业升级	U	劳动生产率	规模以上工业企业单位劳动力的产值	U1
			资本有机构成	人均固定资产	U2
			企业在价值链位置	规模以上工业企业人均利税额	U3
			总资产利润率	利润总额占资产总额的比重	U4
内生变量 A	生产性服务业集聚	a1	生产性服务业区位熵	生产性服务业区位熵	a1.1
			支持性服务区位熵占比	支持性服务区位熵/生产性服务业区位熵	a1.2
			生产性服务业占比	生产性服务业从业人数/服务业从业人数	a1.3
	社会创体系	a2	创新人才	每万人拥有的普通高等学校在校学生数	a2.1
			第一知识基	科学支出	a2.2
			创新载体	商服用地面积	a2.3
			载体结构	商服用地与工矿用地面积的比重	a2.4
	综合溢出强度	a3	较远地理距离生产性服务供应量	所在省的生产性服务业从业人数	a3.1
			吸收最高等级城市溢出的成本	与北京、上海两大服务业集聚中心的距离的最小值	a3.2
			吸收区域中心城市服务业溢出的成本	与所在省省会城市的距离	a3.3
			信息成本	人均电信业务收入	a3.4

本文使用结构方程模型观测变量与潜在变量之间以及潜在变量之间的关系。作为 20 世纪 90 年代初期开始使用的一种线性建模技术，结构方程模型主

要是基于变量的协方差矩阵来分析变量之间关系，它具有很多优于多元回归、计量经济学中的联立方程组、路径分析（pathanalysis）以及因子分析法的特性，如没有严格的假定限制条件、可分析潜变量之间的关系，同时允许自变量和因变量之间存在测量误差等，因而成为心理学、社会学、管理学等社会科学研究领域广泛应用的一种分析技术，但在使用宏观数据进行经济分析方面还较为少见。近年来应用结构方程模型的经济领域文献主要集中在城市研究特别是城市竞争力分析领域[①]，目前还未见服务业领域的相关研究。

2. 数据处理及信度检验

由于本文搜集的数据为各类宏观经济指标，单位各不相同，因此我们首先对数据进行无量纲化处理，方法采用的是阈值法，也就是采用如下公式进行：

$$X_i = (x_i - x_{min})/(x_{max} - x\,min)$$

其中 xi 为变量 X 第 i 个样本的初始值，Xi 为 xi 无量纲化处理后所得到的数值；x_{max} 和 x_{min} 分别为该变量初始数据中的最大值和最小值。转换之后，所有变量指标的数值都转变为 [0，1] 取值之间，但大小顺序不变。

3. 模型拟合结果

在构建模型过程中，我们对测量各个潜变量的三级指标进行内部一致性信度检验，去掉信度比较低的指标，例如三级指标与潜变量相关系数小于 0.2 者。这些三级指标包括 a1.2、a3.2、a2.4 和 U4 这 4 个。最后的模型如图 4 所示。

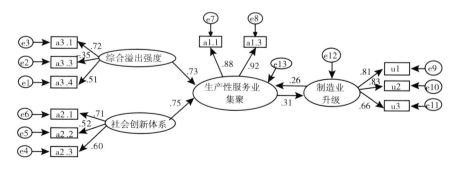

图 4 结构方程模型

---

① 典型的如倪鹏飞等（2011）。

表 2 显示，根据结构方程模型拟合效果的一般标准，如 CFI、NFI、GFI 等，说明本模型拟合效果较好。卡方值/自由度比、AGFI 虽不太理想但也很接近于理想标准，其余各个指标都达到了拟合的标准。

表 2 模型拟合结果

拟合指数	χ^2/DF	GFI	AGFI	CFI	NFI	RMSEA
理想标准	<3	≥0.9	≥0.9	≥0.9	≥0.9	≤0.08
本模型结果	2.84	0.913	0.898	0.921	0.932	0.075

结合表 3，各个潜变量的测量指标在因子上的载荷都大于 0.5（除 a3.3 之外），并且所有测量指标的路径系数以及潜变量之间的路径系数都达到显著性水平（小于 0.05），说明各个潜变量的测量指标都具有较好的测量效度，同时各个潜变量之间的影响关系都具有统计学上的显著性意义。

表 3 回归系数估计值

路径			估计值	标准化值	S. E.	C. R.	P
生产性服务业集聚	<—	综合溢出强度	1.527	0.731	0.389	3.926	***
生产性服务业集聚	<—	社会创新体系	2.113	0.746	1.342	2.574	0.002
制造业升级	<—	生产性服务业集聚	0.271	0.311	0.136	-1.992	0.046
生产性服务业集聚	<—	制造业升级	0.297	0.258	0.132	2.253	0.024
a3.4	<—	综合溢出强度	1	0.512			
a3.1	<—	综合溢出强度	1.377	0.720	0.336	4.105	***
a3.3	<—	综合溢出强度	-1.450	-0.351	0.532	-2.724	0.006
a2.3	<—	社会创新体系	1.000	0.198			
a2.2	<—	社会创新体系	1.689	0.523	0.525	2.032	0.039
a2.1	<—	社会创新体系	1.255	0.709	2.568	4.324	***
u1	<—	制造业升级	1	0.805			
u2	<—	制造业升级	1.383	0.828	0.202	6.852	***
u3	<—	制造业升级	0.638	0.658	0.103	6.215	***
a1.1	<—	生产性服务业集聚	1	0.883			
a1.3	<—	生产性服务业集聚	2.738	0.923	0.248	11.039	***

4. 模型的具体结论

结合图 4 以及表 3，可以得出如下结论。

（1）综合溢出强度对生产性服务业集聚具有正向影响作用，标准化影响系数为 0.73；

（2）社会创新体系对生产性服务业集聚具有正向影响作用，标准化影响系数为 0.75；

（3）生产性服务业集聚与制造业升级之间存在交互正向影响作用，标准化影响系数分别为 0.31 和 0.26；

（4）综合溢出强度通过影响生产性服务业集聚对制造业升级具有间接正向影响作用，标准化影响系数为：$0.73 \times 0.31 = 0.2263$；

（5）社会创新体系通过影响生产性服务业集聚对制造业升级具有间接正向影响作用，标准化影响系数为：$0.75 \times 0.31 = 0.2325$。

5. 指标权重计算

为了计算各个三级指标对制造业升级的影响权重，我们首先对潜变量各自包含的指标进行权重归一化处理，也就是每一个指标的权重等于它的路径系数除以所有指标路径系数（负值时取绝对值）之和，公式如下：

$$W_i = K_i / \sum K_i \qquad (i = 1,2,3\cdots\cdots i)$$

Wi 是第 i 个三级指标对其潜变量的权重，Ki 是第 i 个三级指标对其潜变量的标准化路径系数。

例如观测指标 a2.1 对社会创新体系的影响权重为：

$$W_{a2.1} = \frac{K_1}{\sum K_i}(i = 1,2,3) = \frac{0.71}{(0.71 + 0.52 + 0.60)} = 0.3880$$

由于社会创新体系与综合溢出强度、a1.1、a1.3 共同影响生产性服务业集聚，因而社会创新体系对生产性服务业集聚的影响权重为：

$$W_{社会创新体系} = \frac{0.75}{(0.75 + 0.73 + 0.88 + 0.92)} = 0.2287$$

同理，生产性服务业集聚对制造业升级的影响权重为：

$$W_{生产性服务业集聚} = \frac{0.31}{(0.31 + 0.81 + 0.83 + 0.66)} = 0.1188$$

a2.1 对制造业升级最终的影响权重就等于它对社会创新体系的影响权重乘以社会创新体系对生产性服务业集聚对制造业升级的影响权重，即

$$WW_{a2.1} = W_{a2.1} \times W_{社会创新体系} \times W_{生产性服务业集聚} = 0.3880 \times 0.2287 \times 0.1188 = 0.0106$$

表4　各变量及指标对制造业升级的影响权重

一级指标		二级指标		三级指标		最终权重
指标名称	本级权重	指标名称	本级权重	指标名称	本级权重	
U1	0.3103	—	—	—	—	0.3103
U2	0.3180	—	—	—	—	0.3180
U3	0.2529	—	—	—	—	0.2529
生产性服务业集聚	0.1188	a1.1	0.2863			0.0340
		a1.3	0.2805			0.0333
		综合溢出强度	0.222	a3.1	0.4557	0.0120
				a3.3	− 0.2215	− 0.0058
				a3.4	0.3228	0.0085
		社会创新体系	0.2287	a2.1	0.3880	0.0106
				a2.2	0.2842	0.0077
				a2.3	0.3279	0.0089

根据表4指标系数权重，可以计算各个城市在各个指标上的得分。公式为：

$$综合溢出强度得分 = a3.1 \times 0.4557 − a3.3 \times 0.2215 + a3.4 \times 0.3228$$
$$社会创新体系得分 = a2.1 \times 0.3880 + a2.2 \times 0.2842 + a2.3 \times 0.3279$$
$$生产性服务业集聚得分 = 综合溢出强度 \times 0.2226 + 社会创新体系 \times 0.2287$$
$$+ a1.1 \times 0.2863 + a1.3 \times 0.2805$$
$$制造业升级得分 = U1 \times 0.3103 + U2 \times 0.3180 + U3 \times 0.2529 + 生产性服务业集聚 \times 0.1188$$

根据以上指标计算得到的分数由高到低进行排序，可以得到制造业升级、生产性服务业集聚、综合溢出强度和社会创新体系的城市排序。限于篇幅，此处从略。

五　结论与研究展望

本文运用结构方程模型，对生产性服务业集聚与制造业升级之间的耦合机理、影响因素和路径进行了分析，并基于我国104个地级以上城市样本进行了实证检验。研究结果支持了 Hansen（1990）、Guerrieri & Meliciani（2005）以及 Franke & Kalmbach（2005）等文献中互动论的观点，证实了生产性服务业集聚与制造业升级之间存在高度关联、相互促进、共同发展的动态内在联系；社会创新体系和综合溢出强度是影响生产性服务业集聚与制造业升级之间耦合的重要因素，二者将通过生产性服务业集聚对制造业升级施加间接的正向影响。其中，人力资源保有量是社会创新体系构建的主要决定因素，政府对科技的投入和生产性服务业发展载体的规划建设虽然也有正向影响，但相较前者作用较弱；从综合溢出强度的影响因素看，省域范围内生产性服务业的集聚程度，是影响生产性服务业向制造业升级溢出的决定要素，信息基础设施建设和信息化发达程度，也会对二者的耦合互动产生较大影响。此外，在生产性服务业集聚向制造业升级外溢的过程中，地理距离也会产生显著影响，其中北上广深这样的全国性生产性服务业中心城市，其溢出强度还未能达到全国的范围，与这四个城市的空间距离未能显著作用于生产性服务业集聚及制造业升级；从目前情况看，以省会城市为主的区域中心城市是城市群空间体系中向周边制造知识溢出的主体，因而边缘城市的制造业升级显著落后于接近区域中心城市的地区——据此，未来在城市群建设的大背景下，依托区域中心城市发展生产性服务业，应成为以生产性服务业促进制造业升级的区域政策着眼点。

由于引入更多潜变量的结构方程模型未能满足统计的显著性要求，且相关观测指标不能通过内部一致性信度检验，我们没能将要素禀赋、需求规模、发展成本等影响生产性服务业集聚或制造业升级的潜在变量纳入考虑，也未能做到对支持性生产性服务业集聚和基本生产性服务业集聚对制造业升级的作用和影响权重加以区分，这成为本文分析的一大缺憾。此外，有研究指出，对小样本数据采用极大似然估计，结果的可信度将打折扣；而构建"软模型"，也就是基于偏最小二乘估计方法结构方程模型（PLS-SEM），对样本量和数据正态性要求相对宽松，在处理小样本问题上有着较大的优势（罗玉波等，2013）。未来研究需致力于从以上方面对文章进行补足。

六　加快生产性服务业集聚发展的政策建议

（一）发挥中心城市在生产性服务业发展中的辐射带动作用

"小城镇，大战略"虽然自20世纪80年代起一直在相关政策层面得以推行，但该发展设想在中西部地区实际上并未成形，由于产业网络体系和知识集聚等原因，大城市的集聚经济效应更加明显。大城市的通达性和接近性，意味着更加靠近集聚经济带来的种种便利，与工业化、城市化等传统因素相比，在促进腹地城市服务业增长中的地位也更加重要。推动中心城市形成城镇化与服务业的良性互动，通过集聚效应和规模效益不断循环并向外辐射能量，运用市场力量将周边地区纳入大城市的服务业发展空间体系中，从而带动周边地区发展是有效路径。

（二）依托城市群（城市连绵带），实现服务业的空间梯度发展

新型城镇化规划提出改变大城市"一市独大"状况，并不是要限制区域中心城市发展，而是从建构区域合理产业分工格局角度，提出要依托城市群、城市连绵带实现协同发展，对欠发达地区更是如此。长期以来，制约欠发达地区服务业发展的问题不仅在于"中心城市凸不起"，同时也在于"周边城市上不来"。大部分的欠发达地区的中心城市城市服务业规模不大、能级不足，辐射带动能力有限，而城市之间由于空间距离较近、经济联系紧密，已经呈现相向发展的特征。未来应以整合区域空间和创新区域一体化政策为前提，以都市区空间协调管制和战略性服务设施布局为抓手，积极推进以城市圈、城市带为依托的区域服务业发展格局，使得服务业从分散的地方性自主发展逐渐转向都市区网络化整合发展。依托快捷的交通、通讯通信和金融以及多种社会服务网络，推动区域中心城市的生产性服务业发展，并以此为核心带动相邻地区制造业的发展，在空间上形成生产性服务业集聚与制造业集聚相互协调的布局，形成有竞争力的区域产业链分工和广域产业集聚；与此同时，周边中小城市应主动承接中心城市的流量服务业、健康服务业溢出，实现城市群之间分工、协作和互补的服务业发展格局。

（三）加强创新型人才和创新团队建设，为生产性服务业发展提供强大的智力支撑

前面的研究表明，社会创新体系对生产性服务业集聚具有正向影响作用。因此，推动社会创新至关重要。服务业最主要的"投入"就是人力资本。人才，特别是创新型人才是生产性服务业发展的第一要务。竭力培养生产性服务业人才及其创新团队是政府和社会义不容辞的责任。要从资金投入和变革人才培养模式等方面着手，支持生产性服务业创新团队培养，鼓励服务创新，包容创新失败。按照"不求所有，但求所用"的原则，积极推进技术入股、管理

人员持股、股票期权激励等新型分配方式，建立创新型人才柔性流动机制，鼓励更多的高端人才向生产性服务业领域聚集，为生产性服务业大发展提供强大的智力支撑。

（四）创新财税金融体制，为生产性服务业发展提供良好的制度保障

良好的制度环境是生产性服务业发展之重要保障。长期以来，我国的生产性服务业落后，主要是受到垄断管制过多的体制束缚。所以，推动相关体制机制创新也是重要的举措。

一是要创新金融政策体系。建立完善多层次、多元化金融服务体系。鼓励发展天使投资、创业投资，支持融资性担保机构发展。通过多层次资本市场体系建设，满足不同类型生产性服务业的融资需求。拓宽机构对现代服务业企业贷款抵押、质押及担保的种类和范围，加大金融创新对生产性服务业的支持力度。借鉴一些发达国家的经验，设立"服务业特别基金"，为符合国家产业政策的小型微型服务企业发展提供资金支持，破解融资瓶颈。

二是要继续深化服务业增值税的"扩围"改革，全面实施这一有利于生产性服务业发展的"税收新政"。通过"营改增"政策的全面创新和实施，鼓励制造业与服务业的高度专业分工，从分工合作中寻求制造业和服务业的"双赢"。产业融合是现代产业体系建设的重要特征，高新技术越来越多地运用于生产性服务业领域，或者许多生产性服务业领域本身就具备高新技术、节能环保型企业的特质。因此，对研发设计、检验检测认证、节能环保等科技型、创新型生产性服务业企业，应实施税收激励政策，允许其按照高新技术企业的待遇享受15%的企业所得税优惠税率。

（五）积极推动生产性服务业对外开放，提升生产性服务业国际竞争力

借力对外开放，通过全球竞争和技术溢出实现效率提升和服务创新，是提升我国生产性服务业素质和国际竞争力的必由之路。通过积极参与 TPP 和 FTA 等自由贸易协议努力放宽服务贸易的准入和投资限制，促进生产性服务业效率提升。简化境外投资审批程序，提高境外投资的便利化程度，适时扩大生产性服务业服务产品出口退税政策范围，鼓励生产性服务企业走出去，大力发

展高端生产性服务贸易，积极拓展生产性服务业发展空间，不断提升生产性服务业国际竞争力。

参考文献

J. Humphrey and H. Schmitz, 2002. "How Does Insertion in Global Value Chains Affect Upgrading in Industrial Clusters?" *Regional Studies*, 36: 1017 – 1027.

D. Riddle, 1986. "Service-led Growth: The Role of the Service Sector in the World Development", Praeger, NewYork.

R. W. Jones and H. Kierzkowski, 2005. "International Trade and Agglomeration: an Alternative Framework", *Journal of Economics*, 10 (1): 1 – 16.

F. Kimura and M. Ando, 2005. "Two-dimensional Fragmentation in East Asia: Conceptual Framework and Empirics", *International Review of Economics and Finance*, 14 (3): 317 – 348.

M. Ando and F. Kimura, 2009. "Fragmentation in East Asia: Further Evidence", ERIA Discussion Paper Series, ERIA-DP – 2009 – 20.

A. Marshall, 1920. *Principles of Economics*, London: Macmillan, 1920.

W. J. Ethier, 1982. "National and International Returns to Scale in the Modern Theory of International Trade", *American Economic Review*, 72 (3): 389 – 405.

R. Camagni, 1991. "Local 'Milieu', Uncertainty and Innovation Networks: towards a New Dynamic Theory of Economic Space", collected in R. Camagni ed. *Innovation Networks: Spatial Perspectives*, Belhaven Press, London, 121 – 142.

G. Ellison and E. L. Glaeser, 1997. "Geographic Concentration in U. S. Manufacturing Industries: a Dartboard Approach", *Journal of Political Economy*, 105 (5): 899 – 927.

S. Charlot and G. Duranton, 2004. "CommunicationExternalities in Cities", *Journal of Urban Economics*, 56 (3): 581 – 613.

Jens M. Arnold, Beata S. Javorcik and Aaditya Mattoo, 2011. "Does Services Liberalization Benefit Manufacturing Firms? Evidence from the Czech Republic", *Journal of International Economics*, 85 (1): 136 – 146.

J. M. Arnold, A. Mattoo and G. Narciso, 2008. "Services Inputs and Firm Productivity in Sub-Saharan Africa: Evidence from Firm-Level Data," *Journal of African Economies*, 17 (4): 578 – 599.

Y. Wolfmayr, 2008. "Producer Services and Competitiveness of Manufacturing Exports", FIW Research Reports.

S-H. Park and K. S. Chan, 1989. "Cross-Country Input-Output Analysis of Intersectoral Relationships between Manufacturing andServices and their Employment Implications", *World*

Development, 17 (2): 199 – 212.

P. Guerrieri and V. Meliciani, 2005. "Technology and International Competitiveness: the Interdependence between Manufacturingand Producer Services", *Structural Change and Economic Dynamics*, 16 (4): 489 – 502.

D. Keeble and F. Wilkinson, 2000. "High-technology SMEs, Regional Clustering and Collective Learning: an Overview", collected in D. Keeble, and F. Wilkinson eds. *High-technology clusters, networking and collective learning in Europe*, Ashgate, Aldershot, 1 – 20.

R. Franke and P. Kalmbach, 2005. "Structural Change in the Manufacturing Sector and its Impact on Business-related Services: an Input-Output Study for Germany", *Structural Change and Economic Dynamics*, 16 (4): 467 – 488.

K. Tanaka, 2009. "Producer Services and Manufacturing Productivity: Evidence from JapanIndustrial Productivity Database", Global COE Hi-Stat Discussion Paper Series 076.

T. A. Hutton, 2004. "Service Industries, Globalization, and Urban Restructuring within the Asia-Pacific: New DevelopmentTrajectories and Planning Responses", Progress in Planning, 61.

D. Puga and A. J. Venables, 1997. "The Spread of Industry: Spatial Agglomeration in Economic Development", *Journal of the Japanese and International Economies*, 10 (4): 440 – 464.

F. Moulaert and C. Gallouj, 1993. "The Locational Geography of Advanced Producer Firms: the Limits of Economies of Agglomeration", in Daniels, P., Illeris, S., Bonamy, J. and Philippe, J. *The geography of services Frank Cass*, London, 91 – 106.

D. Keeble and F. Wilkinson, 2000. "High-technology SMEs, Regional Clustering and Collective Learning: an Overview", collected in D. Keeble and F. Wilkinson, eds *High-technology clusters, networking and collective learning in Europe*, Ashgate, Aldershot, 2000: 1 – 20.

E. Muller, 2001. "Innovation Interactions Between Knowledge-Intensive Business Servicesand Smalland Medium-sized Enterprises—Analysis in Terms of Evolution", *Knowledge and Territories*, Physica, Heidelberg.

S. Strambach, 2001. "Innovation Processes and the Role of Knowledge-intensiveBusiness Services (KIBS)", Innovation Networks: Concepts and Challenges in the *European Perpective*, Technology, Innovation and Policy, 12: 53 – 68.

W. J. Coffey and A. S. Bailly, 1992. "Producer Services and System of Flexible Production", *Urban Studies*, 29 (6): 857 – 868.

K. O' Connor and T. A. Hutton, 1998. "Producer Services in the Asia PacificRegion: An Overview of Research Issue", *Asia Pacific Viewpoint*, 39 (2): 139 – 143.

格鲁伯、沃克:《服务业的增长:原因和影响》,陈彪如译,上海三联书店,1993。

迈克尔·波特:《国家竞争优势》,李明轩等译,华夏出版社,2002。

杨仁发、刘纯彬:《生产性服务业与制造业融合背景下的产业升级》,《改革》2011 年第 1 期。

刘明宇、芮明杰、姚凯:《生产性服务价值链嵌入与制造业升级的协同演进关系研究》,《中国工业经济》2010 年第 8 期。

詹浩勇：《生产性服务业集聚与制造业转型升级研究》，西南财经大学博士学位论文，2013。

刘奕、夏杰长：《服务业集群的形成机理和作用机制：国际经验》，《国外社会科学》2009 年第 6 期。

高传胜：《中国生产者服务对制造业升级的支撑作用》，《山西财经大学学报》2008 年第 1 期。

陈伟达、张宇：《生产者服务业对制造业竞争力提升的影响研究——基于我国投入产出表的实证分析》，《东南大学学报（哲学社会科学版）》2009 年第 3 期。

顾乃华、毕斗斗、任旺兵：《中国转型期生产性性服务业发展与制造业竞争力关系研究——基于面板数据的实证分析》，《中国工业经济》2006 年第 9 期。

江静、刘志彪、于明超：《生产性者服务发展与制造业效率提升：基于地区和行业面板数据的经验分析》，《世界经济》2007 年第 8 期。

顾乃华：《我国服务业对工业发展外溢效应的理论和实证分析》，《统计研究》2005 年第 12 期。

郑吉昌、夏晴：《论生产性服务业的发展与分工的深化》，《科技进步与对策》2005 年第 2 期。

代中强：《制造业与生产性者服务业的互动关系——来自长三角的证据》，《产业经济研究》2008 年第 4 期。

顾乃华：《生产性服务业对工业获利能力的影响和渠道——基于城市面板数据和 SFA 模型的实证研究》，《中国工业经济》2010 年第 5 期。

魏江、周丹：《生产性服务业与制造业融合互动发展——以浙江省为例》，科学出版社，2011。

方远平、阎小培：《大都市服务业区位理论与实证研究》，商务印书馆，2008。

倪鹏飞、白晶、杨旭：《城市创新系统的关键因素及其影响机制——基于全球 436 个城市数据的结构化方程模型》，《中国工业经济》2011 年第 2 期。

罗玉波、王玉翠：《结构方程模型在竞争力评价中的应用综述》，《技术经济与管理研究》2013 年第 3 期。

夏杰长：《把握生产性服务业发展的着力点》，《经济日报》2014 年 9 月 6 日。

生产性服务业对外开放推动
产业升级的机理与对策

姚战琪[*]

摘　要： 改革开放后，中国生产性服务业发展迅速，正在逐渐攀升全球价值链高端，但我国生产性服务业在全球化背景总体水平还不高，农业对相关生产性服务业的中间需求还比较低，在华生产性服务业外商投资对内资工业企业生产效率的负面影响不容忽视；生产性服务业与外资制造业关联度还较弱。大力发展生产性服务业，提升产业国际竞争力，需从以下几方面着手：提高农业生产性服务业市场化程度，创新农业生产经营方式和农业生产性服务供给模式；优化我国服务业内部的行业结构，大力拓展知识密集型生产性服务业；促进国内生产性服务业与制造业的融合互动发展；提高生产性服务业的对外开放水平，特别是要力推金融、保险、民航、电信、物流等生产性服务业"走出去"。

关键词： 生产性服务业　全球价值链　投入产出表　服务业开放

一　相关研究进展

进入 21 世纪，学术界开始使用全球价值链代替全球商品链这一术语，更

---

* 姚战琪，中国社会科学院财经战略研究院服务经济研究室副主任、研究员，研究方向为服务经济与国际投资。

多的学者加入了对价值链条的片断化和空间重组的研究。Freenstra 首次清晰地将"全球贸易一体化"和"生产垂直分离"在全球经济中有机联系起来,他认为,随着全球市场一体化的进程不断加深,使得发达国家将非核心的生产和服务分离出去,而仅保留核心的生产和服务业,通过全球采购的方法实现利益最大化,而发展中国家一般都是从介入链条低附加值的低端道路开始融入全球价值链条。

改革开放后,中国逐渐成为全球制造业中心,但是在业已形成的全球价值链中,领导厂商将加工装备技术、原材料采购等低端生产性服务外包给中国供应商,使得我国供应商仅由简单的进口加工升级为 OEM 代工,即中国主要从简单的进口加工发展为 OEM(由欧美领导厂商治理的制造业全球价值链),中国负责生产线和加工制造等环节,而领导厂商控制 R&D、品牌、市场和营销渠道等高附加值环节的核心生产性服务业。当前虽然有一部分中国供应商勇敢走 OBM(自主品牌)转型之路,但是我国大多数 OEM/ODM 供应商处于世界产业链的中间环节(姚战琪,2014a)。

随着全球市场一体化进程的不断加深,中国在融入全球价值链的进程中必须大力发展生产性服务业,不断推动核心生产性服务业发展,在中国高端工业化过程中推动制造业与服务业互动发展。因此,大力发展生产性服务业是提升我国产业国际竞争力的必由之路。

当前,大多数研究人员针对生产性服务业对我国东部地区工业及制造业竞争力的影响进行深入研究(李晓峰、漆美峰 2013)。席艳乐、易莹莹(2013)根据上海制造业 27 个细分行业 1997~2009 年的面板数据进行实证分析后,认为生产性服务业对上海制造业国际竞争力的提升具有积极效应。近年来,极少部分学者和研究人员对农业与生产性服务业互动发展进行实证研究。董欢(2013)认为,农业生产性服务业是现代农业产业体系的重要组成部分,大力发展农业生产性服务业是伴随我国农业发展方式转型过程的必然趋势,同时,我国农业生产性服务业呈现多元化发展态势,即政府主导模式、市场主导模式、农民主导模式,三种模式各具比较优势,各有服务空间。李启平(2010)利用国家统计局公布的投入产出表提供的数据研究认为,加强生产性服务业与农业的融合和互动发展,是解决"三农"问题的有效途径。赵天鹅(2012)认为,与发达国家相比,我国农业生产效率偏低,因此我国应大力发展生产性服务业。根据笔者的一项研究,虽然当前生产性服务业不能促进制造业竞争力提升，但是生产性服务业与我国制造业贸易竞争力存在双向因果关系，生产性服务业是我国制造业国际竞争力提升的内生变量（姚战琪，2014b）。因此，全球价值链下大力发展生产性服务业对提升中国产业国际竞争力具有重要意义。

二　全球价值链下中国生产性服务业的发展进程

（一）全球价值链下中国生产性服务业发展水平及绩效

20 世纪 80 年代后，我国生产性服务业发展迅速。第一，我国生产性服务业增加值和就业人口及其所占比重不断上升，但我国生产性服务业占国民生产总值的比重大大低于 OECD 国家，2010 年我国生产性服务业占国民生产总值的比重为 11.63%，而该年澳大利亚生产性服务业占国民生产总值比重为 26.3%，美国为 20.7%，挪威为 21.5%，德国为 25.3%。

第二，我国生产性服务业的行业结构变动较大。在 2002～2007 年期间，我国服务业中间需求比重较高的交通运输仓储业、信息传输计算机服务和软件业、批发零售贸易业、科学研究服务业占总产出的比重都呈下降趋势，仅有金融业、综合技术服务业、租赁和商务服务业有很小幅度的上升（樊文静，2013）。

第三，我国生产性服务业呈现明显的区域性特征。当前我国各地区生产性服务业发展差异较大，不同地区生产性服务业对国际贸易竞争力的推动作用不同，东部地区生产性服务业对出口贸易具有显著的促进作用，但中西部地区生产性服务业发展缓慢，使其对该地区出口贸易增长促进作用较弱。

（二）全球价值链视角下生产性服务业与中国农业、第二产业和第三产业的联动发展

通过将发达国家与中国的涵盖 48 个部门的投入产出表归并为由第一产业、第二产业和第三产业组成的 16 个部门的投入产出表，通过实证研究可以发现，在第二产业和第三产业的服务投入中，中国与发达国家的生产性服务业所占比

重差别很大（卜�111，2013），同时，在发达国家，生产性服务是提升制造业竞争力的重要投入，而金融保险业对发达国家制造业竞争力提升的促进作用最大。但是，中国金融保险服务在第二产业和第三产业服务投入中的重要性不够明显，与此不同，OECD 金融服务对产业支撑作用很大。在发达国家，金融保险业对制造业国际竞争力的提升作用最大，远远超过商务服务业、交通仓储业等生产性服务业的贡献。金融服务业通过两种方式提高制造业国际竞争力，一方面金融保险业扩大制造业融资规模，提高要素投入量，另一方面优化制造业资源再配置，促进制造业技术进步和提高技术效率。同时，在我国第二产业和第三产业中，我国综合技术服务业及科学研究事业等生产性服务业的投入占服务总投入的比例很低，因此我国第二产业和第三产业创新仍不足，技术含量较低，中国依然停留在"制造"阶段，实现从"中国制造"走向"中国创造"目标是一项艰巨的任务。

（三）全球价值链下中国生产性服务业国际竞争力分析

表 1　我国生产性服务业贸易竞争指数（TC）

年份	1997	1998	1999	2000	2001	2002	2003	2004
服务贸易总体	− 0.06	− 0.05	− 0.09	− 0.08	− 0.08	− 0.08	− 0.08	− 0.06
运输	− 0.54	− 0.49	− 0.53	− 0.48	− 0.42	− 0.41	− 0.39	− 0.34
通信服务	− 0.03	0.60	0.51	0.70	− 0.09	0.08	0.20	0.09
保险服务	− 0.71	− 0.64	− 0.81	− 0.92	− 0.85	− 0.88	− 0.88	− 0.88
金融服务	− 0.84	− 0.72	− 0.20	− 0.11	0.12	− 0.28	0.00	0.00
计算机和信息服务	− 0.47	− 0.43	0.09	0.15	0.14	− 0.28	0.05	0.10
专有权利使用费和特许费	− 0.82	− 0.74	− 0.83	− 0.88	− 0.89	− 0.92	− 0.94	− 0.91
咨询	− 0.15	− 0.19	− 0.30	− 0.29	− 0.26	− 0.34	− 0.28	− 0.19
广告、宣传	− 0.01	− 0.11	0.00	0.05	0.04	− 0.03	0.00	0.07
生产性服务贸易	− 0.52	− 0.41	− 0.48	− 0.43	− 0.45	− 0.47	− 0.43	− 0.38
年份	2005	2006	2007	2008	2009	2010	2011	2012
服务贸易总体	− 0.06	− 0.05	− 0.03	− 0.04	− 0.10	− 0.06	− 0.13	− 0.19
运输	− 0.30	− 0.24	− 0.16	− 0.13	− 0.33	− 0.30	− 0.39	− 0.38
通信服务	− 0.09	− 0.07	0.04	0.03	0.00	0.04	0.17	0.06

年份	2005	2006	2007	2008	2009	2010	2011	2012
保险服务	− 0.87	− 0.87	− 0.84	− 0.80	− 0.75	− 0.81	− 0.74	− 0.72
金融服务	− 0.33	− 0.80	− 0.50	− 0.33	− 0.20	− 0.04	0.07	0.00
计算机和信息服务	0.06	0.28	0.32	0.33	0.34	0.51	0.53	0.58
专有权利使用费和特许费	− 0.93	− 0.94	− 0.93	− 0.89	− 0.93	− 0.88	− 0.91	− 0.89
咨询	− 0.08	− 0.04	0.03	0.15	0.16	0.20	0.21	0.25
广告、宣传	0.22	0.17	0.19	0.07	0.07	0.18	0.18	0.26
生产性服务贸易	− 0.34	− 0.29	− 0.20	− 0.15	− 0.24	− 0.21	− 0.24	− 0.22

资料来源：根据《中国国际收支平衡表》相关统计数据计算。

通过表1可以看出，我国服务贸易总体竞争指数［即 TC 指数 =（出口 − 进口）/（出口 + 进口）］为负，同时我国生产性服务业的大多数行业贸易竞争指数也为负，表明我国服务贸易国际竞争力始终较弱。但从我国生产性服务业总体 TC 发展趋势来看，虽然该指数始终为负，但在 2008 年前处于上升趋势，2008 年，受全球金融危机影响，生产性服务贸易竞争指数有所下降，具有长期波动特征。从生产性服务业分行业的贸易竞争指数来看，我国通信服务贸易竞争指数从 1997 年开始处于不断上升阶段，2000 年达到顶峰，总体上通信服务贸易竞争指数波动起伏，这表明我国通信服务业由早期较强的竞争优势转变为竞争力较弱；广告宣传业 TC 指数总体呈现上升趋势，该产业在 1999 年打破 0 的平衡点，表明我国该产业开始具有竞争优势，在 2005 年达到顶峰，之后开始下降，2008 年又开始回升，我国该产业具有竞争优势；我国咨询业 TC 指数总体呈上升趋势，从 2007 年开始我国该产业具有竞争优势；计算机和信息服务业 TC 指数整体上处于上升趋势，1999 年突破零，但 2002 年下降，该年后一直处于上升趋势；金融业和保险业 TC 指数大体上小于零，尤其是保险业 TC 指数远远小于零，表明我国金融业和保险业具有竞争劣势；专有权利使用费和特许费与运输业 TC 指数均小于零，尤其是专有权利使用费和特许费的 TC 指数接近于 − 1，表明我国两大产业都不具有竞争优势。

表 2　我国生产性服务业 RCA 指数

年份	商业服务（不含政府服务）	运输	通信服务	保险	金融服务	计算机和信息服务	专利许可
2002	0.38	0.21	0.72	0.05	0.02	0.12	0.02
2003	0.31	0.20	0.10	0.07	0.01	0.11	0.02
2004	0.27	0.18	0.16	0.06	0.01	0.10	0.01
2005	0.25	0.19	0.15	0.09	0.01	0.14	0.01
2006	0.28	0.24	0.10	0.08	0.01	0.16	0.02
2007	0.25	0.23	0.07	0.08	0.01	0.13	0.01
2008	0.27	0.27	0.09	0.08	0.01	0.17	0.01
2009	0.37	0.47	0.13	0.10	0.01	0.23	0.02
2010	0.37	0.46	0.16	0.14	0.01	0.28	0.02
2011	0.29	0.26	0.11	0.16	0.01	0.25	0.01
2012	0.33	0.34	0.10	0.15	0.04	0.32	0.03

资料来源：根据联合国数据库 COMTRADE 及 WTO 相关统计数据计算得出。

笔者计算了 1984～2011 年我国生产性服务业显示性比较优势指数〔即 $RCA_{ij} = (X_{ij}/X_{tj}) \div (X_{iW}/X_{tW})$，其中，$X_{ij}$ 表示中国出口产品 i 的出口值，X_{tj} 表示中国总出口值，X_{iW} 表示世界出口产品 i 的出口值，X_{tW} 表示世界总出口值〕，可以看出我国服务业整体的 RCA 指数为 0.4，表明我国服务业国际竞争力较弱。在生产性服务业中，运输、通信服务、保险、金融服务、计算机和信息服务、专利许可等产业 RCA 指数均小于 0.8，表明我国生产性服务业国际竞争力水平较低。同时通过国际对比可以发现，中国生产性服务贸易的 RCA 指数在金砖四国中最低，而印度最高，其次为巴西与俄罗斯，尤其是印度生产性服务业国际竞争力大大高于服务贸易总体的竞争力，因此中国生产性服务贸易在金砖四国中处于比较劣势，中国生产性服务业国际竞争力最弱。

三　全球价值链视角下中国生产性服务业发展与开放存在的问题

（一）我国农业对生产性服务业的中间需求有待进一步提高

当前生产性服务业与制造业表现出紧密的相互融合，虽然生产性服务业与现代农业的相互融合尚处于起步阶段，但是生产性服务业与现代农业的相互融合成为发展趋势，以生产性服务业引领现代农业发展是改革的方向。生产性服务业能否成为改造和提升我国传统农业新的生产要素是当前学术界重要的研究领域，我们认为，现代服务业尤其是生产性服务业不但服务于工业，现代服务业若能改造和服务于农业将使其更具有比较优势。现代服务业服务领域已从工业向农业转移，诸多研究人员和学者展开了对农业现代服务业的研究，潘锦云、汪时珍、杨国才（2012）等学者认为现代服务业具有现代科技和信息技术的产业优势，通过移植农业现代服务业来改造传统农业，能有效地促进中国农业现代化目标的实现。作为现代农业重要组成部分的农业服务业在提升农业产业地位、拓宽农民增收渠道和拓展农业外部功能等方面都发挥着积极作用，因此，要推动农业现代化，必须大力发展农业生产性服务业。当前中国生产性服务业是否促进农产品出口贸易增长正在成为学术界关注的焦点，目前，还没有学者研究中国生产性服务业对农产品出口贸易的影响。我们认为，当前我国应大力发展农业生产性服务业，实现生产性服务业与农业的互动发展，逐步提高农业生产效率，提升农产品国际竞争力，促进第一、三产业的融合。

基于投入产出表的分析可以发现，我国农业对现代农业生产性服务业的中间需求较少。与发达国家相比，中国第一产业对服务业的中间需求处于低水平，同时第一产业对服务业的中间需求明显低于第二产业对服务业的中间需求。具体而言，在第一产业的中间投入中，服务业投入尤其是生产性服务业投入增长缓慢，与工业化国家农业现代化过程中，农业与生产性服务业的快速发展及紧密结合相悖。由于我国存在明显的二元经济特征，农业不处于国民经济的强势地位，第一产业的弱质性决定了制造业与农业竞争市场因素投入时处于强势地位。从农业对服务业各行业中间需求角度进行分析可以发现（表3），1990～2010年农业对商务服务业的中间需求增长较快，农业对商务服务业的中间需求增加9.2个百分点，同时，农业对金融服务业中间需求缓慢增加，对金融服务业的中间需求增加约1个百分点，但对运输邮电业中间需求有所下降，对运输邮电业的中间需求降低了16.8个百分点，对其他服务业的中间需求缓慢增加。由此可见，我国农业生产性服务业以传统服务业为主，尤其是运输邮电业、其他服务业等传统服务业占据了我国农业中间需求比例的50%左右，而对金融保险业、信息传输、计算机服务和软件业等现代农业生产性服务业的需求较少，其所占比重还不足我国农业中间需求的 40%。

表 3　中国第一产业中生产性服务业投入构成

单位：%

年份	金融保险业	运输邮电业	商务服务业	其他服务业
1990	16.99	58.80	24.21	0.00
1992	30.46	23.01	46.53	0.00
1995	14.71	35.51	49.79	0.00
1997	13.71	34.81	51.48	0.00
2000	14.87	36.04	49.09	0.00
2002	23.49	32.02	42.19	2.30
2005	22.26	45.31	29.31	3.12
2007	18.72	36.73	36.57	7.98
2010	17.48	42.00	33.42	7.10

注：本表是根据 1990～2010 年国家统计局公布的《投入产出表》的数据计算得到，由于中国《投入产出表》具有一定的年份间隔，仅能计算得到 1990～2010 年第一产业中生产性服务业投入构成。

（二）生产性服务业对我国制造业国际竞争力的促进作用较弱，根源在于生产性服务业对制造业竞争力的支撑作用还没有真正发挥出来

根据表 4 数据，我国制成品贸易竞争力指数逐渐回升，表明我国工业制成品竞争力较强。笔者通过建立实证模型来检验生产性服务业对我国制造业行业贸易竞争力的影响的研究结果发现，生产性服务业投资与制造业贸易竞争力正相关，生产性服务业对我国制造业贸易竞争力指数具有较显著的促进作用，即生产性服务投入显著增强了制造业行业的贸易竞争力。同时，格兰杰因果检验结果表明，生产性服务业投资是制造业贸易竞争力增长的 Granger 因。

表 4 数据显示，中国农产品贸易竞争力指数呈现逐年下滑趋势，由 1993 年的 0.31 降为 2012 年的 -0.41，表明中国农产品具有比较劣势，尤其是入世

表 4 1980～2012 年中国农业、工业及服务业贸易竞争力指数

年份	工业制成品出口额（亿美元）	工业制成品进口额（亿美元）	工业制成品贸易竞争力指数	服务贸易出口（亿美元）	服务贸易进口（亿美元）	服务贸易竞争力指数	农产品出口值（亿美元）	农产品进口值（亿美元）	农产品贸易竞争力指数
1980	90.05	130.58	-0.18	—	—	—	43.84	64.76	-0.19
1981	117.59	139.71	-0.09	—	—	—	44.57	77.21	-0.27
1982	122.71	116.51	0.03	25.12	20.24	0.11	43.01	70.38	-0.24
1983	126.06	155.82	-0.11	24.79	19.94	0.11	45.61	53.38	-0.08
1984	142.05	222.02	-0.22	28.11	28.57	-0.01	52.18	43.85	0.09
1985	135.22	369.63	-0.46	30.55	25.24	0.10	62.44	44.87	0.16
1986	196.70	372.55	-0.31	38.27	22.76	0.25	70.76	44.27	0.23
1987	262.06	363.01	-0.16	44.37	24.85	0.28	80.91	59.99	0.15
1988	331.10	452.07	-0.15	48.58	36.03	0.15	96.34	90.31	0.03
1989	374.60	473.86	-0.12	46.03	39.1	0.08	99.54	96.65	0.01
1990	462.05	434.92	0.03	58.55	43.52	0.15	100.6	78.55	0.12
1991	556.98	529.57	0.03	69.79	41.21	0.26	108.95	78.34	0.16
1992	679.36	673.30	0.00	92.49	94.34	-0.01	115.99	78.74	0.19
1993	750.78	897.49	-0.09	111.93	120.36	-0.04	118.52	62.24	0.31
1994	1012.98	991.28	0.01	166.2	162.99	0.01	148.06	101.73	0.19
1995	1272.95	1076.67	0.08	191.3	252.23	-0.14	149.97	160.99	-0.04
1996	1291.23	1133.92	0.06	206.01	225.85	-0.05	149.44	153	-0.01

续表

年份	工业制成品出口额（亿美元）	工业制成品进口额（亿美元）	工业制成品贸易竞争力指数	服务贸易出口（亿美元）	服务贸易进口（亿美元）	服务贸易竞争力指数	农产品出口值（亿美元）	农产品进口值（亿美元）	农产品贸易竞争力指数
1997	1588.39	1137.50	0.17	245.69	279.67	-0.06	157.32	146.33	0.04
1998	1632.20	1172.88	0.16	238.95	266.72	-0.05	143.14	126.1	0.06
1999	1749.90	1388.53	0.12	262.48	315.89	-0.09	142.09	138.53	0.01
2000	2237.43	1783.55	0.11	304.31	360.31	-0.08	163.84	195.44	-0.09
2001	2397.60	1978.09	0.10	333.34	392.67	-0.08	166.26	201.25	-0.10
2002	2970.56	2458.99	0.09	397.45	465.28	-0.08	187.96	218.48	-0.08
2003	4034.16	3399.96	0.09	467.6	553.06	-0.08	221.58	304.82	-0.16
2004	5527.77	4439.62	0.11	649.13	727.21	-0.06	241.21	422.79	-0.27
2005	7129.16	5122.39	0.16	744.04	839.66	-0.06	287.11	451.89	-0.22
2006	9160.17	6043.32	0.21	920.06	1008.33	-0.05	325.42	516.53	-0.23
2007	11562.67	7128.65	0.24	1222.06	1301.16	-0.03	388.62	653.69	-0.25
2008	13527.36	7701.67	0.27	1471.1	1589.24	-0.04	422.58	868.07	-0.35
2009	11384.83	7161.19	0.23	1294.76	1588.56	-0.10	408.83	766.17	-0.30
2010	14960.69	9623.94	0.22	1621.65	1933.21	-0.09	516.07	1082.6	-0.35
2011	17978.36	11392.15	0.22	1764.22	2380.68	-0.15	646.13	1447.24	-0.38
2012	20996.03	13160.35	0.23	1914.3	2812.04	-0.19	661.75	1568.23	-0.41

资料来源：根据相关年份《中国统计年鉴》及WTO相关统计数据计算得出。

后下滑的幅度加大。实证研究结果显示，生产性服务业对我国农产品贸易竞争力具有促进作用，尤其是在我国东部地区，生产性服务业与农产品出口贸易之间均存在长期的均衡关系，逐渐增长的生产性服务业是引起农产品出口贸易增长的 Glanger 因，农产品贸易竞争力对生产性服务业投资的微小变动始终表现为正向和递增趋势，因此大力发展生产性服务业有利于农产品出口贸易增长

在全球化背景下推动中国制造业转型升级成为提升我国国际竞争力的关键因素，而发展生产性服务业成为提升制造业竞争力亟待解决的重大课题，加快推进生产性服务业发展有助于提升我国制造业国际竞争力，但我国各地区生产性服务业发展差距较大。最新研究结果显示，我国东部地区生产性服务业对贸易竞争力具有较显著的促进作用，特别是生产性服务业对上海制造业竞争力的提升有着较强的促进效应，同时生产性服务业对上海制造业国际竞争力的影响程度与生产性服务业和制造业的异质性相联系，这主要是因为随着生产性服务业竞争力的不断提升和专业化分工的不断深入，提升企业的创新能力，最终提升了制造业的国际竞争力，因此，东部地区生产性服务业对提升制造业竞争力的作用更显著。当前我国中西部地区生产性服务业发展较为滞后，在多数省份经济发展中占据较大比重的是制造业，在很大程度上制约了制造业国际竞争力的提升。具体而言，生产性服务业提升了以贸易竞争力指数（即 TC 指数）衡量的中国制造业国际竞争力，但并未促进以显示性比较优势指数（即 RCA 指数）衡量的中国制造业国际竞争力，即生产性服务业投资对我国制造业显示性比较优势指数并无促进作用，生产性服务投入并未提升制造业显示性比较优势。这表明，我国制造业竞争力较强，但是生产性服务业发展滞后，生产性服务业对我国制造业国际竞争力的支撑作用并未真正发挥出来。

当前我国生产性服务业发展仍显滞后，生产性服务业对我国制造业国际竞争力的促进作用仍较弱，主要是因为：第一，目前我国制造业仍处于全球产业链的中低端，从而造成对生产性服务业的需求主要集中在食品业、旅店业、商业等传统服务业上，而对交通运输业、现代物流业、金融服务业、信息服务业、高技术服务业和商务服务业等生产性服务业的需求较低，未形成多元化的需求趋势。第二，我国服务业开放程度仍较低，特别是金融、保险、电信、民航、公用事业、港口等生产性服务业的准入门槛过高，主要表现为过高的注册资本要求、个人执业者受到限制以及过高的规模要求等在很大程度上抑制了我国制造业国际竞争力提升。第三，我国生产性服务业存在内部行业发展不均衡，结构的高度化明

显不足等问题，金融业、计算机及软件服务业、科学技术服务业等生产性服务业的产出增长速度远低于交通运输、仓储及邮政业等传统服务业。

（三）在全球价值链视角下，全球领导厂商在华服务业投资结构已开始倚重生产性服务业的同时，其对内资工业企业生产效率的负面影响不容忽视

生产性服务业是我国经济增长的推动力，生产性服务业外商投资能显著提高我国工业企业生产效率，因此，生产性服务业FDI（外商直接投资）的影响因素日益成为学术界关注的热点问题。我们认为，制造业FDI规模对生产性服务业FDI具有明显的正向影响，即生产性服务业外商投资追随下游制造业外商投资企业进入我国，并为其提供生产性服务（韩德超，2011）。但是，由于生产性服务业FDI对内资工业企业具有相对封闭性特征，因此生产性服务业FDI对内资工业企业生产效率的影响远远小于其对外资工业企业生产效率的影响。生产性服务业FDI往往追随下游FDI进入东道国为生产者服务，服务业FDI的独立运营体系不利于技术扩散。在如此情形下，必然造成本土企业技术难以升级的不利后果。同时，高技术服务业FDI对中国制造业效率的促进作用大大低于发达国家。高技术服务业外商投资对制造业效率的影响受到学术界的关注，美国等发达国家高技术服务业通过提高创新能力和降低生产成本对提升制造业效率具有积极的促进作用，但是在中国，高技术服务业外商投资的大多数产业对我国制造业效率影响并不显著。具体而言，由于我国生产性服务业竞争力较低，发展水平较为落后，导致本土生产性服务业不具有为外商制造业企业提供生产性服务的能力，从而使生产性服务业FDI与制造业FDI互相促进，跨国公司在华投资不能显著地促进我国服务业技术效率和技术进步。

实证研究结果显示，虽然外商直接投资总额对我国制造业效率的提升作用不显著，但生产性服务业外商投资与制造业外商投资正相关，即由于生产性服务业与制造业互动发展使得服务业外商投资与制造业外商投资实现价值链上的紧密合作关系，因此制造业外商投资能显著提升生产性服务业外商投资技术效率。改革开放后，生产性服务业逐渐成为外商投资的重点，20世纪90年代后，生产性服务业外商投资规模逐年增长，1997年为68.24亿美元，2012年为443.8亿美元。制造业外商投资由1997年的281.19亿美元增长为2012年的488.66亿美元（表5）。

表5 生产性服务业外商直接投资与外商制造业投资金额

单位：万美元

	交通运输、仓储和邮政业外商实际直接投资额	金融业外商实际直接投资额	房地产业外商实际直接投资额	科学研究、技术服务和地质勘查业外商实际直接投资额	租赁和商务服务业	信息传输、计算机服务和软件业外商实际直接投资额	生产性服务业外商实际直接投资额	制造业外商实际投资额
1997	165513		516901				682414	2811983
1998	164513		641006				805519	2258238
1999	155114		558831				713945	2260334
2000	101188		465751				566939	2584417
2001	90890		513655				604545	3090747
2002	91346		566277				657623	3679998
2003	86737		523560				610297	3693570
2004	127285	25248	595015	29384	282423	91609	1150964	4301724
2005	181230	21969	541807	34041	374507	101454	1255008	4245291
2006	198000	674000	823000	50000	422000	107000	2274000	4008000
2007	200676	25729	1708873	91668	401881	148524	2577351	4086482
2008	285131	57255	1858995	150555	505884	277479	3135299	4989483
2009	252728	45617	1679619	167363	607806	224694	2977827	4677146
2010	224373	112347	2398556	196692	713023	248667	3893658	4959058
2011	319079	190970	2688152	245781	838247	269918	4552147	5210054
2012	347376	211945	2412487	309554	821105	335809	4438276	4886649
年均增长率	0.08	0.42	0.14	0.36	0.15	0.21	0.17	0.04

　　对生产性服务业外商投资的行业进行分析可以发现，金融业外商投资年均增长率最高，其次为科学研究、技术服务和地质勘查业，其年均增长率分别为42.22%和36.24%，但是此类外商直接投资增长率最快的行业在服务业外商投资额中所占比例仍然比较低，而房地产业在我国利用生产性服务业外商投资总量中仍占主体地位，其占我国生产性服务业外商投资的50%。通过对生产性服务业分行业外商投资对经济增长的影响进行实证分析可以发现，生产性服务业外商投资对其分行业经济增长都有显著影响，其中金融业、租赁和商务服务业外商直接投资对经济增长的影响最大。因此，我国应有序引导外商进入中国金融业、租赁和商务服务业等生产性服务业，逐步提高我国生产性服务业的国际竞争力。

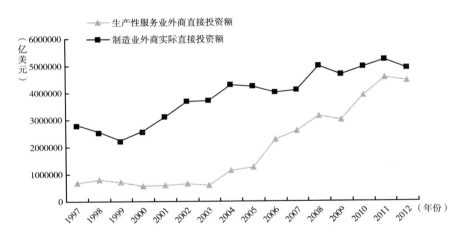

图 1　1997～2012 年中国生产性服务业外商投资额与制造业
外商直接投资实际额对比

（四）　积极发挥生产性服务业对我国出口贸易及贸易结构提升的促进作用尤为重要

　　如前文所述，生产性服务业 FDI 对内资工业企业具有相对封闭性特征，工业 FDI 对本土生产性服务业也具有相对封闭性特征，本文进一步分析区域经济开放度和外贸依存度对生产性服务业的影响。最新研究显示，FDI 对我国现代服务业影响较弱，区域经济外向型程度（外资依存度）对生产性服务业的影响较弱，甚至为负，而外贸依存度对生产性服务业具有一定促进作用。改革开放后，我国生产性服务业持续快速发展，外贸依存度在促进我国生产性服务业发展的同时，不同贸易方式对生产性服务业的影响也不同。同时，生产性服务业发展与我国贸易结构提升紧密关联，因此生产性服务业不仅是影响我国出口贸易扩张的重要因素之一，也是实现我国由粗放式到集约式增长方式转变的核心内容。具体而言，从全国角度看，生产性服务业对我国出口贸易具有显著的促进作用，生产者服务业增加值每增加1%，带动我国出口总量0.4%的增长。因此，大力发展生产性服务是促进我国出口竞争力的重要因素，即将过去大多内化于制造企业的产品价值链之中的生产性服务环节发展成为专业化的生产性服务提供网络，发展生产性服务业是进一步提升我国出口竞争力的最有效的方式。

从产业分类的角度分析，生产性服务业对我国劳动密集型产业出口和技术密集型产业出口贸易具有积极的推动作用，对我国出口影响最显著的生产性服务业分别是科学研究、综合技术服务事业、金融保险业，而交通运输、仓储和邮政业及房地产业对服务贸易出口影响为负，体现了生产性服务业包含技术信息与知识资本的固有特征，而生产性服务业对资源密集型产业出口具有负效应，即资源密集型产业属于高能耗、高物耗、高污染及低附加值的出口产业，而属于高附加值产业的生产性服务业必然对"三高一低"产业的发展存在一定程度的挤出效应，但对资本密集型产业的发展不存在明显的挤出效应。从分地区角度的分析，中西部地区生产性服务业分行业固定资产投资对服务贸易出口具有显著的促进作用，而就东部地区而言，与外商投资相比，生产性服务业固定资产投资还不是推动该地区服务贸易出口的主要动力。

同时，笔者一项实证研究结果显示，生产性服务业对我国农产品出口的贸易效应较显著，尤其是东部地区生产性服务业是农产品出口贸易的格兰杰因果原因，并且在短期生产性服务业对农产品出口贸易的影响较显著，因此大力发展生产性服务业有利于农产品出口贸易增长。

四　扩大生产性服务业对外开放的政策建议

（一）大力发展生产性服务业，提升我国农产品国际竞争力

第一，大力发展乡镇生产性服务业，促进农村城镇化。第二，加快农村金融保险服务业的发展，加大对农村金融的支持力度。第三，注重产业集群在发

展农业生产性服务业中的作用，建设农业科技园区，建立若干重点农业生产性服务业集群的模式，降低农业生产性服务业发展的成本。第四，当前我国农业生产性服务业发展的重点领域应为现代农产品营销体系、农产品加工贸易体系、农业和农村经济信息体系、农业技术服务体系、农产品质量安全保障体系和农村公共设施体系。第五，应积极推进农业生产性服务业的集聚发展，不断调动农民积极性，增加农业生产性服务的投入；第六，实施网络化管理、品牌化运作和规模化物流配送，大力发展电子商务，有效地推进城市生产性服务业和公共服务向农村地区延伸，形成一体化的城乡服务链，开发农业生产性服务业发展需要的基础技术；第七，不断提高农业生产性服务业市场化程度，通过企业的市场化运作，实现农业生产的规模化、标准化、规范化，以创新农业生产经营方式和农业生产性服务供给模式。

（二）优化服务业内部行业结构，提高生产性服务业比重

1992 年以来中国服务贸易出现连年逆差与我国服务业结构调整滞后以及生产性服务业发展滞后紧密关联。因此，要放松生产性服务业的投资限制，通过促进生产性服务业与制造业的良性互动和充分发挥服务业自身需求在生产性服务业发展中的作用，从产业层面扩大生产性服务业的中间需求，实现生产性服务业快速发展。加快改造传统服务业，大力推进生产性服务业的集聚式发展，通过政府的扶植与政策的倾斜等方法提升中国服务业产业集聚对生产率的贡献度。大力促进各地区生产性服务业与制造业的互动融合，实现产业价值链的攀升。

（三）促进国内生产性服务业与制造业的融合互动发展

以外贸结构转换为出发点，促进服务贸易与货物贸易协同发展。为了增强我国货物贸易对服务贸易的拉动作用，需要不断发挥服务贸易高附加值优势，逐渐提高我国货物贸易的附加值和技术含量，延长货物贸易价值链，促进货物贸易与服务贸易的协同发展。同时，要逐步降低加工贸易在我国对外出口结构中的比重，改变因大量进口资本密集型设备而阻碍我国制造业对生产性服务业的需求，并通过自主创新和技术合作等方式逐步提升我国资本密集型制造业发展水平，形成上下游完整的制造业产品生产链条，促进国内生产性服务业与制造业的融合互动发展。另外，要间接地扩大制造业整体对国内生产性服务业的需求范围，特别

要不断提高本土生产性服务业为外商制造业企业提供生产性服务的能力，从而使跨国公司在华投资能显著地促进我国服务业技术效率和技术进步。

（四）提高生产性服务业的对外开放水平

首先，加强国内服务供应商与外资企业的联系，加快外资企业技术转移。鼓励外资企业与国内购买方和服务供应商之间建立广泛的联系，同时，要间接地扩大制造业整体对国内生产性服务业的需求范围，要不断提高本土生产性服务业为外商制造业企业提供生产性服务的能力，从而使跨国公司在华投资能显著地促进我国服务业技术进步。其次，提高服务业内资企业的技术水平，缩小内资企业与外资企业的技术差距，尤其是对那些在竞争能力上与外商投资企业差距较大的行业，尽快出台激励与支持措施，帮助企业缩小差距。最后，建立全球服务网络，鼓励国内企业到境外设立研发中心和营销中心，推动从中国制造走向中国创造。引导企业有序开展对外投资合作，鼓励金融、建筑、旅游、分销、教育、中医药、中餐等服务领域的企业开展对外直接投资。

参考文献

董欢：《我国农业生产性服务业发展的若干思考》，《农村经济》2013 年第 6 期。

潘锦云、汪时珍、杨国才：《农业现代服务业的引植与中国农业现代化制度的创新》，《湖北经济学院学报》2012 年第 1 期。

樊文静：《中国生产性服务业发展悖论及其形成机理——基于需隶视角的研究》，浙江大学博士学位论文，2013。

韩德超：《生产性服务业 FDI 对工业企业效率影响研究》，《统计研究》2011 年第 2 期。

李启平：《生产性服务业与农业的互动发展：基于投入产出表的分析》，《科技进步与对策》2009 年第 13 期。

李晓峰、漆美峰：《中国和美国服务业出口竞争力比较分析》，《国际商务研究》2013 年第 5 期。

席艳乐、易莹莹：《生产性服务业发展与上海制造业国际竞争力的提升》，《统计与决策》2013 年第 4 期。

姚战琪：《发展生产性服务业与提升中国产业国际竞争力》，《学习与探索》2014 年第 4 期。

姚战琪：《全球价值链背景下中国服务业的发展战略及重点领域》，《国际贸易》2014 年第 7 期。

赵天鹅：《我国发展农业生产性服务业的思考》，《农业经济》2012 年第 4 期。

信息服务外包推动产业升级的
机理与路径

朱福林[*]

摘　要： 服务外包正以其不可扭转之势成为推动国内外分工的重要力量，中国在全球离岸服务外包市场上的重要性逐渐加强，且表现出明显的城市聚集与扩散性、外包结构也在不断优化。发展信息服务外包对产业升级有着重要的推动作用：离岸信息服务外包对东道国产生出大量技术外溢效应，从而对制造业产业升级及提升整个服务业生产水平都有积极的影响；信息服务外包还可促进行业及企业之间的协同创新，进而实现创新驱动升级的战略目标。以信息服务外包推动产业升级，可从以下几个方面着手：建立类似 NASSCOM 的中介协会机构，在国际上加大宣传与营销力度；加强信息服务外包产业人才实际操作能力上的培训，进一步优化信息服务外包的软环境。

关键词： 信息服务外包　技术外溢　国际竞争力　产业升级

一　引言

当代国际分工在科技革命的推进下不断演进，呈现产业间与产业内分工进一步错综复杂、并逐渐向更细的产品内分工转变的趋势。在世界经济服务化浪

---

[*] 朱福林，特华博士后科研工作站，北京联合大学管理学院讲师，研究方向为服务贸易与服务外包。

潮及信息技术不断迅速发展的促进下，全球服务外包产业正成为世界经济增长的又一个突破点，不仅给发达国家消费者提供了大量消费剩余及国民效用，还能给发展中国家带来非常可观的生产剩余，以及由此所引发的发展中国家服务经贸与相关产业的深入发展。

信息服务外包产业是人类进入 21 世纪以来以信息技术为基础，伴随着全球经济格局的变化和生产方式的变革诞生的现代新型服务业，代表着人类生产和生活方式的重大变革，它是保持和提升国家未来综合国力和国际地位的重要保障，涉及金融、教育、制造业、零售、服务、能源、物流和交通、媒体、电信、政府公共事业管理和医疗卫生等广泛行业。当前，中国经济正处于结构调整的重要时期，过去长期依赖过度投资及高负荷能耗的增长模式在环境、资源等硬约束不断突破极限的情况下难以为继。

转变经济增长方式，实现产业升级和结构调整，提高经济发展质量和效益成为目前中国急需攻克的重大难题。在维持一定的经济增长率以实现社会就业及居民生活水平提高的前提下，大力发展服务产业是调整并优化产业结构、打造中国经济新航程及加强国家竞争力的战略选择。服务外包作为现代服务产业的重要组成部分，在转变经济发展模式、扩大社会就业、推进国家工业化、现代化及城镇化的进程中发挥着重要的积极作用，而且对提升中国开放型经济水平及融入国际经贸谈判具有重要意义。

然而，必须清楚地意识到，中国离岸服务外包的承接处于越演越烈的国际竞争环境之中。印度凭借其多年经营所形成的产业竞争优势、在美国良好的人脉资源及大量的国际商务动作在国际服务外包市场中执牛耳地位。爱尔兰、波兰及立陶宛等欧洲国家在人力资源及地理位置上占得先机，成为高质量服务外包的主要集中地。另外，新兴的东南亚及南非诸国借由其优于中国的人力资源及土地等成本优势逐渐抢占某一领域的服务外包。

服务外包强国的经验表明，服务外包的发展需要得到政府的大力支持。近几年来，中国各级政府在意识到离岸服务外包能带来的好处之后，服务外包的发展得到了各级政府的高度重视。2013 年 2 月，国务院办公厅发布了《关于进一步促进服务外包产业发展的复函》，与以往政策不同的是，新一轮政策能从提高服务外包承接的基础性条件出发，并紧扣产业发展需要，以提高服务外包企业创新能力、完善各地区人才培养体系、加快国际营销网络建设、促进离岸与在岸服务外包业务的协同发展、加强信息安全及知识产权保护等击中行业要害的多个方面，为中国服务外包产业在各地的深发展注入了新的活力。

二　中国信息服务外包发展现状

据 IDC 研究数据，2012 年全球离岸服务外包市场规模为 1217.2 亿美元，同比增长 18.6%。全球离岸服务外包市场份额分别为：ITO 占 53.3%，仍是目前全球离岸服务外包市场的主角；BPO 和 KPO 则各占 21.9%、24.8%，两者加起来占比达 46.7%，呈现服务外包的发展新趋势。随着通信技术、软件产业的不断壮大，服务外包开始逐步向附加值更高的行业倾斜，虽然各国及地区制造业服务外包仍然占到很大比重，但金融类、通信传媒类服务行业服务发展已开始超越制造业，成为全球服务外包的主流。虽然层次较高的 KPO 起步比较晚，但传统的 ITO 已经开始下降，BPO 及 KPO 占比还不是太高，但上升空间将非常大。

全球离岸服务外包的发展是继发达国家根据世界市场配置效率不断进行产业转移的结果。根据发达国家经济发展阶段的持续升级，服务逐渐成为其向国外市场转移的新对象。以美国、欧洲及日本等发达国家为主要服务发包国，2012 年来自这三个市场的发包总额占全球的 88%，分别占 62%、17.2% 和 8.8%。对于中国两万多家服务外包企业来说，三大离岸外包市场的特点是不一样的，美国离岸服务外包市场发展比较完善，但对外包质量要求比较高。许多美国跨国公司选择印度作为服务外包目的地，得益于印度在美技术人员已形成较大的影响力量，而且英语官方语言及知识产权与信息安全的保证，再加上人力成本远低于美国本土，种种因素促使印度成为美国发包商在追求性价比目标时优先考虑的国家。而欧洲服务外包市场比较侧重采用"近岸"模式，可能考虑到文化交融性、欧元政策支持及承接国良好基础等因素，欧洲服务发包商选择就近交易原则，通过与欧洲区的外包承接国洽谈完成外包合约。而日本离岸服务外包市场采用"金字塔"形外包模式，主要受国内寡头垄断的行业特征影响。日本发包商对接包方的要求极其苛刻，而且需要多次沟通与反馈才能明晰任务内涵，因此对于中国东北亚沿海城市（如大连）承接日本离岸服务外包具有优势。

近来，在中国政府大力扶持下，中国服务外包产业获得快速增长。2012

年全年承接服务外包合同执行金额 465.7 亿美元，同比增长 43.8%，其中承接离岸服务外包合同执行金额 336.4 亿美元，同比增长 41.1%，占全球离岸服务外包市场总额的 27.7%，中国成为仅次于印度的全球第二大服务外包承接国。另据商务部统计，截止到 2012 年底，中国共有 21159 家服务外包企业，428.9 万名从业人员，其中大学（含大专）以上学历 291 万人，占总数的 67.8%，是员工学历层次占比较高的行业之一。经过多年的探索与积累，中国服务外包产业结构更加优化，高附加值服务业务类型持续增加，服务外包企业积极把握大数据、云计算、移动互联、物联网等先进技术变革带来的机遇，不断提升自身商业模式及自主创新能力，获得国际竞争力的提高，使"中国服务"的品牌影响力得到大幅提升。

（一） 中国信息服务外包特点

1. 服务外包城市聚集与扩散效应明显

为了推动中国国际服务外包产业的发展，2006~2010 年中国政府先后批准了北京、天津、上海、重庆等 21 个城市为中国服务外包产业发展示范城市，国家以财政税收等优惠政策支持推动示范城市国际服务外包的发展。2011 年 21 个示范城市离岸服务外包合同执行金额达 219.0 亿美元，占全国离岸服务外包合同执行总金额的 91.9%。其中上海承接离岸外包合同执行金额超过 30 亿美元，北京、无锡、南京、苏州承接离岸外包合同执行金额分别在 20 亿~25 亿美元之间，杭州、广州、深圳、大连等示范城市承接离岸外包合同执行金额分别在 10 亿~19 亿美元之间，上述 9 个示范城市离岸外包合同执行金额合计为 178.8 亿美元，占示范城市执行总金额的 81.6%。示范城市已经成为引领我国国际服务外包发展的核心力量。

随着政策力度的加大，近年来，我国软件与信息服务外包迅速发展，产业规模不断扩大，行业收入不断增加，对经济增长的贡献不断增强。软件与信息服务外包企业有效地整合优势资源，优化产品结构，推进品牌的国际化战略，国际竞争力提高。软件与信息服务外包产业呈集聚发展态势，以 21 个服务外包示范城市为重点，形成了中国软件与信息服务外包产业五大集群——环渤海集群、长三角集群、珠三角集群、中西部集群和东北集群，其中大连、北京、上海、杭州、成都、南京、无锡、苏州等示范城市是软件与信息服务外包发展的领先城市。但随着一线城市（北京、上海）商务成本的上升，软件接包企业将低附加值业务转移至二三线城市。转移的方式有两种：一种是在二三线城市设立分支机构；另一种是在二三线城市寻找长期合作伙伴。国内不少中小企业组成企业联盟，作为大型外包企业的下游企业，获取软件外包的转包和分包业务。

在示范城市的带动下，部分非示范城市国际服务外包也快速发展。根据中国服务外包研究中心发布的《中国服务外包发展报2012》显示："据不完全统计，目前已经有宁波、青岛、沈阳、长春、郑州、洛阳、马鞍山、昆明、乌鲁木齐等众多城市积极推动服务外包产业发展。"

但需警惕国内地方各城市在发展服务外包产业上的恶性竞争。随着产业结构转型升级、低碳经济和经济增长方式转变的趋势要求，不少省市和地级市都确立了以服务外包和智慧城市为主的发展策略。目前各地涉及的项目主要集中于软件外包、动漫创意、金融、生物制约等业务，而服务及软件外包项目的投资额度普遍较小，地方政府为招商引资，各地针对服务外包产业的新一轮招商大战迅速拉开，容易造成服务外包低水平同质产品"产能过剩"及资源浪费。

2. 保持总量优势下结构进一步优化

中国服务外包市场仍以信息技术外包为主。2012 年，信息技术外包在 ITO 离岸业务中占到总量的 58.8%，其中，软件研发外包执行金额 128.1 亿美元，占比为 67.9%；信息系统运营维护外包执行金额为 40.6 亿美元，占比为 21.5%。在企业方面，也是以 ITO 为主营业务的企业为主力军，但比重有所下降，从 2011 年的 71.6% 降至 2012 年的 66.7%，但仍是中国服务外包利润的主要创造者。在 ITO 服务外包企业中，基础技术服务类型占到 55.8%，系统应用占比 35.7%，系统操作服务为 12.4%。

随着技术进步带来的产业升级，服务外包也逐步从低端业务向高端业务拓展。各地利用科研教育和人力资源的优势，在保持传统的 ITO 业务快速增长的同时，积极拓展 BPO、KPO 业务，离岸服务外包业务逐步由价值链低端向高端延伸，工程设计、医药研发、产业咨询、解决方案设计、软件与信息系统架构设计、金融后台服务等高附加值、高技术含量的业务比重不断上升。2011年全国 BPO、KPO 业务执行金额分别比上一年增长 22.1% 和 214.7%，在全部业务中占比由 2010 的 32.6% 上升为 38.4%。多个示范城市如天津、广州、哈尔滨、南京、杭州、苏州、无锡等 KPO 业务占比超过了 20%。

3. 服务外包市场集中度不高，但发展空间巨大

目前，中国信息软件外包市场尚处于成长期，表现为企业数量多且分散，业内具有垄断地位的领导性品牌尚未出现，品牌集中度较低。据统计，2009年前十大中国软件外包服务商所占有的市场份额为27.7%，并且没有一家服务商的市场份额超过7%，而印度软件外包的前十大企业所占有的市场份额已达70%。从进入壁垒看，低端软件外包竞争壁垒较低，市场参与者众多，竞争激烈，盈利空间微薄，随着企业竞争加剧，人力成本的升高和盈利空间的下降均将导致低端软件外包市场面临洗牌。相反，高端软件外包市场受市场进入门槛高和客户严格要求的影响，竞争壁垒较高，竞争尚不充分。伴随国家大力促进外包行业发展的政策推动，中国软件外包行业面临调整与整合，企业面临扩张与并购，位居产业高端、拥有国际化视野、在模式创新、行业聚焦、应变机制等方面先行一步的高端软件外包企业将赢得快速发展的先机。

从中国软件外包国际业务来源上看，日本市场为中国软件外包的主要来源，而在欧美市场尤其是在全球服务外包市场中居首要地位的美国市场，中国的服务外包企业尚处叩开大门的起步阶段，但发展很快。2010年，中国软件与信息服务外包国际业务中，33%的外包业务来自日本，29.3%的业务来自美国，两个地区的业务量已占中国国际业务接包总量的62.3%，但对这两个地区而言，中国地区的接包量只占其国内信息服务市场的很小份额，市场潜力十分巨大。相关资料显示，作为中国软件外包国际业务来源的主要市场——日本离岸软件服务外包总规模在2007年只占日本信息服务市场规模的0.57%，2012年日本离岸软件外包市场规模将达3067亿日元，但也仅占日本信息服务市场规模的1.8%，市场空间仍然十分广阔。

（二）信息服务外包发展面临的机会

1. 世界经济服务化趋势持续

进入21世纪以来，全球经济向服务经济转型趋势进一步加快。服务业占GDP的比重，发达国家已超过了70%；发展中经济体也逐步提高，俄罗斯由1990年35%提高到2003年的61%，而后虽有所下降，但都接近于60%。同期印度由41%提高到52%，而后缓慢增长，2012已达到56.3%。与之相适应，经济全球化也从制造业全球化加速扩张到服务业全球化。在世界经济服务化趋势的影响下，服务业跨国公司迅速发展壮大，成为服务全球化的主要驱动

力量，也是推动服务离岸外包的主要载体。在服务外包日益扩大的背景下，跨国公司加速向服务型提供商转型，开始了不断筹建全球服务供应链的进程。目前世界 500 强中有一半以上为服务业跨国公司，另外一半其服务业收益也占到公司收入的一半以上。一方面，服务离岸外包的发展带动服务业跨国投资和服务贸易的迅速增长，服务业转移由制造业追随型逐步向服务业自主扩张型转变。早在 2005 年服务业对外直接投资流入量占世界对外直接投资总流量比重约为 70%（龚维军，2007）。另一方面，服务业跨国投资和服务贸易的迅速发展也推动了服务离岸外包的快速增长。

虽然中国服务业发展相对滞后，但随着经济增长及居民收入的提高所释放出的大量服务业需求，使得服务业的发展具有非常大的空间。进入 21 世纪，中国服务业占 GDP 比重在与工业比重竞争时已处于非常有利的地位，2008 年后服务业接连高于工业的趋势日趋明显。而且服务业的发展由自身驱动的比例逐渐加大，生产性服务在制造转型升级的带动下也进一步明确分工。经济发展规律的作用加上日益成熟的产业市场为服务外包市场的发展提供了土壤。

2. 全面深化改革再次释放红利

2013 年 11 月中共十八届三中全会通过了《中共中央关于全面深化改革若干重大问题的决定》，其中提出了市场在资源配置中起决定性作用的改革思路。意味着中国政府充分意识到如今所积累的一系列社会问题主要还在于市场与政府关系未能真正厘清，只有通过进一步改革才能理顺错综复杂的利益关系。另外，同时也提出了加快自由贸易区的建设，坚持双边、多边、区域次区域开放合作，扩大同各国各地区利益汇合点，以周边为基础加快实施自由贸易区战略；同时扩大内陆沿边开放，指出创新加工贸易模式，形成有利于推动内陆产业集群发展的体制机制。

在新一轮改革思路的指引下，中国（上海）自由贸易试验区于 2013 年 8 月经国务院批准正式成立，并于 9 月底正式挂牌开张。自贸区创新地采用"负面清单"管理模式，负面清单之外的领域，外商投资项目核准将改为备案制，特殊情况另行处置。从名称就上可以揣测，设立上海自贸区的目的在一定程度上是通过扩大开放程度，尤其是服务领域的投资限制将逐步放宽，取得的经验进而在全国进行推广，政策用义其实很值得市场期待。据凤凰财经评论，上海自贸区肩负四项重大使命：贸易自由化，投资自由化、金融国际化及行政精简化。因此，通过上海自贸区所取得的这些经验推广到其他省区就能进一步释放出市场活力。

3. 基础设施建设继续优化

基础设施配套是否完善是国外服务发包商选择承接地的重要参考因素之一。与服务外包密切相关的基础设施主要包括：交通、电力、通信网络及其他。随着经济持续增长及政府基础投资建设的长期积累，目前我国承载服务外包的基础设施与印度、巴西等服务外包承接国相比具有明显的比较优势。在服务外包具体谈判及实施的过程中，需要发包方与接包方之间人员流动及时且便捷。近年来，我国公路、高速铁路及民航运输能力的投资力度很大，发展也很快，从而能对服务外包的发展产生明显的促进作用。电力资源的发展也很迅速，通过发展多种非火电途径，包括水电、核电、风电，2010 年末累计新增装机 48610 万千瓦。同时全国电网输送能力也大幅提高，2010 年至 2005 年间实现变配电能力的翻倍增长，发展速度非常快。另外，在电话与网络基础设施方面，由于国际电信联盟（ITU）发布的信息与通信技术行业发展指数排名中，中国远领先于印度，而且在指标的各组成部分中几乎每一项都处于领先地位。另外，中国近几年网络及移动市场发展也非常迅速，据世界银行 WDI 数据，2012 年中国每百人中手机用户数接近 81 部，而印度只有 70 部。

（三）信息服务外包发展面临的挑战与劣势

随着经济发展规律的延伸及以高资源消耗为主的增长方式的无法为继，我国正努力从"中国制造"向"中国服务"转型，正谋划由"世界工厂"向"世界办公室"的转变，但前进之路仍充满阻碍且将是一个相对漫长过程。就服务外包产业来说，中国的离岸服务外包还处于发展初期，与国际服务外包领先国（印度、爱尔兰等）相比还存在较大差距，行业竞争力亟待提高。在与印度的较量中，中国的产业升级沿着不同方向走过不同的路，孰优孰劣很难判断，但印度通过服务外包产业带动服务业发展的道路取得了很大成功。过去 30 多年来，中国主要通过制造业大规模吸收外资，走出了一条以工业化快速推进为导向的产业升级之路。在全球制造业转移浪潮中，中国以加工贸易方式承接了大量工业制成品的外包，经过多年发展一举成为全球制造业的中心和世界第二大制成品出口国。虽然与印度一样，中国通过国际产业转移的方式在较短时间内完成了西方国家历经百年的工业化进程，但中国的经济结构调整顺序与西方国家基本相同。而印度通过服务外包发展对第三产业的显著拉动效应，带动了产业结构的整体升级。也就是说，印度通过服务业加工贸易，即服务外包，实现了服务业在 GDP 中地位的提升（杨圣明，2006）。两国都表现出相同的农业产值下降、工业和服务业比重不断提高的局面，但由于假借的力量本质不同，造成的产业升级模式也不同。

1. 高素质服务外包人才的匮乏

考察有关城市（如大连）的服务外包成功经验之后，各级政府都在关注服务外包，地方政府也意识到实现产业结构提升，服务外包是很好的手段。目前我国服务外包产业存在最大不足之处是人才短缺，尤其是高素质、具有全球背景的外包人才更是相当缺乏。这导致我国服务外包结构仍以传统低附加值的ITO 类型外包为主。现在全国毕业生很多，但这个行业仍出现招不到人，而培养出来的人又不好用的尴尬局面。商务部 2006 年开展"千百十"工程，进行人才培训，但受传统教育体制约，高等教育、职业教育跟不上行业需求步伐。许多城市都存在人才供需不协调局面，在开展服务外包业务之前外包企业通常还需花很大成本对毕业生进行再次深度培训。当前，国外软件外包订单迅速增长，跨国公司要求扩大规模，但我们的人才供应跟不上来，严重制约了软件及服务外包产业的发展。

2. 服务外包企业实力有待大幅提升

相比于服务接包强国的承接厂商来说，中国的软件与服务外包企业仍以中小规模为主，缺乏大型国际化、集团化企业。2010 年中国软件出口 20 强企业服务外包业务总额为 19.6 亿美元（平均每个企业为 9800 万美元），还达不到印度塔塔公司一年的业务量。塔塔公司有 16 万员工，而目前中国企业中没有一家同类企业员工数达到这个数目的 1/10（武晋军，2012）。中国软件企业主要面向的是日本市场，但总体上仍处于成本竞争阶段，没有达到依靠品牌、研发等中高端服务赚取高额利润的阶段。欧美市场对中国软件外包企业缺乏了解，美国本土的一些大型公司，除已在华成立合资或独资公司的企业外，对中国的软件外包公司也不了解，相反却与印度的软件企业有着密切的合作关系。尽管近几年，这些公司出于成本、风险等方面的考虑，有意向中国发包，但苦于相互不了解，不信任中国的软件企业，导致双方没有合作机会。

不仅如此，现阶段中国服务外包厂商在核心竞争力建设方面还有很大提高空间，真正有核心专长的企业仍然不多。如对日服务外包，主要业务仍是依靠成本优势，为日本的服务商做程序开发与测试，中国的服务供应商仅是日本本土服务供应商的后台工厂。对美业务中，直接进入美国行业市场和到岸服务的企业和服务规模都极为有限，多数企业在为跨国服务提供商（IBM、HP、微软等）作下游开发和测试工作。许多企业的软件出口及服务外包为底层模块开发，无法接触到软件开发核心，有的甚至只能为国外公司做些最低端的数据录入工作。据商务部统计，2010 年中国软件出口额的 63.5% 服务外包执行额的 51.5% 是由外商投资企业完成的。

另外，我国信息技术服务外包的产业链还处于很不完善状况，企业实力及人才匮乏导致我国软件产业总体上处于全球软件产业价值链和产业咯局中的下游。而且缺乏类似印度塔塔等行业领军企业，小规模企业较多。同类软件的重复开发现象严重，存在恶性竞争状况，软件企业之间配合与合作的意识与能力较差，专业化分工尚未形成，软件的标准化及工程化程度也不够。

3. 外包企业面临成本上升难题

2012 年中国 IT 软件外包行业平均人工成本上涨 5% ~ 7%，经营成本的上升导致利润率下滑。中国 IT 软件外包行业在 2011 年经历了人工成本大幅上涨（15% 左右），其主要原因是：首先，2009 年金融危机导致软件企业在 2009 年，甚至 2010 年都没有进行工资上调，2011 年通胀高企导致工资上调集中爆发；其次，中国互联网企业发展迅速，人才需求猛增，进而向软件外包企业挖人。进入 2012 年之后，随着中国 CPI 上涨明显放缓，互联网企业海外上市融资等受阻，整个行业对于工资上涨的预期不如 2011 年强烈。不过由于中高端人才等相对短缺，软件外包行业竞争加剧，IT 软件外包企业对于中高端人才仍然求贤若渴。通常来看，IT 软件外包企业的人力成本占到公司总成本 60% ~ 70%，甚至更高。由于软件外包企业之间的竞争加剧，以及发包商自身的成本压力也在不断上升。因此，发包商很难相应的提高发包价格，软件外包企业也就无法将人工上涨所导致的成本上涨向发包商进行传递和转移。据相关研究测算，如果人工成本上涨 5%，那么软件外包企业净利润率将下降 1.5% ~ 2% 左右，直接导致盈利能力下降。

三　信息服务外包对产业升级的助推效应

服务外包是国际生产专业化分工的进一步延续，是现代工业经济和信息经济发展的必然结果。生产过程的碎片化管理使得不与生产直接相连的环节可以通过网络实现异时异地转包。承接服务外包不仅是高素质、高水平服务经济水平的体现，更是生产过程现代化模式的真正实现。由于服务外包产业的要素投入主要为智力与知识型非传统要素，是典型的科技含量高、污染少、消耗低、国际化程度高的产业，是对资源成本依赖程度较低且附加值高的现代服务产业。信息技术服务外包作为目前中国服务外包最大的产业，对企业价值链及产业间关联产生重要促进作用，对产业结构的升级具有不可低估的助推效应。

（一）承接信息服务外包有助于降低产业升级的难度

在很长一段时间以来，工业化一直是我国经济建设发展的重要目标。始于1953年的第一个五年计划及后续几期五年计划，以优先发展重工业为国家战略，并在短期内建立起比较完整的工业体系。但同时造成积累与消费严重不协调、经济陷入严重的生活物资短缺、人民生活水平落后的恶劣局面。改革开放之后，通过总结经验认识到轻工业对国民经济发展及提高人民生活水平的作用后，调整思路使资源向轻工业制造倾斜。由于政策开放及减税措施的实施，制造业领域大量利用外资带动了中国工业制成品生产与出口的快速增长，同时也为拉动国内消费提供了收入保证。但由于大量资源向工业转移，导致中国产业结构中服务业产值长期在低水平徘徊。到现在为止，服务业发展滞后的局面仍未根本改变，而且中国服务业结构仍以旅游、交通运输和批发零售等传统行业为主，金融、保险、咨询、物流、传媒等现代服务业发展还很滞后。目前这种产业格局的形成，一方面是不可避免的经济规律，中国产业结构的变迁基本遵循了世界产业结构演变的一般规律，由农业过渡到工业，现在处于工业向服务业逐渐转移的过程中，有些城市如北京、上海的服务业产值已超过工业，服务化程度已非常高；另一方面，长期重工思维导致未能对服务业引起足够重视，其结果是中国服务业占GDP的比重不仅远低于欧美发达国家，而且与印度、巴西、墨西哥等发展中国家相比，贡献度也偏低。

根据杨继军（2008）的研究，承接服务外包能降低一国或地区实现产业升级所需的"最小临界条件"。所谓"最小临界条件"被指在"产业内分工"背景下，产业结构的升级是一种整体性的，对要素的数量、种类、比例和特定区域的组织能力均有严格要求，若达不到其要求，则要素只能在次优场合中使用。而在"产品分工"背景下的产业升级表现为一种工序到另一种工序，一个流程到另一个流程，是一种局部式的，因而所需"最小临界条件"较低，因而易于达到。卢锋（2007）认为，外包概念本质上涉及某个"产品内部"诸环节和区段分工的特定形态，而不是指"产品之间"分工方式改变。因此，服务外包的发展通过"产品内"分工方式使得产业升级的"最小临界条件"降低。而且这种阶梯式、渐进式及局部式的产业升级模式具有较强的"自我学习效应"，已有工序或流程的升级对于后继者具有示范作用。因此通过承接服务外包，我国不仅可以获得更多参与国际分工的机会，而且还在积累一定高级生产要素的基础上及时进行局部的产业升级。信息技术服务外包的承接不仅能给计算机与信息服务业带来"产品分工"内价值链的网状分散，由于信息技术的基础性，且还能为其他行业的"产品分工"的细化提供动力。从而全社会范围内，降低了产业结构升级的综合困难度。

（二）信息技术服务外包具有较强的外溢效应

通过承接发达国家的信息技术服务外包，发达国家的跨国公司会把技术标准、产品规范、功能参数、管理经验等大量显性和隐性知识，通过与本土人员、信息渠道等方式进行交流，从而对发展中国家的企业产生转移或溢出效应。因此主动承接发达国家服务外包，是发展中国家企业产业获得升级的成本较低的途径之一。大量研究表明，发展中国家参与全球产业的主要方式是成为跨国公司供应链环节上的一员，服务外包逐渐成为其参与世界经贸活动的重要通道，而且通过利用外资可带来技术、知识、人才、观念及创新等方面的溢出效应是发展中国家增强自主创新、实现产业快速升级的一个重要途径（王晓红，2008）。有些研究从内生增长模式出发，实证检验了国际服务外包的技术外溢对承接国技术进步和经济增长的影响（喻美辞，2008）。结果表明，在开放经济条件下，国际服务外包产生的技术外溢效应对承接国的技术进步率具有正向促进作用，但是技术外溢效应的大小要受到承接国的贸易开放度、人力资本存量和国内外技术差距等因素的制约。承接国的贸易开放度越高、人力资本存量越丰富，国际服务外包的技术外溢效应就越大。在具有一定的技术吸引能力的基础上，当承接国与外包国的技术差距水平保持在一个适度的范围内时，承接国获得技术外溢效应的可能就越大，而且技术进步也会越快。国内外之间的技术差距过小，不利于承接国的技术升级，技术差距过大则不利于承接国的消化与吸收。因此我国在参与国际服务外包时考虑优先选择适宜的技术水平差距。适宜的技术应当是那些能够发挥本国生产潜力，与本国现在生产水平、技术吸收能力相匹配的技术（赖明勇，2005）。

（三）服务外包助推制造业升级

随着市场环境的不断变化，中国发展将面临环境、资源等因素制约，制造业生产成本必须进一步降低，技术、附加值和市场竞争力需要进一步提升，制造业产业升级和结构高级化将面临诸多挑战。而优先发展服务业，尤其是金融服务、信息技术服务、商务流程外包等现代新兴生产性服务业，以服务业的加速发展带动先进制造业，充分利用 IT 技术使传统制造业得到信息化改造，是推进制造业结构转型，实现升级的重要保障。发达国家的经验表明，在工业化中后期，随着分工深化，逐渐出现制造业服务外包化趋势，企业的业务流程、组织架构不断调整，从制造领域独立出来的设计策划、技术研发、物流等现代生产性服务业，对制造业升级的支撑作用逐渐显现。这些贯穿制造业生产全过程的人力资本和知识密集型生产性服务，已成为市场资源强大的"调适器"，能激活和优化配置各类产业要素，降低交易成本和非再生性资源消耗，从多方面对劳动生产率产生影响（杨继军，2008）。服务外包逐渐成为企业拆解价值链与整合战略业务、节约成本和降低风险的主要内容。实践证明，制造企业实行服务外包，将信息服务、物流服务、人事培训和商务流程等外包给专业性更强的企业外第三方，可以极大地提高企业的运作效率，使制造企业全力以赴培育自己的核心竞争力，实现生产效率和能力的戒倍提升（何骏，2008）。

然而，经济发展的现实表明，中国的一些经济聚集群，其块状产业集群经济中，与生产制造业紧密关联的现代生产性服务体系建设相对滞后，生产性服务供给不足或部分缺失，已成为制约制造业竞争力的重要因素（杨继军，2008）。例如中小企业融资艰难，科技服务平台建设滞后，物流服务效率低下，人力资源培训问题突出，会计、审计、法律、资产评估等各类中介服务供给短缺。从需求角度来看，生产性服务业的需求也有待进一步挖掘，大型制造企业服务外包意识不强，许多服务需求还是通过内置式部门或下属子公司提供，总体服务效率低下。因此，通过引入国外先进的服务业跨国投资和外包，加快生产性服务业的现代化和现代信息技术成果在生产过程中的应用，为中国制造企业提供高水平的生产性服务中间投入，使其产品链条上的技术研发、人员培训、经营管理等关键环节能够得到相关支撑服务体系的协作与配合，从而占据价值链的中高端环节，是实现中国制造业结构升级的重要途径之一。

（四）国际服务外包有利于提升服务业水平

现阶段中国服务业发展滞后于中国经济发展。我们应当借鉴国际上的成功经验，以承接国际服务离岸外包为切入点和重要突破口，积极参与服务业全球化进程，稳步扩大基础性服务业和现代服务业的开放力度，完善服务业双向投资贸易政策，特别是全面提高服务业吸收外资水平，带动整个服务业快速发展。

制造业有高低端，服务业亦是如此。从劳动密集型服务业向资本密集、技术和知识密集服务业攀升，从消费者服务业偏向生产者服务业，从生产者服务业的低端向生产者服务业的高端演进，代表着产业结构升级的方向。目前，国外许多国家的生产者服务业已占到服务业的 70% 左右，服务外包的两大领域信息技术外包 ITO 和业务流程外包 BPO 承包的是生产企业的非核心价值链。因此，从本质上讲，服务外包承包的是生产者服务。尽管目前发达国家跨国公司外包的是非核心商业流程，技术含量和附加值相对较低，中国地区受服务提供技术水平和资源禀赋的限制，也只有接包这一类服务才具有低成本优势，但从生产者服务业的低端向生产者服务业的高端演进总是需要一定过程的，因此，立足于现实，着眼于长远，积极承接这类服务外包，夯实中国生产者服务业的基础，逐步提高生产者服务业在地区服务业中的比重，并逐步由低附加值的生产者服务向高附加值的生产者服务转变，才能最终达到优化中国地区服务业内部结构的目的。

服务外包可借助产品内分工模式对服务业供应链进一步碎片化。高水平供应链管理和生产性服务业专业化、精细化、系列化的经营使服务业能像制造环节一样在全球布局并高效配置资源。供应链系统涵盖从供应商到制造商，再到最终客户，包含信息流、物流、商流、资金流的复杂动态系统。任何一个企业都不可能在所有方面独揽全包，通过供应链环节外包，可以使企业集中精力发展核心竞争力，保持独特的竞争优势。同时，现场安装服务、技术支持、生产流程控制咨询等原先隶属于制造业的辅助业务，正在从制造业独立出来并形成专业化的服务公司。在技术、经济与文化相结合的创意产业日益受到重视的今天，一大批传统的制造商，如 Nike、Dell 等已经转型成为真正的生产性服务供应商（龚维军，2007）。

（五）服务外包促进协同创新

通常来说，产业集聚化发展应具备五个条件：一是企业数量和产业规模达到能够发挥外部规模经济效益和集聚经济效益的水平；二是企业之间分工明确，专业化经济成为企业生产的主要形式；三是企业之间结成网络化关系，信息交互利用效率高；四是鼓励创新的产业文化，企业之间的密切合作成为创新灵感的重要来源；五是形成产业根植性，即产业与区域经济的融合，这种根植性巩固并壮大已经形成的产业整体，同时从产业内部衍生出新的企业（马方等，2012）。软件与信息服务业就具备以上条件和产业特性，能产生比较明显的集聚效应，最典型的例子就是印度的班加罗尔，聚集着印度最多的软件与信息企业，成为世界最大的软件与信息服务外包基地。

产业链的上下游之间需要密切联系，各企业之间相互依赖、相互协调、相互补充，同时实现资源共享，更好地适应市场，满足多样化需求，实现利益共存的一体化发展。而且产业越是知识密集、信息变化越快、技术越未定型，产业集聚效应就越明显，形成外部规模经济和范围经济。软件与信息服务外包业的产业集聚与协同创新有利于中国加快转变经济发展方式、发展战略性新兴产业，产业集聚是实现这一目标的重要前提和基础，而协同创新是实现这一目标的重要手段。软件与信息服务外包业通过产业集聚能够集中和利用多方面资源，通过协同创新提升资源的利用效率，进一步提高自主创新能力，实现软件与信息服务外包业和现代服务业的快速发展，促进中国的经济结构顺利转型和升级。

四 加快发展信息服务外包产业的政策建议

继20世纪制造业全球产业大转移之后，以信息技术、业务流程服务外包为代表的全球服务外包产业获得快速发展，在通信与网络技术的不断推进下，服务外包已发展成不可逆转的新一轮全球产业革命和产业转移趋势。20世纪90年代以来，印度、爱尔兰抓住全球软件业服务外包的发展机遇，通过发挥比较优势及政策扶持，迅速发展成为世界软件服务外包大国。全球服务外包的发展为后起的发展中国家产业升级提供了新的路径选择，并可以使本土企业在全球价值链分工网络中占据重要环节，不断提高产业竞争力和利润，对加快发展中国家产业升级具有重要意义。目前很多发展中国家不断推出优惠措施，并运用自身各种资源优势，意欲从不断庞大的全球服务外包市场分一杯羹。由于全球服务外包有利于改变长期以来形成的过度依赖投资的增长方式，并可以缓解环境、资源严重消耗的硬性压力，有利于保持经济的可持续发展及服务业的进一步开放，因此我国各级政府对发展服务外包给予了高度重视。早在"十一五"规划制定期间，发展服务外包就被写入文件。最近几年，中央和国务院对发展服务外包的重视程度进一步加强，在《中共中央关于全面深化改革若干重大问题的决定》指导思想下，国务院发布了《国务院办公厅关于进一步促进服务外包产业发展的复函》（国办函〔2013〕33号）、《中国国际服务外包产业发展规划纲要（2011~2015）》等文件。在具体操作层面，商务部会同财政部、银监会等其他部门研制并颁布了相关资金支持及产业促进政策。一些服务外包发展势头良好的城市或区域在得到国家政策支持的基础上推出符合本地操作的工作建议或文件，对当地的服务外包起到非常重要的直接推动作用。

然而，全球服务外包市场的竞争局面日益激烈，印度在未来一定期限内仍将继续保持"世界第一"的位置，爱尔兰先后赢得"欧洲软件之都"、"软件王国"、"欧洲高科技中心"等美誉。亚非拉发展中国家也在积蓄力量准备在全球服务外包市场上取得自己的一席之地，他们在某一特定的服务外包行业上展现出很强的竞争实力。因此，中国服务外包产业，正处于"前有阻截，后有追兵"的尴尬中间位置，我国大部分服务外包承包商仍属于附属型承包商，从事的大都是一些测试、编码、数据录入、呼叫中心等低端的价值链环节。为了进一步提升中国信息服务外包的内涵和水平，充分摄取全球服务外包市场所带来的"经济红利"，我国还需在未来可见的时间加紧开发有力有效的新措施，更好地利用服务外包的发展实现产业升级及增长方式的转变。

（一）我国应尽快建立类似 NASSCOM 的强有力的中介机构

我国软件产业发展至今，产业总体规模已经超过印度，占全球产业份额近6%，但出口情况与产业规模极不相称。国际化是扩大软件出口和推动我国软件产业发展壮大的必然选择。建议由商务部门牵头，组建全国软件和服务外包出口联盟或类似中介机构，积极组织协调企业开拓国际市场。该机构的活动要围绕加快中国服务外包和软件业发展这个目标展开，政府需要与其密切联系和沟通，反映服务外包企业的诉求。协会可以搜集外包信息、行业资料，开展市场发展趋势研究，并向外包企业免费提供详细可靠的研究成果等。协会可以定期举办中高级人才交流会议，促进外资主导的软件外包企业与本土软件外包企业的沟通和良性互动（张梅，2010）。在联盟运作机制方面，借鉴 NASSCOM 的成功实践，主要以骨干企业为主体，联盟理事会大部分成员来自企业，理事长、副理事长由理事会定期选举产生，确保联盟根据企业需求开展工作，避免出现"二政府"性质的中介机构（徐兴锋，2007）。仿照 NASSCOM 的做法，在世界三大服务发包强国设立服务外包的联络机构，一方面宣传中国服务外包的相关政策及发展情况，另一方面积蓄人脉，与国外服务产业机构（政界、商界）建立良好的互动关系，以及开展国际服务外包交流活动并鼓励国内外信息人才交流。通过建立类似 NASSCOM 的机构，并与国内服务接包企业建立无障碍通道，及时报告服务外包商的行业动态及技术特点，国内承包商通过该机构直接到当地考察学习，组织相关服务人才的国际培训等，不断提高中国服务产业的国际形象和竞争力。

（二）加强以"实训"为导向的服务外包人力资源的培养

目前服务外包专业人才短缺已经严重制约我国软件和服务外包业的发展。据中国教育在线显示，2013 年中国每年有将近 10 万以上计算机与软件专业毕业生。但与印度、爱尔兰的人力资源禀赋相比，服务外包人员的综合素质还存在不少差距。另外，中国服务外包人才培养模式存在不少需要改进之处。目前计算机专业教育基本走向了类似软件学院学历教育的模式，没有采取像印度施行的"培训＋实训"的培训方式；爱尔兰软件产业最为突出的表现是其成熟的软件人才培养机制，大学毕业生直接进入企业工作，其诀窍也在于学生毕业之前的大量实训。当务之急，结合我国软件出口和服务外包的发展实际，创新和完善人才培训方式，鼓励社会力量进入，针对不同企业（如软件开发、服务外包）、不同市场（如欧美、日本）的需求实施定制化培训，强化动手能力和实际业务流程训练，提高人员培训质量。

最近几年，国内一些运作良好的服务外包厂商在人才培养模式上取得很大进步，成效比较突出的有大连东软睿道。经过多年的实践探索，睿道培训依据东软集团 20 多年来在 IT 行业的资源优势培养了大批具有实际工作经验的服务外包人才。他们将过去已经完成的 IT 案例解密，并拆分让学生分组完成。由于接触的都是实实在在的过往企业真实案例，对于计算机专业的毕业生来说，弥补了其动手操作并解决真实问题的空白。这些经过实训的学生有的直接进入东软工作，有的转向其他 ITO 服务外包公司。据了解，江苏南京、浙江杭州等地服务外包基地人才培训模式发展得也很好，共同之处就是加强 IT 专业学生的实际业务能力。但需要重视的是，大部分学生在流利使用英语这个技能上还存在一定差距，与印度以英语为官方语言、爱尔兰的英语环境相比，仅语言这一关就将许多高质量的服务外包业务阻挡在国门之外。因此，可考虑在大学二年级就增加以英语为主的企业实践活动，让其发自内心地意识到英语的重要性，然后通过后两年的学习进一步巩固 IT 专业英语知识。

（三）着重培养一批有国际品牌影响力的本土外包企业

从微观经济基础角度来看，企业是国内产业升级及国际竞争力的直接体现，是一国经济增长方式实现转变的细胞单位，它的发展与否直接决定着整体经济机能的状态。印度知识流程外包的发展得益于跨国公司在印度设立的研发机构，全球十大信息技术巨头，包括微软、英特尔和德州仪器，都在印度设立了研发中心，这些研发中心颇具规模，业务经验丰富，可以提供高端的创新产品，向客户提供系统的解决方案。在短期内，可以考虑以我国国内市场潜力为吸引，以我国吸引外资的整体优势为依托，吸引全球领先的服务外包企业以合资或战略合作等多种形式将其在全球其他地区开展的外包业务转移至中国，同时，应大力促进我国本土服务外包企业的发展，扩大企业规模，扩大市场，扩充业务范围，提高竞争力。对本土服务外包企业给予税收政策优惠和金融支持，建立面向本土企业的风险投资基金，培育种子企业，发挥示范效应，努力打造本土企业品牌。

近年来，在国家政策的支持下，我国软件与信息服务外包企业取得长足进展，龙头企业大都经历着两位数的高速增长，已经涌现出东软、海辉、文思、浙大网新、博彦科技、软通动力、中软国际、华道数据、泰盈科技、京北方、西安炎兴、万国数据、广州越维等一批优秀的本土服务外包领军企业。伴随着产业规模的扩大，企业规模也逐步扩大。目前东软、文思、软通动力、中软国际等数家员工人数超过万人，东软、浙大网新等多家企业的营业收入超过十亿元，并且这些龙头企业依然保持着高速发展。为进一步培植具有国际竞争力的本土企业，仍需加大在财政、金融、技术政策上的优惠扶持。印度政府自1991 年就开始对软件与 IT 服务企业实施相关的税收优惠政策，比中国早 10年。而且目前优惠的对象只包括达到认定条件的企业，以及符合 6 项条件的服务外包示范城市中的技术先进型服务企业。中国的优惠政策无论在深度、力度还是在广度，都与印度存在一定差距。

（四） 进一步优化服务外包产业生存环境

最近几年，国务院各相关部门出台了大量有利于服务外包产业发展的政策，取得了明显效果。但服务外包的生存环境的改善可能还不在政策层面，有些需要从最基础的思想改变开始。第一，创造内外资企业公平竞争的体制环境，在市场开发与准入、产业园区进入和人才引进等方面给予内外资企业同等待遇。许多服务行业由于行政垄断导致竞争强度不够，在与国际服务企业竞争时明显处于下风位置。国内企业急需市场锻炼才有可能跻身国际市场。第二，规范和完善服务外包示范城市发展模式，鼓励产业集聚和有序竞争，规避可能出现的地方保护主义。地方保护主义的存在容易导致资源配置的扭曲及效率的低下，从而阻碍了服务业资本的利润，影响服务业企业的壮大。第三，加强信息安全和知识产权保护，降低外包市场交易成本，优化创新环境和营商环境。加快建立与国际接轨并能更好地适应社会发展需求的相关法律体系。中国2010 年 2 月通过的《中华人民共和国著作权法》第二次修正，仍与 TRIPS 在超国民待遇问题、著作权的限制和例外、执法措施等方面存在缝隙（阙澄宇等，2010）。通过加强立法执法引导公众和企业树立保护与尊重知识产权的意识。第四，改善融资环境、信用制度和保险体系，着力解决服务外包企业融资难问题。服务企业的成立伊始通常急需财政、金融、担保等配套金融措施的配合，而后才能发展壮大。第五，完善人才教育和培训体系，尝试建立各级人才储备库。加强信息与软件人才专业素养、英语语言及国际经验的培养。第六，普及服务型经济的基本概念，提高国内企业和政府部门对服务经济发展重要性的认识。第七，整合企业、产业、政府及媒体力量，集中力量打造中国外包品牌的整体形象。第八，加强服务领域的国际经济合作，保持人民币与主要货币的币值基本稳定，鼓励离岸外包业务采用人民币计价。

参考文献

杨圣明：《关于服务外包的几个问题》，《中国社会科学院研究生院》2006 年第 6 期。

杨继军、张如庆、张二震:《承接国际服务外包与长三角产业结构升级》,《南京社会科学》2008 年第 5 期。

刘志彪:《国际外包视角下我国产业升级问题的思考》,《中国经济问题》2009 年第 1 期。

徐兴锋:《印度爱尔兰软件产业扶持政策及其对我的启示》,《国际贸易》2007 年第 5 期。

何骏:《中国发展服务外包的动因、优势与重点》,《财经科学》2008 年第 5 期。

邓春平、徐登峰:《基于全球价值链的服务外包产业升级路径分析》,《国际经济合作》2010 年第 9 期。

黄健康、孙文远:《后发国家基于服务外包的产业升级风险及规避路径》,《现代经济探索》2011 年第 5 期。

王晓红:《中国承接国际设计服务外包的技术外溢效应研究》,《财贸经济》2008 年第 8 期。

张梅:《承接国际服务外包与广东经济转型升级关联效应分析》,《改革与战略》2010 年第 8 期。

图书在版编目（CIP）数据

中国服务业发展报告.2014：以生产性服务业推动产业升级/夏杰长，姚战琪，李勇坚主编.—北京：社会科学文献出版社，2014.12
（中国社会科学院财经战略研究院报告）
ISBN 978 - 7 - 5097 - 6744 - 3

Ⅰ.①中…　Ⅱ.①夏…　②姚…　③李…　Ⅲ.①服务业 - 经济发展 - 研究报告 - 中国 - 2014　Ⅳ.①F719

中国版本图书馆 CIP 数据核字（2014）第 262188 号

中国社会科学院财经战略研究院报告

中国服务业发展报告2014
——以生产性服务业推动产业升级

主　　编／夏杰长　姚战琪　李勇坚

出 版 人／谢寿光
项目统筹／邓泳红
责任编辑／周映希　胡群英

出　　版／社会科学文献出版社·皮书出版分社（010）59367127
　　　　　地址：北京市北三环中路甲 29 号院华龙大厦　邮编：100029
　　　　　网址：www.ssap.com.cn
发　　行／市场营销中心（010）59367081　59367090
　　　　　读者服务中心（010）59367028
印　　装／北京季蜂印刷有限公司

规　　格／开　本：787mm × 1092mm　1/16
　　　　　印　张：16　字　数：274 千字
版　　次／2014 年 12 月第 1 版　2014 年 12 月第 1 次印刷
书　　号／ISBN 978 - 7 - 5097 - 6744 - 3
定　　价／69.00 元